民國歷史與文化研究

四　編

第 **2** 冊

建設新國家：
梁啓超現代國家建設思想論析（1911～1915）

岳　強　著

花木蘭文化出版社

國家圖書館出版品預行編目資料

建設新國家：梁啓超現代國家建設思想論析（1911～1915）
／岳強 著 -- 初版 -- 新北市：花木蘭文化出版社，2016
〔民 105〕
目 2+224 面；19×26 公分
（民國歷史與文化研究 四編；第 2 冊）
ISBN 978-986-404-670-6（精裝）
1. 梁啓超 2. 學術思想 3. 政治思想
628.08　　　　　　　　　　　　　　　　105012767

ISBN-978-986-404-670-6

9 789864 046706

民國歷史與文化研究
四　編　第二冊　　　　　　ISBN：978-986-404-670-6

建設新國家：
梁啓超現代國家建設思想論析（1911～1915）

作　　者　岳強
總 編 輯　杜潔祥
副總編輯　楊嘉樂
編　　輯　許郁翎、王筑　美術編輯　陳逸婷
出　　版　花木蘭文化出版社
社　　長　高小娟
聯絡地址　235 新北市中和區中安街七二號十三樓
　　　　　電話：02-2923-1455／傳眞：02-2923-1452
網　　址　http://www.huamulan.tw　信箱　hml810518@gmail.com
印　　刷　普羅文化出版廣告事業
初　　版　2016 年 9 月
全書字數　217637 字
定　　價　四編 6 冊（精裝）台幣 10,000 元

建設新國家：
梁啓超現代國家建設思想論析（1911～1915）

岳強　著

作者簡介

岳強（1985～），男，漢族，山西晉城人，政治學博士，碩士生導師，現就職於山西師範大學經濟與管理學院，主要從事中國政治思想、行政文化研究。近年來，在《天津大學學報》、《學習與探索》、《福建論壇》等期刊公開發表學術論文十餘篇，參與多項中國政治思想史方面科研項目研究。

提　　要

　　近代以來，中國的國家現代轉型處於劇烈變動期，尤其是辛亥革命的發生，加速了這一變革進程。不久，中華民國建立，中國進入了一個短暫的建設時期。對於這一時代主題的變化，梁啓超當時有著清醒的認識，相繼發表一系列文章和演說，闡述自己對於新國家建設的主張和看法。特殊的人生經歷，使博聞強記的梁啓超學貫中西，對中學、東學、西學以及他國政治實踐有著獨到的理解，對新國家建設形成獨具特色的體系化認知。從政治建設方略視角來看，梁啓超現代國家建設思想主要涉及政治設施建設和政治主體建設兩個方面。在政治設施建設方面，倡導立法、行政、司法三分權力格局，主張以建設強有力政府為核心，合理髮展政黨政治和議會政治，科學規劃國家結構，努力建成適合中國國情的現代立憲政治。在政治主體建設方面，對民國前後的國民狀況和現代國民培育進行了闡發。然民國初年及以後，梁啓超的現代國家建設思想未有得到實踐。從政治史上看，也許是一種失敗。但從中國近代政治思想演變歷程來看，其進步性則十分明顯，有著重大價值。其內在的某些合理主張和思想光輝，以及與民初政治實踐之間的複雜互動，對於今天仍然處於轉型時期的中國具有重要的啓示意義。

目

次

緒　論

一、研究緣起及意義

　　武昌起義取得巨大成功，民國即將建立，梁啓超看到了一個新時代的來臨，那就是中國將從此步入建設軌道。他指出，革命事業已經告終，建設之業亟待開展，「前途邈哉邈焉」。〔註1〕建設事業多端，從何處著手呢？梁啓超認爲，革命所以發生，「國家組織不完全」是「諸因之總因」，因此建設事業當從建設一個「完全國家」入手。對於這一建設目標，梁啓超還有其它表述，「人人渴望完全國家之出現，渴望新國家之組織」〔註2〕。也就是說，「新國家」與「完全國家」具有相同的內涵，它們共同指向傳統中國不具備的國家形態──現代國家。民國前後的五六年間〔註3〕，梁啓超在其著述、演說、公文、書信等中對如何建設現代國家有大量闡述，力圖爲中國國家轉型規劃一幅比較圓滿的藍圖。其立意高遠，設想宏富，很有創建性，成爲當時中國國

〔註1〕梁啓超：《中國立國大方針》，《飲冰室合集・文集之二十八》，北京：中華書局，1989 年版，第 39 頁。

〔註2〕梁啓超：《中國立國大方針》，《飲冰室合集・文集之二十八》，北京：中華書局，1989 年版，第 39 頁。

〔註3〕對於梁啓超思想演變的分期，學界存在多種觀點，如張朋園在《梁啓超與清季革命》中的三分法，徐佛蘇在《梁任公先生逸事》中的四分法，毛以亨在《梁啓超》中的五分法。學者們的分法各有依據，各成體系。本文將民國前後，即 1911～1915 年間，作爲梁啓超探索現代國家建設的一個重要時段來探討，其依據是：這段時間梁啓超對如何建設現代國家有較爲集中的闡述，且其主張建設強有力政府和施行保育政策的觀點自成特色和體系。1916 年後，梁啓超開始倡導具有分權性質的省治聯邦體制，及一院制議會政治等，與之前的主張完全異趣，故本文研究時間段截止到 1915 年。

家建設的最有力指導者和批評者之一。

　　民國初期梁啓超的現代國家建設思想在其一生思想主張中佔有重要地位。梁啓超是一個「不惜以今日之我，攻昨日之我」的人，他的任何新認識總是產生於對當下政治社會狀況的觀察和思考，具有鮮明的「時效性」。由此，他的思想總是切中時事，對人們有所啓發。面對民國即將建立的嶄新局面，中國未來應該如何建設，梁啓超有著自己的思考。他連續發表《中國前途之希望與國民責任》、《責任內閣釋義》、《新中國建設問題》等文章，表達對「新中國」政治建設的觀點和建議。民國建立後，他又發表《政策與政治機關》、《中國立國大方針》、《憲法之三大精神》、《多數政治之試驗》、《革命相續之原理及其惡果》、《敬告政黨及政黨員》等，對民國政治建設和政局發展表達意見和看法。這些篇章成爲今人研究中國政治思想史必不可少的寶貴材料。

二、核心概念的闡釋及辨析

　　與今人相似，近代國人在使用外來詞彙時，也時常有一詞多義的現象。這與當時的救亡圖存迫切形勢有一定關係。嚴峻的國際國內形勢，使國人的思考更多地注意在解決實際困境的實踐層面，而導致理論建構上的不完善。儘管梁啓超較爲瞭解西學，但也不免在行文中存在不一致現象。在使用「國家」一詞上，他在一篇文章中既講「以嚴格的國家學衡之，雖謂我國自始未成國焉可耳」〔註4〕，同時也說「有史以來，國於世界者，何翅萬數，而今也歸然尚存者僅數十國焉，爛然有聲光者僅數國焉」〔註5〕。「國家」同時具有了兩種內涵：一爲現代國家，產生於近代；一爲所有國家，誕生於遠古。「國家」的這兩種內涵在今天也並存，在西方亦同樣存在，但梁啓超不做辨析地在同一篇文章中使用，就難免會發生歧義了。爲了明確本文的概念，下面就「國家」、「現代國家」的內涵，分別進行辨析。

（一）國家

　　「國家」的定義，由於術語使用中所指對象的多樣化而變得很難界定。「國家」一詞既可以指一種歷史實體或一種哲學思想，也可以指一種人類共同體

〔註4〕梁啓超：《中國立國大方針》，《飲冰室合集・文集之二十八》，北京：中華書局，1989年版，第39頁。

〔註5〕梁啓超：《中國立國大方針》，《飲冰室合集・文集之二十八》，北京：中華書局，1989年版，第40頁。

的持久形式或一種特定的當代現象。這些不同含義未必矛盾，但需要仔細加以辨析。在政治學的視角，學者們一般把國家等同於政治實體或政治共同體，並認為這種實體或共同體是以各種不同形式存在於歷史之中，且佔據了歷史發展的主導地位。通常只有原始游牧式的政治共同體才應被排除在外，因為它們缺乏國家這種政治共同體的固有嚴密秩序。國家具有超越時空的一般特性。〔註6〕

學界對於國家的起源存在爭論，由此導致國家內涵上的分歧。常見的是，國家應該僅指現代意義的國家，還是包含著傳統與現代兩個階段的國家形態〔註7〕？在傳統與現代的二分模式中，傳統國家作為現代國家的對立面出現，其處於現代國家之前，同時也是現代國家成長的「土壤」。在傳統國家，人們缺乏統一的國家認同，故國家「有邊陲而無國界」〔註8〕；權力處於分散狀態，家族在社會關係體系中佔據中心位置；政權合法性往往根植於文化上的道德認同。

正如我們看到的，眾多的歷史學家和政治理論家認為，「國家」只應表示文藝復興和宗教改革之後在歐洲發展起來的那種政治實體，即通常所謂的近代國家或現代國家。在他們看來，籠統地將國家界定為政治實體，只會歪曲和混淆歷史。他們的觀點得到大量材料支撐。從詞源學上考察，「國家」一詞是在 14 到 17 世紀末才逐漸演變為表示政治實體的一般概念。根據梅傑（mager）的說法，該詞的主要根源是用以表示身份、權力、官職、收入或

〔註6〕 參見鄧正來主編：《布萊克維爾政治思想百科全書》，北京：中國政法大學出版社，2011 年版，第 568 頁。

〔註7〕 很多學者對國家形態有自己的劃分，但往往都沒有偏離傳統與現代的二分格局。例如吉登斯將國家劃分為傳統國家、絕對主義國家和現代的民族國家三種類型，分別對應了三個發展階段。傳統國家階段，統治者雖然擁有「無上的權力」，但是這種權力僅有形式化與表面化的意義，它既沒有對軍事力量的壟斷權，也沒有能力實現對社會的完全監控；絕對主義國家階段，主權和領土觀念出現，行政控制能力增強，國家壟斷了軍事力量和稅收；民族國家階段，公民權利被視為一切權力的基礎，「民族國家的制度架構與公民權利之間存在著一種內在邏輯關聯」。三個階段前後相續，如果用現代與傳統的二分模式來看，絕對主義國家其實更大意義上是一種過渡形態。參見王威海：《西方現代國家建構的理論邏輯與歷史經驗：從契約國家理論到國家建構理論》，《人文雜誌》，2012 年第 5 期；郭忠華：《吉登斯對於民族國家的新思考》，《開放時代》，2007 年第 6 期。

〔註8〕 【英】安東尼·吉登斯著，胡宗澤等譯：《民族——國家與暴力》，北京：生活·讀書·新知三聯書店，1998 年版，第 4 頁。

王者之尊的狀態（status），以及表示政體形式和憲政形式之狀況。近代意義上的主權、權利等概念與國家理論緊密相連。一般認為，主權與國家同時存在，沒有主權的國家不應被承認為完整國家。主權為國家內的公眾與私人確立了一條明確的界限，同時也在國與國之間限定了各自的活動範圍。與主權相伴隨，權利與國家同樣不可分割。國家的合法性來源於人民權利的讓渡，國家應該保障其轄域內公民的基本生存、安全和發展。國家內部的統治形式是由作為單一實體的人民選舉決定和組建的，人民享有選舉等基本政治權利。〔註9〕

很大程度上，中外國家歷史演變凸顯了以上觀點的合理性。中華傳統文化中有著鮮明的「夷夏之辨」、「夷夏之防」等觀念，認為華夏文化獨優於世界，並逐漸形成了所謂的「天下」觀，即華夏文化普及之地為天下之範圍。天下作為一個具有文化和空間屬性的概念，代表了傳統中國人眼中的世界全部。這種狀況甚至延續到鴉片戰爭之後，當時清廷朝野上下還視英國為「英狄」，把對外事務稱為「夷務」，認為中華文明整體上優於其它文化，儘管在科技等某些方面已經落後於西方。同樣，步入近代之前的歐洲，曾經存在數百個諸侯國，公主的出嫁即可能改變歐洲的政治版圖，而且當時一人兼任多國君主也是十分常見的現象。在那時，許多聯姻策略的目的，就是通過君主個人身份實現王朝聯合來促進領土的擴張。例如，馬克西米利安一世（Maximilian I）通過與勃艮第的瑪麗的婚姻獲得了 Franche-Comté 和荷蘭，而後者是勇敢者查爾斯（Charles the Bold）的女兒。〔註10〕顯然，此種現象與我們今天所理解的國家在內涵上相距甚遠。

（二）現代國家

學者們普遍認為，15 世紀以來，英國為代表的國家形態就是現代國家。19 世紀前後，現代國家已經成為歐美世界的典型國家形式。對於現代國家的內涵，韋伯的界定在學界頗具權威性。在他看來，現代國家普遍呈現出以下特點：國家表現為一整套的制度或機構；國家界域為特定的領土範圍；國家壟斷了合

〔註9〕 參見鄧正來主編：《布萊克維爾政治思想百科全書》，北京：中國政法大學出版社，2011 年版，第 569～570 頁。

〔註10〕【法】皮埃爾‧布迪厄著，翟志勇譯：《從王室到國家理性：官僚場域誕生的一種模式》。參見許章潤，翟志勇編：《國家理性與現代國家》，北京：清華大學出版社，2012 年版，第 38 頁。

法使用暴力的權利〔註11〕。英格爾斯則指出，現代國家蘊含且體現了現代性，通常表現爲具有復合元素特徵的民族國家。〔註12〕吉登斯把現代國家解釋爲「現代理性國家」，認爲其是一種區別於他種民族的集權社會制度，在已經得到界定和承認的領土之內，現代國家擁有壟斷和強制的權力〔註13〕。哈貝馬斯認爲，現代意義的「國家」是一個法學概念，表現爲具有近代主權的國家權力，空間上具有明確的領土範圍，社會層面上爲全體國民的結合。國家統治建立在成文憲法之上，國民則是國家領土範圍內一切通行法律的「承載者」〔註14〕。國內學者周光輝和彭斌提出，現代國家指在管轄區域內進行有效管理的政權組織體系，其能夠通過制定和執行法律、法規和政策貫徹國家意志，應對來自國內外的各種挑戰，實現國家統一、主權獨立和民主法治。〔註15〕還有學者認爲，較傳統國家，現代國家的內部分工更加專業化，國家組織更加嚴密，法規體系更加嚴密，制度更加健全。〔註16〕總之，國內外學者從不同角度對現代國家進行了界定和闡述，儘管表述不同，但往往還是呈現出某些共識。正如國內學者常士闇的觀察，學者們對於現代國家的共同觀念可以概括爲：現代國家是民族國家、民主國家、公民國家、主權國家、憲政國家、國際社會成員，以及現代經濟秩序基礎上的國家，等等。〔註17〕

綜觀學者們觀點，現代國家的內涵具有以下突出特點：

第一，權力高度集中，主權構成一國權力基礎。學界對於主權的內涵長期存在爭議。〔註18〕從主權（Sovereignty）的詞源來看，產生於 Super 和 Super

---

〔註11〕 John A. Hall & G. John Ikenberry. The State. University of Minnesota Press, 1989, PP.1～2，轉引自李強：《後全能體制下現代國家的構建》，《戰略與管理》，2001年第 6 期。

〔註12〕 【美】英格爾斯著，曹中德等譯：《人的現代化素質》，天津：天津社會科學院出版社，1995 年版，第 90 頁。

〔註13〕 【英】安東尼·吉登斯著，胡宗澤等譯：《民族──國家與暴力》，北京：生活·讀書·新知三聯書店，1998 年版，第 18～21 頁。

〔註14〕 【德】尤爾根·哈貝馬斯著，曹衛東譯：《包容他者》，上海：上海人民出版社，2002 年版，第 127 頁。

〔註15〕 周光輝，彭斌：《構建現代國家──以組織化、制度化與民主化爲分析視角》，《社會科學戰線》，2009 年第 6 期。

〔註16〕 朱天飈：《比較政治經濟學》，北京：北京大學出版社，2006 年版，第 230 頁。

〔註17〕 常士闇：《現代性與現代國家建構──比較視野中的中國現代性與現代國家建構》，《河北師範大學學報（哲學社會科學版）》，2009 年第 1 期。

〔註18〕 Robert Jackson 認爲，各種說法可以歸納爲兩大類：一類是把「主權等同於獨立」，認爲主權就是「權威」和「權利」；另一種是把「主權定義爲自主」，視

anus 兩個拉丁文詞語，含義爲「最高的權力」。〔註19〕由於此，普雷斯頓‧金（PK）提出，主權可以被理解爲最高仲裁者的權力或權威。其屬性有四：第一，主權是一國政治法律體系內的最高權力；第二，主權是一國的最終或最高的決策權力；第三，主權的存在意在影響國家一切行爲；第四，在與其它機構的關係上（內部的或外部的、國內的或國外的機構），統治者必須具有獨立性。〔註20〕Wolfgang H. Reinicke 將主權劃分爲兩部分：外部主權和內部主權。所謂外部主權，通常指國家處理的外部環境或國際體系中的國家間關係；內部主權，則指政府與國家領土範圍內的公民、經濟體，以及其它團體、制度之間的關係。〔註21〕因此，主權是具有對內和對外雙重指向的權力，對外指向集中體現爲國家主權的獨立或自主地位，對內指向則體現爲領土範圍內國家權力行使的自主地位和能力。當前，儘管主權的準確形成時間存在爭議〔註22〕，但主權是構成現代國家的基本要素，已經成爲人們的共識。主權只能在具有確定邊界的領土內行使，在此範圍內擁有絕對的權威。當今，主權原則已經成爲國際法的基石，是國家間維護自身利益的重要方式。

　　主權意味著國家對權力的壟斷。埃利亞斯曾描述了這種壟斷狀態。個人被剝奪了任意使用武器的權利，轉爲由代表國家的中央權威所持有。同樣，對個人收入和財產徵稅的權力也被集中到中央權威的手中。而流入中央的財政手段與軍事手段，相互促進和支持。兩種手段沒有主次之分，共同構成同一壟斷的兩個方面。如果一方不存在，另一方也將自動消失，儘管某些時候一方面的壟斷較另一方面會受到更爲強烈的動搖。何況，在現代國家中，這

　　　　主權爲「權力」和「能力」。
〔註19〕王滬寧：《國家主權》，北京：人民出版社，1987年版，第2頁。
〔註20〕鄧正來主編：《布萊克維爾政治思想百科全書》，北京：中國政法大學出版社，2011年版，第555～556頁。
〔註21〕參見楊雪冬：《全球化進程中的國家主權與國家自主》，《學習時報》，2006-2-13（6）。
〔註22〕許多學者將1555年的《奧格斯堡條約》、1648年的《威斯特伐利亞條約》視爲主權誕生的標誌，因爲它們將宗教權力限定在領土邊界以內，而且還確立了主權、領土統治的原則。在互相認同的邊界之內，權威是獨享的。然而，以上主權原則的較早表述在《威斯特伐利亞條約》之前就已開始，此後經歷了很多年才得以最終形成。在克拉斯納（Stephen Krasner）看來，主權平等直到二戰後的非殖民地化時期才擴展至全球地區。參見【美】亨德里克‧斯普拉伊特著，王向東譯：《現代國家的起源、發展和可能發生的衰落》，《國外理論動態》，2012年第7期。

種壟斷往往呈現爲從個別人手中過渡到更多人的手中，最後成長爲相互關聯的人際網絡，體現出相對「私人」壟斷向「公共」壟斷的邁進過程。〔註 23〕韋伯也曾提出相似的觀點，他指出，國家是特定疆域內的一種人類共同體，這個共同體在本疆域內能夠成功壟斷合法的暴力機器，且被視爲使用暴力的唯一主體。〔註 24〕總之，合法壟斷使用暴力的權力被普遍認爲是現代國家與傳統國家的根本區別之一。

第二，國家權力的劃分和運行以理性化爲旨歸，呈現有限性特徵。國家權力的確立是形成現代國家的前提條件，國家權力本身不構成目的，現代國家得以存在的唯一目的或合法性在於實現和促進疆域內人民的福祉。文藝復興以來，人的發現和理性原則成爲新歷史一切設計的根本出發點。在舊有的國家形態基礎上，如何變革實現全體國民的福祉成爲政治精英和知識精英思考的重大問題，也是政權獲得合法性的前提條件。由此，以社會契約理論爲基礎的理性國家成爲歷史發展的主流。人們發明了憲法、法治、權力制約機制等一切政治設施，根本目的就是實現對國家權力的理性改造，使其能夠服務於廣大民眾福祉，同時又不致腐敗低效，甚至在人民頭上作威作福。正如韋伯指出的，現代國家應當增進有形暴力使用規則的理性化，在合法法律秩序中，理性化構成國家的最終歸宿。〔註 25〕

理性化意味著國家權力不能任由個人意志來決定，必須依賴法律和制度的建設。受到法律和制度約束的國家權力，必將是有限的。對於這種有限性，有學者指出，一定條件下，制約構成力量的淵源，有限政府也許會比無限政府更加強有力。通過限制政府官員的專斷權力，在適當條件下可能增加解決特定問題和爲共同目標動員集體資源的能力。〔註 26〕對國家權力的限制，目前世界範圍內已經形成了一種多元格局，即以法律制約權力、以權力制約權力、以權利制約權力、以社會制約權力〔註 27〕的復合局面。這種對權力的限

〔註 23〕 參見 Norbert Elias. On Civilization, Power and Knolwedge, ed.. by Stephen Mennell & John Goudsblom, the University of Chicago press, 1998, P.139；埃利亞斯：《文明的進程》，北京：三聯書店，1999 年版，第 129 頁；李強：《後全能體制下現代國家的構建》，《戰略與管理》，2001 年第 6 期。

〔註 24〕 韋伯：《經濟與社會（下卷）》，北京：商務印書館，1998 年版，第 731 頁。

〔註 25〕 韋伯：《經濟與社會（下卷）》，北京：商務印書館，1998 年版，第 227 頁。

〔註 26〕 Stephen Holmes. Passions and Constraint: On t he Theory of Liberal Democracy. Chicago: University of Chicago Press, 1995, p. xi.

〔註 27〕 楊雪冬：《政治文明、現代國家與憲政建設》，《社會科學》，2007 年第 9 期。

制，既來自外部的社會，也產生於權力的內部。

　　第三，權力與權利既相互支持又彼此制約，民族—國家與民主—國家的均衡發展構成現代國家的基礎。現代國家作爲一種獨特的政治共同體，權力是其基本要素之一。然而，經歷了重新發現「人」的現代性洗禮的公民，對國家應該保障個人權利已經基本達成共識，「國家的基本任務——我們對國家最大的期望——是承認我們對生命和自由的權利，並且在必要的時候，幫助我們捍衛自己的生命和自由權利（以及它們的一切附帶權利）」〔註28〕。這就要求現代國家通過對公民權利的保障和擴大，獲取自身的合法性，實現穩定和發展。現代國家中公民享有的權利十分廣泛，主要包括三大內容：個人權利、政治權利和社會權利。個人權利是指維持個人生存和發展所必需的基本權利，如生命權、健康權、財產權等；政治權利是指參與政治生活的權利，如監督權、選舉權和被選舉權等；社會權利是指享有一定社會福祉並體面生活的權利，如受教育權、勞動權和社會保障權等。〔註29〕現代國家和公民權都有一個逐漸成長的過程。在這一過程中，現代國家與公民權在相互促進中實現共同發展。總之，公民權是現代國家的基石，現代國家構成公民權的基本載體〔註30〕。現代國家中，人民主權原則將得到更加深入、全面的貫徹，公民權利的範圍也將不斷擴展。

　　與權力、權利相對應，民族—國家（nation-state）和民主—國家（democracy-state）成爲現代國家的「兩張面孔」〔註31〕。民族—國家以集權化的國家權力爲重要特徵，其合理性在於通過現代民族—國家的國家機器滿足社會對壟斷

〔註28〕 戴維・米勒：《開放的思想和社會——波普爾思想精粹》，南京：江蘇人民出版社，2000 年版，第 473 頁。

〔註29〕 郭紹敏：《清末立憲與國家建設的困境》，開封：河南大學出版社，2010 年版，第 13～14 頁。

〔註30〕 易承志：《試論現代國家與公民權的內涵及兩者之關係》，《太平洋學報》，2010 年第 3 期。

〔註31〕 對於現代國家的兩面，即民族—國家與民主—國家的提出，較早的是國內學者徐勇。在國外，學者們常常提到的只是民族—國家。然而，並不是國外學者沒有意識到民主—國家在現代的重要性，而是正如徐勇指出的，「是因爲在西方學者視野裏，民族—國家的建構本身就已體現了民主—國家的原則，民族—國家建構的同時也是民主—國家的建構」。民族—國家與民主——國家緊密相連，但民族—國家決不能簡單地代替民主—國家，尤其在一些後發展國家，二者具有同等的重要性。參見徐勇：《「回歸國家」與現代國家的建構》，《東南學術》，2006 年第 4 期。

暴力工具的需求，而且也只有在現代民族—國家中，國家機器的控制範圍才真正與這種需求的領土邊界對應起來。〔註32〕民主—國家則強調的是主權在民原則的貫徹，反映了現代國家的統治者與廣大人民、國家與社會的關係。民主—國家的核心要素是權利，一切制度設計都是爲了實現和保障公民的權利。民族—國家與民主—國家不可分離，如果說民族—國家主要解決的是統治權是什麼的問題，那麼民主—國家則要努力證明這一統治權歸屬於誰，如何行使統治權。正如杜贊奇闡釋國家權力與現代社會的聯繫時指出的，「國家權力在現代的擴展涉及一個雙面的過程：一是滲透與擴張的過程，一是證明此種滲透與擴張過程的合法性」〔註33〕。

在現代國家體系中，民族—國家與民主—國家只有保持相對均衡，才能實現社會穩定和發展。對此，徐勇曾進行了有價值的探討。他指出，民族—國家與民主—國家不僅是彼此依存的統一體，而且是一對矛盾共同體，其深刻根源就在於二者的內在理念邏輯上存在衝突和矛盾。民族—國家的建構理性是民族主義，強調國家整體性，國家利益具有至高無上性；民主—國家的建構理性則是民主主義，強調構成國家的個體性，個人權利和自由擁有至高無上性。如果這兩種主義不能保持相對均衡而走向極端，極可能導致現代國家生長困難，以致崩潰。〔註34〕因此，穩定的發展的現代國家，當是民族—國家與民主—國家的均衡複合體。

當然，以上描述的現代國家只是一種理想形態。事實上，不可能有國家能夠完全符合理想型現代國家的所有特徵。然而，歷史的發展又在不斷驗證著其科學性，激勵著我們爲建構這種理想的現代國家而努力。

三、文獻的檢視與述評

受限於歷史環境，梁啓超思想研究長期不受重視。〔註35〕儘管新中國成立之前已有一些成果發表，如蕭公權《中國政治思想史》（1940）中對梁啓超思想的研究，但真正較爲系統研究的開始，要到 20 世紀 50 年代以後了，其

〔註32〕【英】安東尼・吉登斯著，胡宗澤等譯：《民族—國家與暴力》，北京：生活・讀書・新知三聯書店，1998 年版，第 20 頁。

〔註33〕【美】杜贊奇：《從民族國家拯救歷史——民族主義話語與中國現代史研究》，北京：社會科學文獻出版社，2003 年版，第 86 頁。

〔註34〕徐勇：《「回歸國家」與現代國家的建構》，《東南學術》，2006 年第 4 期。

〔註35〕梁啓超的改良學說與革命時代環境的不適應，導致其思想在身後不被學界重視，研究受到很大制約。

標誌就是 1953 年美國人 Joseph R. Levenson 的 *Liang Ch'i-ch'ao and the Mind of Modern China* 的出版。約 10 年之後張朋園發表的《梁啓超與清季革命》（1964），則將梁啓超研究又大大推進了一步。〔註 36〕隨後，張朋園積 10 年之功著成續篇《梁啓超與民國政治》（1978）。但是，直到 20 世紀 70 年代以後，有關梁啓超思想研究的成果才大量出現。中國大陸的研究也隨著改革開放的推進，呈現出不斷深入的局面。這一時期，具有代表性的成果有：張灝（Hao Chang）的 *Liang Ch'i-ch'ao and Intellectual Transition in China, 1890～1907* (1971)，夏曉虹的《覺世與傳世：梁啓超的文學道路》（1991），黃克武的《一個被放棄的選擇：梁啓超調適思想之研究》（1993），李喜所和元青的《梁啓超傳》（1994），鄭匡民的《梁啓超啓蒙思想的東學背景》（2003），董方奎的《梁啓超與立憲政治》（2011）等。其中，值得一提的是，以狹間直樹為首的京都大學人文科學研究所的以「梁啓超的研究——以日本為媒介認識近代西方的問題」為題的共同研究報告，對梁啓超與日本的關係進行了專門探討，其成果影響廣泛。

對於梁啓超現代國家建設思想的研究，據筆者觀察，較為系統、全面的研究成果還未出現。然而，學者們的相關研究做出的探索性成果，無疑構成繼續研究的堅實基礎和理論參考。在此，通過對學界的研究成果及現狀的簡要梳理和檢視，反思當前研究的傾向和問題，確定我們進一步研究的空間和重點。目前，國內外學術界對梁啓超思想的研究焦點及成果主要體現在以下幾個方面：

（一）對梁啓超國家思想演變過程的研究

此種研究主要關注梁啓超國家思想的演變過程及其不同階段的特徵，揭示演變的原因和對當下的啓示。張道義和徐國慶（2007）以國家權力正當性和國家存在的目的為邏輯線索，對梁啓超的國家理論進行了梳理。重點對梁啓超國家理論的轉變、受日本的影響、國家權力及其機關設置等方面做了探討，並在此基礎上提出：基於社會事實的國家觀，由下往上的形塑國家生命，或許正是梁啓超當年未竟全功的君主立憲的歷史全貌。也就是，社會生活的穩定才是國家發展的目的。〔註 37〕對於梁啓超國家思想演變階段的劃分及探

〔註 36〕 狹間直樹甚至認為，張朋園《梁啓超與清季革命》的問世，是梁啓超研究的真正起點。

〔註 37〕 張道義，徐國慶：《國家生命與社會生活——梁啓超的國家理論》，《中山人文

討是學界研究的熱點。方平（1999）指出，清末梁啓超國家思想演變大致經歷三個階段，即早期合群論國家思想的萌生（1895～1899）、國民國家思想的形成（1899～1903）、民族國家思想的建構（1903～1911）三個時期。在文中，作者還從國家的起源、國家的主權與目的、政權的組織形式、政府的職能與權限等幾個方面對梁啓超國家思想的主要內涵進行了分析。〔註 38〕張興成（2012）則提出，梁啓超國家思想大致經歷了從傳統「華夏中心主義」意義上的「文化主義」轉向以西方民主和國家主義觀念爲基礎的現代民族主義，最後再回到建立在「現代性反思」基礎上的中國「文明國家」論的發展過程，其代表了近代以來中國國家思想的基本形態。〔註 39〕劉珊珊（2012）則著重對清末時期梁啓超「國家」概念的演變過程進行了分析，認爲其大致可以劃分爲戊戌時期、赴日初期及 1903 年後三個階段。而這種演變與傳統文化、西學及中國社會政治環境具有密切關係，體現了梁啓超在中西文化交匯背景下運用西方學理對中國現實政治作出的回應。〔註 40〕于寧志（2011）提出，民族危急的歷史形勢迫使梁啓超接受了建設民族國家爲核心的國家主義學說。到《歐遊心影錄》時期，梁啓超主張的「盡性主義」顯示出，他已超越了《新民說》時期的國家主義，理解並具備了現代的國家理念。〔註 41〕

（二）對梁啟超國家理論的思想來源的研究

在此方面，以 Joseph R. Levenson、張灝、巴斯蒂、狹間直樹、鄭匡民等爲代表的美國、法國、日本以及中國臺灣、大陸學者，均有重要成果發表。學者們重點關注了以日本爲媒介的中西學互動狀況，分析了梁啓超思想的東學、西學背景。其中，對梁啓超與伯倫知理、盧梭的思想的異同及聯繫的分析，成果最多，也更深入。鄭匡民所著《梁啓超啓蒙思想的東學背景》（2003）一書，對梁啓超政治思想的東學背景做了較爲詳細的探討。鄭匡民以「福澤渝吉啓蒙思想與梁啓超」、「中村正直《西國立志編》、《自由之理》與梁啓超的新民思想」、「日本民權思想與梁啓超」、「日本國家主義思潮與梁啓超」、「國

社會科學期刊》，2007 年第 2 期。

〔註 38〕方平：《論清末梁啓超的國家思想》，《華東師範大學學報（哲學社會科學版）》，1999 年第 1 期。

〔註 39〕張興成：《民族國家、民主國家與文明國家——梁啓超對現代中國國家形象的構想》，《華文文學》，2012 年第 1 期。

〔註 40〕劉珊珊：《清末梁啓超「國家」概念的演變》，《歷史檔案》，2012 年第 3 期。

〔註 41〕于寧志：《試析梁啓超的國家理念》，《理論月刊》，2011 年第 5 期。

家有機體論與梁啓超」等幾個主題，就梁啓超受到日本東學影響的狀況進行了梳理。在《西學的中介：清末民初的中日文化交流》（2008）中，鄭匡民用一章內容就日譯術語向中國的傳入進行了介紹，分析了梁啓超和他的「和文漢讀法」對譯介過程的影響。在「《清議報》、《新民叢報》中來自日本人著作的文章」一節中，鄭匡民在國內外已有研究成果基礎上指出，梁啓超的國家理論受到了日本的平田東助、平冢定二郎、加藤弘之、中江兆民、中江篤介、杉山藤二郎、平田久等人及其譯著的影響。〔註 42〕王明偉（2009）在博士論文《近代日本國民主義與梁啓超國民國家思想的形成與發展》中認爲，梁啓超的國民國家思想主要受到了以陸羯南爲代表的近代日本國民主義的影響。這不僅是因爲二者在現實中有著較長時間的密切交往，更主要是由於二者的思想皆以伯倫知理的國家有機體說、自由主義、國粹主義三大理念作支撐，追求國家權力與國民自由這兩個核心間的平衡。李春馥（2004）則提出，梁啓超國家主義思想的形成及轉變，是伴隨著對盧梭民主主義理論的改動與否定、對伯倫知理國家主義的贊同與認同而同步出現的。〔註 43〕劉暢（2011）以創造觀爲切入點指出，梁啓超正是借助伯格森的創造進化論解決了天下觀與國家觀念的衝突、群己關係原理的缺失問題，成功克服了建立國家觀念與國民意識的障礙，順利實現了國家與「天下」的調和，打通了個人實現與群體進步的聯結之路。〔註 44〕王曉範（2011）以加藤弘之和梁啓超爲例對中日攝取伯倫知理國家有機體論進行了比較分析，認爲加藤弘之與梁啓超對伯倫知理國家有機體說的攝取各具特色：加藤主要吸收的是伯倫知理的國家法人主權學說和內在隱含的君主主權觀念，梁氏的主要關注點則在伯氏所提出的以實證主義歷史研究方法爲基礎的國家生成、發達、衰亡的基本規律。二者攝取伯倫知理國家有機體學說的不同，反映了中日兩國面臨問題和文化傳統的差異。〔註 45〕雷勇（2010）分析了梁啓超國家有機體理論的西方背景和思想淵源並指出，梁啓超現代國家思想受到伯倫知理國家有機體理論的深刻影

〔註 42〕鄭匡民：《西學的中介：清末民初的中日文化交流》，成都：四川人民出版社，2008 年版，第 188～204 頁。

〔註 43〕【韓】李春馥：《論梁啓超國家主義觀點及其轉變過程》，《清史研究》，2004年第 2 期。

〔註 44〕劉暢：《創造觀念的興起與中國民族國家的建構——對梁啓超的考察》，《天府新論》，2011 年第 6 期。

〔註 45〕王曉範：《中日攝取伯倫知理國家有機體論之比較——以加藤弘之與梁啓超爲例》，《華東師範大學學報（哲學社會科學版）》，2011 年第 4 期。

響。以伯倫知理爲代表的近代德國國家有機體論者，繼承了亞里士多德的有機政治哲學傳統，提出國家不是理性和意志的創造物，而是「道德——精神的有機體」，且具有道德和法律人格性。他們反對霍布斯、盧梭和沃爾夫的社會契約論，以及以自然法——理性法爲基礎的國家機械論。梁啓超因爲未能在學理上眞正釐清國家有機體理論的西方背景及思想淵源，儘管從伯倫知理那裏看到了現代國家形象，但在從盧梭社會契約論向伯倫知理國家有機體論轉變的「跨語際實踐」中還是對伯倫知理產生了誤讀。〔註46〕顏德如（2011）則通過深入梁啓超《盧梭學案》進行文本分析，探討了梁啓超所理解的盧梭，認爲梁啓超對盧梭關於訂立社會契約的過程及目的、社會契約與公意及主權的關係、公意與法律的關係、平等思想、政體思想等的理解是相當準確的。且值得注意的是，梁啓超深刻揭示了盧梭社會契約思想的致命悖論：出於結成社會契約的目的，每個人都將全部權力轉讓給主權者；但在社會契約達成之後，每個人又得到了他所轉讓出去的所有權力。當然，梁啓超對盧梭的理解也存在不確和含混之處，譬如大小契約之分，國民的主權與政府的主權之分，「眾人之意」（「公意」）、「眾之所欲」（「眾意」）的界定，以及「意」和「欲」的區別等。此外，梁啓超還明顯遺漏了盧梭的人生而自由平等的思想。〔註47〕

（三）對梁啟超現代國家建設思路的研究

　　對梁啓超現代國家建設思路，學界觀點主要集中於「政體進化」、國民運動、培養新民、發展報業等改良路徑之上，認爲社會與政治的調和和共同進步，才是梁啓超建設現代國家的根本思路。蔣廣學（2005）認爲，中國社會由君主專制向建立近代民主國家急遽變化的大轉折時期，梁啓超將政治變革建立於「國民運動」之上，重「政體理化」而抑「國體革命」，充分體現了「政體進化」的憲政主義特色。梁啓超希冀借助「國民運動」建立近代政黨制度主導的責任內閣，由這種內閣執行「保育政策」，從經濟、政治和文化等各領域扶助民力、民智的增長，以實現整個國家在較爲穩定的社會環境中向世界強國邁進。〔註48〕蕭公權（1940）指出，經過數年的從政和留意觀察，梁啓

〔註46〕雷勇：《國家比喻的意義轉換與現代國家形象——梁啓超國家有機體理論的西方背景及思想淵源》，《政法論壇》，2010年第6期。
〔註47〕顏德如：《梁啓超對盧梭思想的理解：以〈盧梭學案〉爲中心》，《政治思想史》，2011年第3期。
〔註48〕蔣廣學：《梁啓超：以「政體進化」爲特色的中國憲政主義活動家》，《江蘇行政學院學報》，2005年第2期。

超對民國政治大爲失望，認定政治的根本不在政治本身而在社會，即梁氏所言「凡一國之政象，則皆其國民思想品格之反映而已」。〔註49〕沙培德（1996）提出，1915～1916 年可以看作梁啓超政治觀點開始轉化並有新提升的一個節點。共和制的失敗使梁啓超得出一個結論：一個能夠解決中國所有問題的政府並不存在。他早先關於推動提升國家權利的理論，此時漸漸地與一種他新近瞭解的公共社會領域融合在一起。梁啓超所設想的並不是一個任由政府或者社會單獨支配的共同體，而是兩者結合產生的一個有機合體。這時期梁啓超所要實現的民主，是含有制衡、程序、間接代表制、少數黨之權利、財產（私有）權等內涵的民主。在理論上，國家主權被置於民眾之中，其合法性建立在人民最大程度擁護的基礎之上；卻使實際的政治領域與民眾存在一段距離。〔註50〕石培玲（2004）認爲，源於西方民族主義思潮的建構民族國家、實現民族獨立和國家富強等理念，對梁啓超建立現代民族國家的政治理想產生了極大啓發和鼓舞。然而，近代中國社會變革的艱難歷程，又使他清醒地認識到公民意識的缺失才是中國社會走向現代民族國家的癥結所在。由此，梁啓超倡導通過政治變革和文化改造，培養一代具有國家認同思想、社會責任感和公德意識、政治參與意識和政治能力的新國民，經由這些新國民引導中國步入現代民族國家的行列。〔註51〕張翔（2001）則從報業與現代民族國家建構的視角，分析了報刊輿論在推進現代國家建構中的作用。他指出，梁啓超報業觀的核心是通過精英化的報刊輿論，擴展公共輿論空間，影響民眾、報業和政府，從而將自身及對象納入有組織的民族國家之中。在梁啓超那裏，輿論與政府統一於國家目的，共同實現政府與民眾力量的動員。〔註52〕

（四）對梁啟超政體思想的研究

對梁啓超政體思想的研究，散見於各種研究專著，但凡探討梁啓超政治思想的著作基本都會涉及。在此，重點就新近發表的兩項成果作一介紹，其觀點具有一定代表性。董方奎（2005）指出，在梁啓超看來，自戊戌變法開

〔註49〕蕭公權：《中國政治思想史》，北京：新星出版社，2005 年版，第 510 頁。

〔註50〕【美】沙培德：《辛亥革命後梁啓超之共和思想：國家與社會的制衡》，《學術研究》，1996 年第 6 期。

〔註51〕石培玲：《梁啓超視野中的民族國家與公民意識》，《社科縱橫》，2004 年第 5 期。

〔註52〕張翔：《報業與現代民族國家的建構——梁啓超報業觀略論》，《開放時代》，2001 年第 10 期。

啓的中國過渡時代，在政治上的表現是從專制政體過渡到現代民主政治，包括議會制君主立憲或民主共和的建立，國家權力中心實現以君爲主向以民爲主的轉移。而在過渡時代的初期，中國宜採用開明專制政體。董方奎認爲，基於英、德、法、俄諸國的經驗，梁啓超提出的中國當以開明專制爲過渡的理論，在理論和經驗上都是可行的。可惜梁啓超沒有掌握、也缺少軍人的支持，導致其無力推行貼近中國國情的過渡初期理論。〔註53〕謝放（2012）對梁啓超「政體進化論」思想的研究認爲，對國體和政體關係的認知是梁啓超憲政思想的重要內容。梁啓超始終主張在既定國體下逐步實現政體改革，爲此提出在清末建立君主立憲政體，在民初又努力維護共和國體。梁啓超一以貫之的政治理念力圖闡明政治制度與民主憲政演進的一個規律，即國體固然能夠採用「革命」的方式迅速實現變更，但政體只有通過「進化」才能逐步完善。〔註54〕

（五）對梁啟超國家結構觀的研究

嚴昌洪和張繼才在《略論梁啓超的國家結構觀及其活動》一文中有較爲全面的探討。張繼才（2012）還著重就 1903 年美國之行對梁啓超放棄聯邦制而崇尙單一制，以及日後參與圍繞國家結構建構的政爭的影響進行了分析。〔註55〕喻中（2011）則探討了梁啓超單一制國家結構思想的形成。他指出，辛亥革命之前，梁啓超是在「中央集權／地方自治」的框架下強調地方自治的價值和功能；辛亥革命期間，梁啓超則針對「各省獨立之事實」，在「單一制/聯邦制」的框架下論述建立單一制國家的必要性。喻中提出，梁啓超對單一制國家結構形式的認同源於中西文化的交互影響。而其西方淵源，主要爲經由日本轉手的伯倫知理國家主義學說，東方淵源則是中國古代的法家思想。在近代各國激烈競爭的國際環境下，梁啓超希望以單一制促進中國富國強兵，體現了一個中國式「反聯邦黨人」對國家結構和國家建構的期待與想像。〔註56〕

〔註53〕董方奎：《梁啓超對近代中國過渡時代初期的構想》，《湖北行政學院學報》，2005 年第 2 期。

〔註54〕謝放：《憲政之路：梁啓超的「政體進化論」思想》，《河南大學學報（社會科學版）》，2012 年第 6 期。

〔註55〕張繼才：《1903 年美國之行與梁啓超國家結構觀的轉變》，《學習與實踐》，2012 年第 3 期。

〔註56〕喻中：《辛亥革命與梁啓超單一制國家結構思想的形成》，《中國法學》，2011 年第 4 期。

（六）對梁啟超民族國家思想的研究

敖福軍（2011）在其博士學位論文《梁啓超民族國家思想研究》中做了較爲全面的探討。他指出，梁啓超民族國家思想吸收了中外思想家的諸多資源，且與梁啓超本人經歷密切相連。梁啓超民族國家思想主要由國家建構和國族塑造兩方面構成。在國家建構方面，敖福軍從國家觀念、建國方針和建國策略三個角度進行了探討。他提出，梁啓超的國家觀是一種現代的國民國家觀，儘管關於建國方針的主張隨時代不同而多有變化，但民族主義在其政論生涯的早期和晚期皆佔有重要位置。梁啓超的建國策略涉及國家的政治、經濟、文化等各個方面：政治上要施行憲政和地方自治，經濟上要應對激烈的經濟競爭，文化上則要理性地對待民族的傳統文化。在國族塑造方面，敖福軍將國族塑造劃分爲形式塑造和實質塑造兩個方面。在形式塑造上，梁啓超主張融合國內各民族並樹立民族精神，以漢族爲基礎同化其它民族，進而形成一個大的中國民族。同時，梁啓超還對國民劣根性進行了抨擊，提出國性論，總結了中華民族的精神特質。在實質塑造上，梁啓超倡導給予民眾參政權，培養國民能力。而國民能力的培養，又可分爲政治、經濟和文化三個方面。許小青（2000）認爲，梁啓超民族國家思想的形成包含兩條清晰的脈絡：一是從天下到國家，二是從「泛黃種人主義」到「大民族主義」。其內涵主要包括三個方面——主權、國民和國家至上，雖然蘊含著難以克服的矛盾，但「大民族主義」思想的提出及對近代國家建構方式的探索，推動了民族國家思想朝本土化方向的演進，對當時和後世具有重要影響和價值。〔註 57〕許小青（2001）還從政治文化認同的角度對梁啓超民族國家思想的困境進行了解讀，並指出，在梁啓超的民族國家思想體系中，政治文化在近代國家觀念與民族共同體認同兩個方面出現了分離：對於近代國家觀念的建立，梁啓超強調認同西方近代以來的以主權在民、國家主權學說爲核心的政治文化；而在民族共同體認同方面，卻依然停留在傳統儒家政治文化的認同上。思想中難以兼容的雙重認同，最終導致梁啓超民族國家思想蘊含著深刻矛盾。〔註 58〕

〔註 57〕 許小青：《梁啓超民族國家思想研究》，《華中師範大學學報（人文社會科學版）》，2000 年第 2 期。
〔註 58〕 許小青：《雙重政治文化認同的困境——解讀梁啓超民族國家思想》，《安徽史學》，2001 年第 1 期。

（七）對梁啟超國家學說的評價

　　李喜所（1996）明確指出，1903 年前後梁啟超的國家理論具有三個特徵，即國家是公有的、公理的、共和的。然而，其卻不符合當時中國的國情。〔註59〕蔣廣學和何衛東（2005）就梁啟超「政體改良」進行了評價，認爲梁啟超「政體改良」包含三方面意義，即減少舊勢力的阻力、培養民眾和政治家們的參政能力以及現代社會所必需的各種素質、防止社會陷入不斷革命的混亂境地。然而，在近代社會大變動時期，歷史發展不會按照理性方案直線行進。梁啟超期望通過保留虛君之位換取滿清皇族的讓步，但皇族要的是實而不是虛。梁啟超希望革命者放慢腳步，待國民的現代意識和參政能力提高后再行「國體革命」，但清政府的腐朽和頑固甚至激怒了梁啟超本人。民族矛盾和階級矛盾的日益尖銳導致革命成爲近代歷史的主旋律。直到 20 世紀 80 年代，中國共產黨重提政治體制改革後，被長期冷落和掩埋的梁啟超的政治主張，才又重新被發現和挖掘。〔註60〕姚傳德（1999）對梁啟超「開明專制論」進行了評析，認爲梁啟超的「開明專制論」具有局限性，其指望清政府去實行「開明專制」是辦不到的。因爲腐朽衰敗的清政府既不能解決經濟問題，也無法解決政治問題。〔註61〕朱仁顯（1988）通過分析君主立憲和民主共和兩種力圖實現中國現代轉型的模式，認爲當時中國存在著難以克服的矛盾，面臨著兩難選擇。它們的歷史啓示是：任何正確的選擇都應是原則和實際、理想和現實的統一；在中國這個背負沉重歷史包袱的國度裏，爲擺脫民族現代化的困擾，不僅需要武器的批判，更需要批判的武器，不僅要改造舊的經濟結構、政治制度和風俗，更需要著力變革舊的思想觀念和價值體系。〔註62〕

　　縱觀學界對梁啟超現代國家建設思想的研究，呈現出以下兩大顯著特點：

　　第一，就某一問題或主題的專題研究多。對梁啟超國家理論的思想來源和演變狀況的研究一直是學界的研究焦點，成果也最豐富。無論是西方學者，還是中國、日本的學者，從一開始就將大量精力放在了梁啟超學說的西學和

〔註59〕李喜所：《1903：梁啟超的國家學說和經濟構想》，《學術研究》，1996 年第 1 期。

〔註60〕蔣廣學等：《梁啟超評傳》，南京：南京大學出版社，2005 年版，第 194～195 頁。

〔註61〕姚傳德：《清末中國政體模式與現代化進程——梁啟超「開明專制論」評析》，《社會科學輯刊》，1999 年第 2 期。

〔註62〕朱仁顯：《探求民主與富強之路的兩種模式——晚清君主立憲和民主共和論》，《福建論壇（文史哲版）》，1988 年第 1 期。

東學背景方面，目前梁啓超研究的幾種最重要成果都集中在這一方面，如 Joseph R. Levenson 的 *Liang Ch'i-ch'ao and the Mind of Modern China*、張灝（Hao Chang）的 *Liang Ch'i-ch'ao and Intellectual Transition in China: 1890～1907*、鄭匡民的《梁啓超啓蒙思想的東學背景》等。而且，研究又主要集中於梁啓超與盧梭、伯倫知理、斯賓塞及日本學者福澤渝吉、中江兆民、中村正直、加藤弘之等之間思想淵源關係的探討。儘管對於某些思想演變細節存在分歧，但學者們基本都認同梁啓超與以上西方（包括日本）學者在思想上的密切關係。此外，現有研究成果的主題還集中在梁啓超的政體演進、國家結構、民族國家觀及其評價等方面。

第二，宏觀和微觀探討多。總體來看，現有成果呈現宏觀研究和微觀研究並進的態勢，其中，微觀研究又佔據主體。宏觀研究主要是從自上而下的視角來思考和整體把握研究的，探討的主題主要包括：梁啓超的國家理論、理念、形象、演變和公民意識等〔註63〕。微觀研究則重視對梁啓超思想進行短周期、小角度和具體問題的探討。其中，對梁啓超著作進行具體的文本分析和探討，成果較多。如鄭匡民在《西學的中介：清末民初的中日文化交流》（2008）一書中，分別對梁啓超的《飲冰室自由書》、《國家論》、《各國憲法異同論》、《近世文明初祖二大家之學說》、《法理學大家孟德斯鳩之學說》、《意大利建國三傑傳》、《樂利主義泰斗邊沁之學說》、《政治學大家伯倫知理之學說》、《論民族競爭之大勢》、《政治學學理摭言》等著述與東西學著述之間的聯繫進行了具體梳理。顏德如（2011）在《梁啓超對盧梭思想的理解：以〈盧梭學案〉爲中心》一文中，就《盧梭學案》與盧梭著作進行了文本對照分析，研究具體而詳實。

四、論文章節設計及架構

立足於現有的研究，本書選取 1911～1915 年間梁啓超對建設現代國家的思考進行分析，力圖在較爲全面梳理基礎上，在某些方面較現有研究有所突

〔註63〕 如張道義和徐國慶（2007）的《國家生命與社會生活——梁啓超的國家理論》、方平（1999）的《論清末梁啓超的國家思想》、張興成（2012）的《民族國家、民主國家與文明國家——梁啓超對現代中國國家形象的構想》、于寧志（2011）的《試析梁啓超的國家理念》、李春馥（2004）的《論梁啓超國家主義觀點及其轉變過程》、石培玲（2004）的《梁啓超視野中的民族國家與公民意識》、謝放（2012）的《憲政之路：梁啓超的「政體進化論」思想》等。

破。爲此，本書進行了如下的章節設計。

論文共分六部分：

第一部分，緒論。內容包括研究緣起及選題意義、核心概念的闡釋及辨析、文獻的檢視與述評、論文章節設計及架構、研究視角與方法等。

第二部分，即第一章，梁啓超現代國家建設思想的產生。以梁啓超接受中外思想的時間過程爲線索，從中學、西學和東學三個方面分別闡述梁啓超現代國家建設主張的思想淵源。中學方面，就梁啓超對中國傳統文化的繼承與揚棄做出分析；西學方面，重點就梁啓超逃亡日本之前，對進入中國的西方學說的吸收情狀展開論述；東學方面，對逃亡日本後的梁啓超受到日本學者及其著作影響的狀況進行分析。由於東學對梁啓超的現代國家建設思想的形成影響最大，故成爲本章的論述重點。

第三部分，即第二章，梁啓超對現代國家政治設施建設的設想。論述梁啓超對建設新中國在政治制度、組織方面的主張和構想，主要涉及政體觀、政黨觀、國家結構觀、政府與國會制度等。基於對民初國內外情形的判斷，梁啓超的這些設想呈現鮮明的「中國特色」。在他看來，只有國權強大，只有強善的中央政府存在，現代國家建設才可能有效地開展。

第四部分，即第三章，梁啓超對現代國家政治主體建設的探索。主要包括對民國前後國民狀況的基本判斷、現代國家政治主體的培育兩部分內容。對於民初國民狀況，梁啓超從國民的觀念和能力兩個層面做了闡述，認爲當時國民普遍存在以下問題：個人思想顯著，部落思想盛行，公共觀念薄弱，現在思想普遍，存在諸多錯誤共和觀念等。對於現代國家政治主體的培育，梁啓超認爲應重點在興味、品性和智識方面加強，而途徑就是要發揮政府、教育和社會輿論的綜合作用。

第五部分，即第四章，梁啓超的現代國家建設方案分析。就梁啓超建設現代國家的動力和實踐展開分析。在建設現代新國家的動力上，精英與平民共同推動成爲其最鮮明特色。而梁啓超的相關主張在民初未能得到踐行，既有國民自身素質和當時社會觀念的客觀原因，也與梁啓超對袁世凱過度信任和倚賴的主觀原因有一定聯繫。

第六部分，結語。闡述梁啓超現代國家建設思想對今天的啓示，主要包括：政治改革堅持走中國道路；協調推進政治建設與社會建設；調節好精英與大眾的關係，發揮二者的合力；改革者要努力具備大智慧和強毅力。

五、研究視角與方法

本書堅持政治學學科特色和方法，合理借鑒和運用歷史學方法，就民國初年梁啓超現代國家建設思想展開研究。具體來說，立足於政治建設方略的視角，圍繞政體、國家結構、政府與國會權力、國民等核心內容，對梁啓超現代國家建設思想進行歷史的分析和政治學的解讀。本書採用的研究方法主要有二：

一是文獻研究法。本文選取和運用的文獻資料主要包括：梁啓超的著述、清末民初歷史史料、學者研究專著及論文（包括外文著作）等。對於研究資料，論文堅持以梁啓超的著述為基礎，注重原始文本的解讀，力爭準確、完整地還原一個真實的梁啓超，最終實現梁啓超思想的精準探討。對於相關研究資料，注重選取學界公認的專著，並努力搜集最新成果。由於本文整體上屬於一項規範性研究，故文獻研究法成為主要的研究方法。可以說，本文的寫作立足於梁啓超著述和現有研究成果的基礎之上。

二是歷史研究法。梁啓超作為近代史上的著名人物，對其思想的研究離不開歷史學方法的運用。具體來說，就是將梁啓超思想放在近代中國的歷史情境中來探討，尊重歷史人物活動的客觀現實基礎，杜絕超越時空的後觀評價。本文的結構設計凸顯了這種歷史研究法的運用和貫徹。例如，第一章對梁啓超建設現代國家的思想來源的歷史闡述；第四章對梁啓超現代國家建設思想的實踐狀況和原因的分析，堅持了歷史情境主義和對前人的同情理解。

第一章 梁啓超現代國家建設思想的產生

　　探尋梁啓超現代國家建設思想的產生，必然要超越純粹的政治思想範圍。思想本身就是一個複雜的混合體，超越任何一個領域；政治現象又往往與經濟、社會、歷史等各方面密切相連，剝離其它方面單談政治不能明白特定政治主張的產生原由。梁啓超是中國近代一個百科全書式的人物，涉獵廣泛。其現代國家建設思想的形成，是多學科、多文化相互作用的產物。正如日本學者研究表明的，梁啓超的國家思想受到了佛學、歷史學等各種思想的影響。何況，「人們在提煉自己的政治思想的時候，其出發點往往並不是由直接談論政治思想內容的書籍引起的，而有可能是別的體裁的著作，那種能夠使他精神本源中蘊含著的能量得以發揮的著作」〔註1〕。然而，受到歷史文獻的保存等客觀原因，對梁啓超現代國家建設思想的產生做出全面分析是不可能的。由於政治思想之間天然的傳承和影響關係，從思想來源的視角做出闡釋具有重要的意義。

第一節　中學的繼承與揚棄

　　傳統中學是梁啓超民國前後思想得以形成的來源之一。譬如保育觀念，就與孟子的「保民若保赤子」思想有密切關聯。梁啓超少年時期還處於傳統

〔註1〕【日】狹間直樹：《梁啓超‧明治日本‧西方：日本京都大學人文科學研究所共同研究報告》，北京：社會科學文獻出版社，2012 年版，第 252 頁。

科舉考試年代，研讀國學成爲當時梁啓超壓倒一切的大事。對於這一時期的讀書生涯，梁啓超在《三十自述》中曾有介紹。四五歲時，梁啓超在祖父梁維清和母親趙氏教導下讀《四子書》、《詩經》等。6 歲以後，主要在其父親梁寶瑛開辦的私塾中學習《中國略史》、《五經》等。11 歲中秀才之後，補博士弟子員。然而由於家貧無書可讀，只能跟隨祖父和父親研讀《史記》和《綱鑒易知錄》等。1885 年後，梁啓超到廣州讀書，在學海堂、菊坡精舍、粵秀書院、粵華書院等中接觸到各種漢學流派，廣泛地涉獵古典經籍，打下了較爲深厚的漢學根基。據梁仲策《曼殊室戊辰筆記》記載，這一時期的梁啓超用「膏火」錢購買了「《黃清經解》、《四庫提要》、《四史》、《二十二子》、《百子全書》、《粵雅堂叢書》、《知不足齋叢書》」等。〔註 2〕當日還很缺乏書籍的梁啓超，至少應該閱讀了這些書的大部分。可見，中秀才之前的梁啓超主要是在祖父和父母的教導下學習八股文，在到廣州讀書後轉向了漢學。對於這種轉變，一個重要影響就是爲梁啓超打下了深厚的傳統學術根柢，使其具備了較廣博的學術知識和基本治學方法。「梁啓超晚年離開政界後的學術研究，就是廣州 5 年苦學絷下根基的開花結果」〔註 3〕。梁啓超在民初時期思考中國現代國家建設的國學知識，必然與這時的積累有莫大關係。

1890 年，梁啓超拜師康有爲，到其舍下學習。前後四個春秋，梁啓超的國學功底進一步提升。據《長興學記》記載，康有爲給學生們講授的傳統國學涉及義理之學、經世之學、考據之學、詞章之學等多個方面：義理之學，即天命之理、人立之義，原於孔子，析於宋賢；經世之學，即歷朝政治方針政策之得失；考據之學，即經學、史學、掌故之學等，凡義理、經世不關施行，徒辯證者；詞章之學，即文辭、書法和文章學等。〔註 4〕萬木草堂時期，康有爲讓學生閱讀《公羊傳》、《春秋繁露》等今文經學的經典，並講授古今學術源流，論述今文經學與古文經學鬥爭和發展的歷史。梁啓超等還被要求習讀《宋元明儒學案》、《朱子語類》、《文獻通考》、《二十四史》、《資治通鑑》等。康有爲著《新學僞經考》，梁啓超還從事校勘；康編《孔子改制考》，也由梁進行分纂。這些都曾對梁啓超產生過重要影響。據梁啓超回憶，當時「先

〔註 2〕轉自丁文江，趙豐田：《梁啓超年譜長編》，上海：上海人民出版社，2009 年版，第 14 頁。

〔註 3〕李喜所，元青：《梁啓超傳》，北京：人民出版社，2010 年版，第 20 頁。

〔註 4〕康有爲：《康有爲全集》（一），北京：中國人民大學出版社，2007 年版，第 345 頁。

生又常爲語佛學之精奧博大，余夙根淺薄，不能多所受」〔註5〕，顯見這時的梁啓超還接觸到了佛學。戊戌維新運動開始後，梁啓超忙於宣傳和領導改革運動，後來流亡日本，又開始大範圍接觸和吸收東學，系統研習中學的機會已經十分有限。可以說，青少年時期打下的紮實中學功底，曾經長期影響到梁啓超的政治主張，爲其一生受用。

傳統中學對梁啓超政治思想的影響〔註6〕，主要包括：

第一，以孔子爲核心的傳統儒學。儒家學說作爲中國傳統文化的主流，梁啓超對其存有深厚的感情。總體來看，以下三個方面得到梁啓超的重視和推崇：一是儒家的人生哲學和政治哲學。簡而言之，就是「修身、齊家、治國、平天下」的「內聖外王」學說。這一學說強調自身道德修養，對於國人形成關心國家民族命運的優良傳統具有促進作用。生當內憂外患劇烈之秋，梁啓超不僅用儒家學說自警自勵，而且還借來鞭策青年學生。在對「立志」、「完善人格」、「經世」進行重新解釋之後，梁啓超這裏的「內聖」已經不再是恪守三綱五常，而是對個性解放和全面發展的追求，「外王」也並非效忠專制王朝，而是爲國家進步貢獻力量。二是儒家的「均安主義」。儒家重視人的內在精神生活，認爲人之所以異於禽獸的關鍵就在人有精神生活。儒家主張，人們的物質生活應該處於「不豐不殼」的狀態，才能助成精神生活的自由向上。爲此，儒家提出「均安主義」，即在「己欲立而立人，己欲達而達人」的指導下實現物質生活與精神生活的不相妨礙。〔註7〕20 世紀 20 年代之後，梁啓超大倡科學萬能主義破產論、提倡以中國文明補充西洋文明，其理論工具就有「均安主義」。其實，儒家「均安主義」對梁啓超的影響貫穿其一生，即使在梁氏大力倡導吸收西方文明以補充中國文明在物理格致之學方面不足的時候，精神生活也沒有被輕視。三是孔子的教育思想。孔子提出的德育爲先、因材施教、教學相長、啓發誘導等原則，以及學而不厭、誨人不倦的精神，梁啓超都篤信不疑和身體力行。孔子的「生知」與「學知」思想，後經孟軻、荀況至朱熹、王陽明等的發揮，有的強調博約、學思、學習、學行的結合，

〔註5〕梁啓超：《三十自述》，《飲冰室合集・文集之十一》，北京：中華書局，1989年版，第 17 頁。

〔註6〕下文關於傳統中學對梁啓超政治思想影響的論述，參考了宋仁主編的《梁啓超教育思想研究》一書中的觀點。

〔註7〕梁啓超：《先秦政治思想史》，《飲冰室合集・專集之五十》，北京：中華書局，1989年版，第 182～183 頁。

有的主張立志、主敬、存養、省察,梁啓超兼有所取,從他早年制訂的各類「學約」,到晚年的治學方法談,都結合自己的實踐經驗予以了繼承和發揚。〔註8〕

　　第二,明末清初的經世思潮。梁啓超曾講:「吾於清初大師,最尊顧黃王顏,皆明學反動所產也」〔註9〕。「顧黃王顏」,即明末清初的顧炎武、黃宗羲、王夫之和顏元。他們的思想「皆明學反動」,主要是就他們一反宋明學者大談性理和心性之學,而注重經世致用講的。在「明道救世」之下,他們重視研究社會歷史和現狀,注重實學和實踐,強調個人立志高遠,心繫民族、國家和天下;倡導個性自由、思想自由、興論自由和社會平等;提倡「工商皆本」、重視發展國民經濟;批判君主專制對社會發展的阻滯。梁啓超深受他們學說的影響,從中汲取的非君、救世等思想成為其變法改革思想的重要來源。1923年,梁啓超在《中國近三百年學術史》中記載了明末清初經世思潮對近代政治變革的推動情況。他寫到,清初的幾位大師(實明朝遺老)黃梨洲、顧亭林、朱舜水、王船山等人的思想,在過去的二百多年間未能被學界重視,現在則一下興盛。他們所提倡的「經世致用之學」,理論上「雖然許多不適用,然而那種精神是『超漢學』『超宋學』,能令學者對於二百多年的漢宋門戶得一種解放,大膽的獨求其是」。這些明朝遺老們痛批八股科舉汨沒人才的言論,到清末民初時期變得親切有味,「引起一班人要和這件束縛思想錮蝕人心的惡制度拼命」。再加上中國領土、國權不斷遭受列強蠶食的危亡局勢,國人反抗滿洲的言論和行動漸趨強烈。在西學東漸和中外溝通便利條件之下,一些人甚至「拿外國政體來比較一番,覺得句句都魘心切理,因此從事於推翻幾千年舊政體的猛烈運動」。總之,清末30年的思想變遷,「波瀾一日比一日壯闊,內容一日比一日複雜,而最初的原動力,我敢用一句話來包舉他,是殘明遺獻思想之復活」。〔註10〕

　　第三,清中後期的改良思想。〔註11〕19世紀40年代初,中國在鴉片戰爭

〔註8〕宋仁主編:《梁啓超教育思想研究》,瀋陽:遼寧教育出版社,1993年,第22頁。

〔註9〕梁啓超:《清代學術概論》,《飲冰室合集·專集之三十四》,北京:中華書局,1989年版,第13頁。

〔註10〕梁啓超:《中國近三百年學術史》,《飲冰室合集·專集之七十五》,北京:中華書局,1989年版,第28～29頁。

〔註11〕清中後期的改良思想已包含諸多西學因素,這與其處於西學大量東漸的時代背景密切相關。由於其代表人物的主體為清末士大夫,思想主張堅持維護君

中的失利，使國人思想大爲震動。自詡擁有發達文明的天朝上國，敗給了「英夷」。此種震動在清廷上下和士大夫之中產生巨大影響。一股宣揚學習西方文明、彌補中華所短的思潮在國內逐漸興起和發展。林則徐、魏源等人開此潮流之先河，宣揚「師夷」思想，主張學習西方製造戰艦、火器及近代科學技術與工業、練兵之法等。其著作《四洲志》、《海國圖志》等影響深遠，甚至遠播東洋，推動日本明治維新運動。繼「師夷」思想而起的是洋務派，以奕訢、文祥、曾國藩、左宗棠、李鴻章、張之洞等爲代表，主張推行洋務實現自強。其思想集大成著作《勸學篇》中提出的「中體西用」說曾深刻影響清末朝野和士人。在《勸學篇》中，張之洞明確指出：「四書、五經、中國史事、政書、地圖爲舊學，西政、西藝、西史爲新學。舊學爲體，新學爲用，不使偏廢」〔註12〕。具體來說，「中體西用」說的核心觀點有二：一是在治國政略上，維護中國傳統君主專制不變，利用西洋的管理技術和章程實現固本增效；二是在治學方針上，以傳統經史爲主，維護綱常名教，輔以西方科學技術和管理知識。梁啟超無疑受到張之洞等的「中體西用」說影響，其在《戊戌政變記》中曾講：「六十年中，朝士即有言西法者，不過稱其船堅炮利製造精奇而已，所採用者，不過炮械軍兵而已，無人知有學者，更無人知有政者」〔註13〕。還曾在《地球第一守舊黨》一文中直接對張之洞及其《勸學篇》評論道：「孔子曰，惡紫之奪朱也，惡鄭聲之亂雅樂也，其南皮張公之謂乎？彼張公者，豈曾知中國爲何狀，豈曾知西國爲何物，豈曾知西人爲何學，而貿貿然號於眾曰，我知西法者，……張公著勸學篇，以去歲公於世，挾朝廷之力以行之，不脛而偏於海內，……噫嘻！是囁囁嚅嚅者何足道！不三十年將化爲灰燼，爲塵埃野馬，其灰其塵，偶因風揚起，聞者猶將掩鼻而過之」〔註14〕。梁啟超對張之洞等洋務之流及《勸學篇》進行百般譏諷，足見其主張不同於洋務派。儘管梁啟超在代總理衙門起草的《籌議京師大學堂章程》中也曾講「夫中學體也，西學用也，二者相需，缺一不可」，但已是對洋務派「中體西用」說的損益之作了。在洋務運動中後期，出現了一批介乎洋務派和戊戌維新派之間的觀點，

權和綱常名教，本文將其劃定在中學範圍。

〔註12〕張之洞：《勸學篇》，鄭州：中州古籍出版社，1998年版，第121頁。

〔註13〕梁啟超：《戊戌政變記》，《飲冰室合集·專集之一》，北京：中華書局，1989年版，第22頁。

〔註14〕梁啟超：《自由書》，《飲冰室合集·專集之二》，北京：中華書局，1989年版，第7頁。

學界一般將其稱爲早期改良派，代表人物有馮桂芬、王韜、薛福成、馬建忠、鄭觀應、陳熾、何啓、胡禮垣等。在維護君主政體和綱常名教上，他們主張振興商業、廣採西學、興辦新式學堂，甚至提出君民共主的政治設想。從梁啓超的前期著作中，不難發現其對早期改良派思想的吸收。例如，梁啓超曾在《讀西學書法》一文中介紹說：「中國人所著言西事之書，所見者如曾惠敏之《文集》，薛叔耘之《籌洋備議》《四國日記》，《海外文編》，黎純齋之《文集》，……皆佳者也」〔註15〕。薛福成的著作被梁啓超列入近代中國「言西事之書」的佳作，號召國人認眞閱讀。

第二節　西學的傳入與吸收

對西學的吸收，不僅大大改變了梁啓超的思想和政治認知，而且成爲其後來發表政論的重要思想來源，影響至爲深遠。梁啓超在民國前後的政治言論和主張，明顯可以看到西學的影響和痕跡。

早在 1890 年，梁啓超就已接觸到西學。在《三十自述》中，梁啓超講道：「年十八計偕入京師，父以其稚也，挈與偕行。李公以其妹許字焉。下第歸，道上海，從坊間購得《瀛寰志略》讀之，始知有五大洲各國。且見上海製造局譯出西書若干種，心好之，以無力不能購也。」〔註16〕以上敘述向我們透露出兩點：其一，在進京參加會試回家途中於上海購得《瀛寰志略》，對五大洲各國的風土人情有了初步瞭解。就政治方面而言，英國的議會等西方民主制度進入了梁啓超的視野。其二，在 1890 年，梁啓超見到了上海製造局譯出的若干種西書，開始接觸西學。

京城會試回來後，梁啓超投入康有爲門下學習，開始瞭解「西學之梗概」〔註17〕。學習地點萬木草堂，配備了藏書豐富的圖書閱覽室，其中就有當時翻譯過來的一些西方歷史、法律、地理、社會和數學、物理學、醫學、生物學、天文學、電學、機械學等科學圖書，爲學生們提供了瞭解西學的條件。

〔註15〕 梁啓超著，夏曉紅輯：《〈飲冰室合集〉集外文》，北京：北京大學出版社，2005年版，第 1169 頁。

〔註16〕 梁啓超：《三十自述》，《飲冰室合集‧文集之十一》，北京：中華書局，1989年版，第 16 頁。

〔註17〕 梁啓超：《三十自述》，《飲冰室合集‧文集之十一》，北京：中華書局，1989年版，第 17 頁。

康有爲習慣於給學生們講授國外地理和歷代制度沿革。有關的西學課程，大致包括聲光化電、西方史地律例、中國人的遊記、參觀歐美的日記和《格致彙編》等內容。1891 年，梁啓超曾閱讀康有爲《人類公理》（後來以《大同書》一名於 1902 年公開出版）一書的手稿，大爲歎服。《人類公理》中的大同理想，實際上是吸收了西方天賦人權、社會主義平等學說和基督教神學的雜說。總之，萬木草堂儼然一中西並重的新式學堂。學習期間，梁啓超還曾一度到佛山教書，傳播康有爲的政治主張和學術觀點。1893 年冬，梁啓超還往東莞講學，《張篁溪日記》曾有記：「梁先生於光緒十九年癸巳冬到吾鄉講學，城內墩頭街周氏宗祠內，時余才十七歲，從之遊。先生命治公羊學，每發大同義理，余思想爲之一變，始知所謂世界公理，國家思想。」〔註 18〕可見，在萬木草堂學習的梁啓超已經瞭解到一些西方的近代國家思想。

梁啓超初次集中自修西籍大約在 1892 年。這年二月，梁啓超入京參加會試，順便完婚。南歸途中，購得江南製造局所譯之書和英人傅蘭雅（John Fryer）所輯《格致彙編》等書。對於此事，梁啓勳在《曼殊室戊辰筆記》中記載到：「二十歲壬辰，正月二十日，先王父見背。春闈乃李芷園爲總裁，欲通一關節，伯兄卻之。是年夏，偕伯嫂李夫人南歸，鄉居一年有奇。斯時於國學書籍而外，更購江南製造局所譯之書，及各星軺日記，與英人傅蘭雅所輯之《格致彙編》等書。」〔註 19〕光緒十八年壬辰除夕，梁啓超在給汪康年的信中也說：「啓超半載以來，讀書山中」〔註 20〕。大致一算，從完婚南歸購書到除夕大約半載，梁啓超在半載山中所讀之書極可能包括其新購置的翻譯西籍。

鄭匡民認爲，甲午戰爭前後梁啓超大量接觸翻譯西籍的機會有二，除了1892 年的半年山中讀書，就是他在強學會任書記員之時了。1895 年成立的強學會〔註 21〕，其活動主要有四〔註 22〕：一是定期集會，宣傳維新變法。他們

〔註 18〕轉自丁文江，趙豐田：《梁啓超年譜長編》，上海：上海人民出版社，2009 年版，第 21 頁。

〔註 19〕轉自丁文江，趙豐田：《梁啓超年譜長編》，上海：上海人民出版社，2009 年版，第 20 頁。

〔註 20〕梁啓超：《致汪穰卿同年書》（光緒十八年壬辰除夕）。上海圖書館編：《汪康年師友書箚》（二），上海：上海古籍出版社，1986 年，第 1828 頁。

〔註 21〕對於強學會的確切成立時間，梁啓超的說法前後自相矛盾，而曾爲強學會辦事人的汪大燮的記述與梁啓超敘述又有差異。具體討論參見丁文江，趙豐田：《梁啓超年譜長編》，上海：上海人民出版社，2009 年版，第 31 頁。

〔註 22〕李喜所，元青：《梁啓超傳》，北京：人民出版社，2010 年版，第 42～43 頁。

一般每 10 天集會一次，宣傳愛國、保種、保教，歷數清廷積弊，呼籲變革。
二是購置圖書，設圖書室。購置一批歐美史地、風情、人文、道德和科技知
識等書籍資料，供人參觀閱覽，以開啓風氣和啓迪民智。三是譯書。請人譯
書。四是辦報。初期舉辦《萬國公報》〔註23〕。1895 年 12 月 16 日，《萬國公
報》改爲《中外紀聞》，成爲強學會的機關報。該報《凡例》列舉的宗旨中指
出，報的內容包括閣抄、外國消息、國內新聞、譯印「西國格致有用諸書」
和論說。對於強學會成立初期的情形，汪大燮在書信中曾記到：「京中同人近
立有強學會，亦名譯書局，下月開局，先譯日報，凡倫敦《泰晤士》、《代謨
斯》報先日出一冊，約十頁等。西書購到即譯書，……同人延兄及梁卓如爲
主筆」〔註 24〕。總之，強學會的建立，客觀上爲梁啓超提供了一個接觸西學
的很好機會，一批西方報紙、翻譯書籍等出現在梁啓超的視野。與這些西學
的接觸，梁啓超曾回憶道：「京師強學會開。……余被委爲會中書記員。不三
月，爲言官所劾，會封禁。而余居會所數月，會中於譯出西書購置頗備，得
以餘日盡瀏覽之，而後益斐然有述作之志」〔註 25〕。梁啓超「盡瀏覽」了強
學會搜集的西籍資料。

　　通過強學會，梁啓超還與一些西方人士接觸和結識，而這也成爲梁啓超
西學知識的來源之一。尤其是西方的基督教傳教士，19 世紀末已在中國的士
紳中產生很大影響。〔註 26〕張灝指出，1895 年間的梁啓超，已經與傳教士李
提摩太和李佳白相識，儘管對於他們之間交往的記載甚少，我們能夠瞭解的
很是有限，但可以肯定的是，他們經常見面，梁啓超從二位傳教士那裏瞭解

〔註23〕　據英人李提摩太回憶，強學會在初期之所以把報紙命名爲《萬國公報》，完全
　　　　是欲借助當時廣學會的月刊《萬國公報》多年來在清朝高級官員之間廣爲流
　　　　傳的便利條件打開銷路，「報紙的內容都是從我們的刊物上轉載的。……它介
　　　　紹的卻是廣學會所宣傳的西方的觀念」。參見【英】李提摩太：《親歷晚清四
　　　　十五年：李提摩太在華回憶錄》，天津：天津人民出版社，2005 年版，第 234
　　　　頁。
〔註24〕　汪大燮：《致穰卿頌穀書》（光緒二十一年九月二十四日）。上海圖書館編：《汪
　　　　康年師友書翰》（一），上海：上海古籍出版社，1986 年，第 714 頁。
〔註25〕　梁啓超：《三十自述》，《飲冰室合集・文集之十一》，北京：中華書局，1989
　　　　年版，第 17 頁。
〔註26〕　國內學者寶成關就西方傳教士及其著作對戊戌時期維新派的影響有專門論
　　　　述，提出「新教傳教士既引發、推進了戊戌維新思潮，又限制、制約了戊戌
　　　　維新思潮的發展」的論斷。參見寶成關：《論新教傳教士對戊戌維新思潮的引
　　　　發、推進與制約》，《社會科學戰線》，1995 年第 1 期。

到一些西學。〔註27〕對於李提摩太在中國的活動及與梁啓超的交往，據《康南海先生自編年譜》記載：「時英人李提摩太亦來會，中國士夫與西人通，自會始也。英美公使願大助西書及圖器，規模日廣」〔註28〕。而李提摩太〔註29〕在回憶錄中也曾記道，梁啓超一度作爲其私人秘書。〔註30〕對於二人的交往，張朋園分析道：「任公曾於光緒二十一、二年間擔任過李氏的秘書，很受李氏器重，彼此兩年間的交往，任公耳濡目染，自必得聞一些西方的常識。及李氏翻譯麥肯西（Robert Mackenzie）的《泰西新史覽要》（Nineteenth Century: A History），任公從旁參與中文意見，無意中亦接受了若干西方的政治歷史見識」〔註31〕。梁啓超的政見受到李提摩太的影響，從其於 1896～1897 年間發表的《變法通議》中讚賞李提摩太對有關國事的評論和建議中也可看出。〔註 32〕如果將《時務報》時期的梁啓超文章與《萬國公報》上李提摩太的文章相對照，也處處可以發現李提摩太的影響。

據梁啓超《西學書目表序例》記載，截至光緒二十二年（1896 年），中譯西籍大體上可以分爲兩類：一類是曾國藩創辦江南製造局所翻譯的西書，「數年之間，成者百種」；一類是同文館及西洋教會所譯錄的西籍，二十餘年間，有「可讀之書，略三百種」。〔註 33〕這些譯書中，「中國官局所譯者，兵政類爲最多」，「西人教會所譯者，醫學類爲最多」，「製造局首重工藝，而工藝必

〔註27〕【美】張灝著，崔志海，葛夫平譯：《梁啓超與中國思想的過渡（1890～1907）》，南京：江蘇人民出版社，1995 年版，第 51 頁。

〔註28〕康有爲：《康南海先生自編年譜》。蔣貴麟主編：《康南海先生遺著彙刊》（二十二），臺北：宏業書局，1986 年版，第 35 頁。

〔註29〕李提摩太（Timothy Richard，1845～1919），英國浸禮會傳教士。1870 年來華，先後在山東、山西傳教。1886 年移居北京，1890 年在天津任《中國時報》中文版主筆。1891 年到上海接任廣學會總幹事，至 1916 年辭職回國，主持廣學會事務 25 年。戊戌維新期間異常活躍，曾提議中國將外交、新政、鐵路、借款、報紙、教育等權力，全部交由西人掌管，更是康黨「合邦」計劃的鼎力支持者。

〔註30〕【英】李提摩太：《親歷晚清四十五年：李提摩太在華回憶錄》，天津：天津人民出版社，2005 年版，第 234～235 頁。

〔註31〕張朋園：《梁啓超與清季革命》，長春：吉林出版集團有限責任公司，2007 年版，第 23～24 頁。

〔註32〕梁啓超：《變法通議》，《飲冰室合集・文集之一》，北京：中華書局，1989 年版，第 6 頁。

〔註33〕梁啓超：《西學書目表序例》，《飲冰室合集・文集之一》，北京：中華書局，1989 年版，第 122 頁。

本格致」，格致類較多。然而，「西政各籍，譯者寥寥，官制學制農政諸門，竟無完帙」。〔註34〕在《西學書目表序例》中，梁啓超還透露了其編寫《西學書目表》的目的，那就是答覆弟子陳高第、梁作霖以及梁啓勳向其問詢的應讀西書和讀書的先後順序。爲此，著成「表四卷，札記一卷」。〔註35〕梁啓超《飲冰室合集》中並未收入《西學書目表》一文，但鄭匡民通過日本學者增田涉氏《中國文學史研究一〈文學革命〉と前夜の人々—》中的附卷指出，梁啓超把當時所見到的翻譯西籍劃分爲算學、重學、電學、化學、聲學、光學、汽學、天學、地學、全體學、動植物學、醫學、圖學、史志、官制、法律、農政、礦政、工政、商政、兵政、船政、遊記、雜誌、格致一般、西洋人議論之書、類別不能分之書等類。「除去通商以前已在《四庫全書》中著錄、叢書中有刻本者，以及最近方譯未及印者和已經散逸之書外，《西學書目表》中所錄入書共達 352 種。」〔註36〕對於這些書，鄭匡民認爲梁啓超應該大部分涉獵過。這從梁啓超對其中一些著述的評論可見一斑。例如梁啓超在看了李提摩太著的《列國變通興盛記》之後評論道：「列國變通興盛記其名甚動人，然書中惟記俄羅斯日本二篇足觀，其它則亡國之餘，而以爲興盛，於名太不順矣。」〔註37〕在讀過《泰西新史攬要》後說道：「蓋自法皇拿破侖倡禍以後，歐洲忽生動力，因以更新，至其前此之舊俗，則視今日之中國無以遠過（英人李提摩太近譯泰西新史攬要言之最詳）。惟其幡然而變，不百年間，乃浡然而興矣。」〔註38〕在閱過《八星之一總論》後，認爲中國應該倣仿日本和西方國家，參用「西國農學新法經營」農業：「近師日本，以考其通變之所由，遠摭歐墨，以得其立法之所自。追三古之實學，保天府之腴壤」。〔註39〕

認識戊戌之前西籍對梁啓超的影響，從其編輯的《西政叢書》中也可大

〔註34〕梁啓超：《西學書目表序例》，《飲冰室合集‧文集之一》，北京：中華書局，1989 年版，第 124 頁。

〔註35〕梁啓超：《西學書目表序例》，《飲冰室合集‧文集之一》，北京：中華書局，1989 年版，第 122 頁。

〔註36〕鄭匡民：《梁啓超啓蒙思想的東學背景》，上海：上海書店出版社，2009 年版，第 9 頁。

〔註37〕梁啓超：《讀西學書法》。轉見鄭匡民：《梁啓超啓蒙思想的東學背景》，上海：上海書店出版社，2009 年版，第 9 頁。

〔註38〕梁啓超：《變法通議》，《飲冰室合集‧文集之一》，北京：中華書局，1989 年版，第 6 頁。

〔註39〕梁啓超：《農會報序》，《飲冰室合集‧文集之一》，北京：中華書局，1989 年版，第 130～131 頁。

致窺見。這一套叢書中，大部分爲譯本，只有極少數是國人著作。叢書共計 8 大類 32 種：史志類有《希臘志略》、《羅馬志略》、《德國合盟紀事本末》三種；官制類有《德國議院章程》一種；學制類有《肄業要覽》、《西國學校》、《西學課程彙編》三種；公法類有《佐治芻言》、《公法總論》、《中國古世公法》、《陸地戰例新選》四種；農政類有《農學新法》、《農事論略》、《蠶務圖說》、《紡織機器圖說》四種；工政類有《工程致富》、《考工記要》兩種；商政類有《富國養民策》、《保富述要》、《生利分利之別》三種；兵政類有《法國海軍職要》、《德國軍制述要》、《自強軍洋操課程》三種；雜著類有《英法政概》、《日本雜事詩》、《日本新政考》、《適可齋記言》、《南海先生四上書記》、《庸書》、《續富國策》、《中外交涉類窮表》、《光緒通商綜窮表》九種。〔註 40〕可見，戊戌之前的梁啓超對英、法、日、德等國家的政治機構、政治變革和政治運行已經有了一些瞭解。

　　以上大致就是戊戌之前梁啓超的西學來源狀況。從當時來看，梁啓超的確算得上瞭解西學的先驅之一，甚至一度推動了西學在中國的傳播。但是，由於各種條件的限制，梁啓超的西學知識總體上還是十分有限。閱讀梁啓超的作品，我們時常會認爲他必有相當的西學造詣，其實這與其行文特點有莫大關係。只要仔細研讀，但見措辭泰西如何、歐美如何的泛泛之論，而缺少進一步的深解。這一時期，梁啓超的作品更多的是通過「隨有所見，隨即發表」的方式出現在國人面前。對於這種狀況，梁啓超有深刻的自覺。他曾自言，在這種「學問饑荒之環境中，冥思枯索」，只能「構成一種不中不西即中即西」的新學派。由於「來源泄瀉，汲而易竭」的緣故，言論難免「支絀滅裂」。總之，戊戌之前的梁啓超已經接觸到了西學，但卻是支離片段，無論從知識的廣度和深度上都顯得單薄。梁啓超的西學大進，尤其是現代國家理論的提升，還是在逃亡日本大量接觸東學以後了。

第三節　東學的接觸與改造

　　我們在閱讀梁啓超民國建立前後的文獻時，會發現他對日本歷史和明治政治的實踐記述頗多，而且其政治思想，尤其是現代國家思想的形成與日本東學

〔註 40〕以上對《西政叢書》收錄書籍類型的整理參考了張朋園的觀點。參見張朋園：《梁啓超與清季革命》，長春：吉林出版集團有限責任公司，2007 年版，第 23 頁。

有著莫大關係。可以說，沒有對日本東學的吸收，梁啓超是不能形成民國前後的政治主張和思想的。爲此，下面就梁啓超與東學的淵源做一闡釋。〔註41〕

梁啓超對東學的接觸可以追溯到甲午戰爭之前。據鄭匡民研究〔註42〕，梁啓超最初接觸東學主要是從老師康有爲那裏獲得的，其中，康著《日本變政記》和《日本書目志》對梁啓超影響很大。《日本變政記》作爲《萬國政治沿革得失》的內容之一，曾是康有爲在萬木草堂講學期間給弟子們開設的課程。後來梁啓超寫作《變法通議》，提倡倣仿明治維新進行變法，就與此書的影響有很大關係。而《日本書目志》最初由上海大同譯書局於光緒二十四年（1898）春梓行，內中收錄日本明治二十年（1887）左右的日本書籍共約 7100 多冊。康有爲在其弟子歐榘甲和長女同薇等人協助下，將全書分爲生理、理學、宗教、圖史、政治、法律、農業、工業、商業、教育、文學、文字語言、美術、小說、兵書等 15 門類。戊戌變法期間，梁啓超在《時務報》上發表《讀日本書目志書後》一文，對康有爲的這部書進行了介紹並表達了通過日本譯著學習西洋的好處。通過閱讀《日本書目志》，梁啓超知道了日本的眾多著作，如平田東助和平冢定二郎合譯的德國伯倫知理（Bluntschli Johann Caspar）的《國家論》，中江篤介所譯的法國阿爾夫來特・扶伊埃（梁啓超譯爲阿勿雷脫）的《理學沿革史》（*Histoire de la philosophie*, Alfred Fouilée），中村正直所譯英國斯邁爾斯的《西國立志編》（Smiles Samuel, *Self-Help*, 1859），小野梓的《國憲泛論》，伊東已代治的《法律命令論・命令編》，穗積陳重的《法典論》，阪谷芳郎所譯意大利人科莎的《經濟學史講義》（Luigi Cossa, *Guide to the study of political economy*, London, 1880）等。當時梁啓超在國內不可能讀過《日本書目志》上列舉的所有書，但康有爲撰寫的提要必會給其留下深刻印象，「後來梁啓超流亡日本以後，重新拿起這些書仔細閱讀，並將其思想融入自己的文章中，從而對中國的近代化產生了深遠的影響」〔註43〕。

甲午一戰，中國這個萬邦來朝的天朝上國竟然敗給了東隅島國日本，這使國內朝野上下、大夫士卒受到極大震動。割地賠款的奇恥大辱之下，中國

〔註41〕下文對梁啓超受到日本東學影響而思想發生變化的分析，主要參考了鄭匡民先生的著作和觀點。

〔註42〕鄭匡民：《梁啓超啓蒙思想的東學背景》，上海：上海書店出版社，2009 年版，第 5～6 頁。

〔註43〕鄭匡民：《梁啓超啓蒙思想的東學背景》，上海：上海書店出版社，2009 年版，第 6 頁。

知識界開始把更多的目光投向日本，希望從那裏取得富國強兵的經驗。在這一大背景下，有關日本的書籍更加容易得到國人重視。廣學會出版、林樂知翻譯的《文學興國策》一書（1896 年譯印，次年列入《中東戰紀本末》附錄），包含上下兩卷，由明治初年的日本駐美公使森有禮的公函，以及華爾賽、施瑞恩、赫普經、滿勒等 13 人的回函和美國教育法組成。森有禮爲了振興日本，就教育問題與以上美國教育界知名人士進行了交流，往來的交流文本編輯成書 Education in Japan，明治六年在紐約出版。在本書中，一系列重要問題得到闡釋，如教育與富國、智育與德育、女子教育等。甲午之後，一些有關日本的書籍得到出版，「梁啓超自然會從這些書籍中得到不少日本方面的知識」。〔註44〕

　　逃亡日本之前，梁啓超還可能通過與日人直接接觸瞭解東學。在黃遵憲、梁啓超等人的努力下，《時務報》於 1896 年 8 月開辦。據《時務報》中《本館辦事諸君名氏表》記載，當時梁啓超爲撰述，日文翻譯是古城貞吉〔註45〕。梁啓超結識古城貞吉，是在其擔任《時務報》主筆期間。二人的交往，梁啓超在 1897 年的一封回覆康有爲的信中曾有提及：「日本書同文幾半，似易譯於西文，然自頃中國通倭文者不過數人，皆有館地領厚薪，安能就桂中之聘？然則其勢必覓之於日本。日本維新三十年中，讀中國書者幾絕，（華人疑倭人通漢文甚易者，非也。倭人正以漢文之難通故，創伊呂波等以代之。伊呂波行，通漢文者希矣。）其有一二，則皆守舊之徒，視新學如仇敵，必不肯翻我欲翻之書，此是古城所述情形。如此則覓之於日本亦不易也。」〔註46〕從以上記述可以看出，梁啓超與古城貞吉還較爲熟悉。在日常的交往中，梁啓超必會得到不少日本方面的知識。

　　戊戌政變後，梁啓超在日本政府的幫助下，乘大島艦逃亡日本。〔註47〕他

〔註44〕　鄭匡民：《梁啓超啓蒙思想的東學背景》，上海：上海書店出版社，2009 年版，第 9～10 頁。
〔註45〕　古城貞吉（1866～1949），字坦堂，生於日本熊本市，6 歲起入竹添進一郎的漢學塾研修漢學，19 歲進入東京第一高等學校，翌年因病退學，此後開始自修中國文學、經學。曾入東京《日日新聞》社，旋赴任上海，結識汪康年，爲《時務報》日文翻譯。《時務報》中所譯日本《民友報》、《讀賣新報》、《日本新報》、《東京日日報》、《國民新報》等的文章，多出其手。
〔註46〕　梁啓超：《致康有爲書》（三月三日）。轉見《梁啓超年譜長編》，上海：上海人民出版社，2009 年版，第 51～52 頁。
〔註47〕　具體逃往過程，參見馮自由《中華民國開國前革命史》、《任公先生大事記》等。

去往日本的目的十分明確，那就是借助日本之力營救光緒帝完成變法事業。當大島艦還航行在茫茫海上之時，百感交集的梁啓超寫下了著名的《去國行》。這首長詩在盡情流淌憂憤之情的同時，表露了東行的目的。在梁啓超看來，君恩友仇尚未報之下，自己儘量保全性命積攢能量重謀維新大業才是正途。而與中國有著相似國情的日本，經歷明治改革的輝煌，正是中國可以傚仿和依靠的力量。因此，梁啓超此行就是要效法古代申包胥赴秦乞師、援楚復國的先例，赴日乞師，營救光緒，完成維新事業。梁啓超的這一目的，從其抵日後與日本外務大臣大隈重信的代表志賀重昂的筆談中也可以看到：

> 梁：海外羈逐孤臣，君主被幽，同志慘戮，情懷之難堪可知。幸存貴邦諸君子雅意保護，授餐適館，優待逾恒，忘其在客中也。敝邦此次政變，非徒敝邦之憂，實牽動地球全局，而貴邦唇齒相依，所關尤為重大。蓋東方之安危，全繫乎敝邦之能自主與否，敝邦立則日本之邊防、商務、工藝皆受其利，敝邦危則皆受其害，此情事之最易見者，無待僕言也。然敝邦之能立與否，全繫乎改革不改革；敝邦之能改革與否，又全繫乎皇上之有權無權，然則我皇上同日本之失權其牽動於日本之國礎者，甚相切近矣。故僕等之意，深望貴邦之助我皇上復權也。〔註48〕

然而，不久日本政局的變動，使梁啓超實現計劃失去了政治上的憑藉。1898 年 11 月 7 日，支持梁啓超等中國維新人士的大隈內閣倒臺，政權從民黨轉到了藩閥政府手中，山縣內閣上臺。山縣內閣對梁啓超等的事業並不熱心，甚至認為繼續收留中國維新人士只會妨礙中日政府友好。為此，日本政府通過各種渠道逼迫康梁離開日本。更加嚴重的是，康梁的日本保護人伊藤博文和大隈重信的態度在這時候也發生了轉變。日本外務省在 1898 年 11 月 30 日的秘密報告中就曾講到：「伊藤侯已看穿康有為乃是年少氣盛，輕率短慮而不足以託大事之人，因而開始對其採取敷衍的態度。」〔註49〕同樣是外務省的秘密報告，顯示大隈重信對於康有為的接連失敗也已感到沮喪。〔註50〕這樣，

〔註48〕 丁文江，趙豐田：《梁啓超年譜長編》，上海：上海人民出版社，2009 年版，第 103 頁。

〔註49〕 《外務省記錄》各國內政關係雜纂，支那之部，革命黨關係，乙秘第六七七號《清國亡命者ノ舉動ニ付キ》。轉自鄭匡民：《梁啓超啓蒙思想的東學背景》，上海：上海書店出版社，2009 年版，第 35 頁。

〔註50〕 《外務省記錄》各國內政關係雜纂，支那之部，革命黨關係，乙秘第六七七

康梁失去了日本政府及友好人士的政治支持。

此後，梁啓超和康有爲組織了一次武裝營救光緒帝的行動，即自立軍之役。對於此事，梁啓超曾傾注了大量心血，不僅大力發展會眾、聯絡會黨，而且奔走於南洋、上海和日本等地，積極向海外華僑募餉。然而，當他於 1900 年 8 月 20 日抵達上海準備直接領導這場勤王起義時，張之洞的提早行動令起義夭折，梁啓超不得不離開中國。起義失敗導致梁啓超的多位好友和學生慘遭殺害。這次失敗對梁啓超打擊甚大，一度使他一蹶不振。但在痛定思痛之後，認識到要改造中國，著實不能僅僅依靠光緒皇帝，而應走自下而上的道路，從教育國民做起。1901 年 6 月 16 日，梁啓超在《清議報》上發表《自勵二首》，表達自己要「誓起民權移舊俗，更研哲理牖新知」的志懷。〔註51〕於是，梁啓超開始大量閱讀和翻譯東洋著作，攝取建設現代國家的思想資源，探尋救國之道。

民國成立之前，梁啓超主要在日本從事著述宣傳活動，期間對東學的吸收和引介，使其思想發生重大轉變，尤其是近代國家知識的漸趨系統，爲他在民國初期提出具有近代意義的建國主張準備了思想資源。而且，作爲一個宣傳家和思想家，梁啓超對日本的主要啓蒙思想家常有獨到的認識和評價，這也成爲其吸收東學的一個特色。這一時期，梁啓超的東學增進很快，思想吸收繁雜，在此僅就其中對梁啓超形成民初建國主張起了明顯影響的若干東學思想做一圖譜勾勒。

一、文明進化論與梁啓超的社會史觀

梁啓超到達日本後，在「讀日本之書」中，對有「日本的伏爾泰」和「日本國民的教師」之稱的福澤諭吉〔註52〕著作做了閱讀，留下深刻影響。在《論學術之勢力左右世界》一文中，梁啓超對福澤諭吉盛讚有加，講道：「日本人之知有西學，自福澤始也，其維新改革之事業，亦顧問於福澤者十而六七也」

號。轉自鄭匡民：《梁啓超啓蒙思想的東學背景》，上海：上海書店出版社，2009 年版，第 35 頁。

〔註51〕梁啓超：《詩》，《飲冰室合集‧文集之四十五（下）》，北京：中華書局，1989 年版，第 16 頁。

〔註52〕福澤諭吉（1834～1901），日本明治維新前後的著名啓蒙思想家和教育家，曾作爲幕府遣歐使節的隨員訪問法、英等歐洲國家，著有《西洋事情》、《勸學篇》、《文明論概略》等。

〔註 53〕。梁啓超對福澤諭吉思想的接觸，石川禎浩推測，梁啓超未到日本時已經知道福澤，可能在戊戌變法前已讀過《文明論概略》。〔註 54〕在《文明論概略》中，福澤闡述了文明的涵義、文明的發展過程、當時世界各國的文明狀況、日本的文明近代化路線等內容。爲人們熟知、影響最廣的就是其中提出的文明三段論思想。福澤認爲，社會的運動是一個不斷經由野蠻向文明的發展過程。在這一過程中，文明隨著德智的發展不斷進步，而德智又隨著文化和社會的進化、武力和智力地位的轉化而前進。這樣，以文明爲視角，人類社會可以劃分爲三個不同的進化階段，即「野蠻」、「半開化」和「文明」，三個階段依次上陞，爲人類進化的必經過程。在當下的世界，西方國家處於文明發展的最高水平，師法西方應該是日本等落後國家的必然選擇。

　　福澤諭吉的文明觀〔註 55〕對梁啓超有著天然的吸引力。福澤文明觀中的進化思想，梁啓超在國內時期就已接觸到。康有爲的「變法」和「三世」觀念爲戊戌之前的梁啓超接受和信奉，後來與嚴復的相識又使其擴大了對進化論的瞭解。〔註 56〕流亡日本之前，梁啓超曾經運用「三世」之義來宣傳他的變革思想：

〔註 53〕 梁啓超：《論學術之勢力左右世界》，《飲冰室合集・文集之六》，北京：中華書局，1989 年版，第 115～116 頁。

〔註 54〕 此外，國內學者卞崇道認爲，梁啓超《自由書》中的《傳播文明三利器》一文，是梁啓超未去日本之前於戊戌變法高潮時寫的，也是中國最早介紹福澤的文章。參見石川禎浩：《梁啓超與文明的視點》。【日】狹間直樹：《梁啓超・明治日本・西方：日本京都大學人文科學研究所共同研究報告》，北京：社會科學文獻出版社，2012 年版，第 94 頁。卞崇道：《福澤諭吉與中國現代化》，《延邊大學學報（社會科學版）》，1983 年第 S1 期。

〔註 55〕 文明觀作爲福澤諭吉思想的核心內容和特色理論，得到了中日學者的普遍承認和探討研究。有學者指出，福澤諭吉的文明觀，主要體現在其《文明論概略》一書中，同時散見於論著《通俗國權論》、《時事小言》、《西洋事情》、《世界國盡》、《勸學篇》、《民情一新》、《實業論》，以及《脫亞論》、《論朝鮮交際》等社論中。參見崔新京：《福澤諭吉「文明史觀」的雙重透析》，《日本研究》，1990 年第 3 期；譚建川：《福澤諭吉文明觀批判》，《鄭州大學學報（哲學社會科學版）》，2005 年第 4 期。

〔註 56〕 西方進化論進入中國，最早可以追溯到 1859 年，隨後傳教士和中國人對進化論進行了傳播，只是限於不夠全面和系統而影響甚微。1895 年以後，嚴復《天演論》出版，系統的進化論才傳入中國，並產生重大社會影響。在流亡日本之前，梁啓超進化論知識的來源，與閱讀嚴復著作及與嚴複本人相識和交流有莫大關係。參見寶成關：《戊戌前後西方社會政治學說的系統輸入》，《遼寧大學學報》，1995 年第 1 期。

　　吾聞之，春秋三世之義，據亂世以力勝，昇平世智力互相勝，太平世以智勝。草昧伊始，蹏跡交於中國，鳥獸之害未消，營窟懸巢，乃克相保，力之強也。顧人雖文弱，無羽毛之飾，爪牙之衛，而卒能檻繫兕虎，駕役駝象，智之強也。數千年來，蒙古之種，回回之裔，以虜掠爲功，以屠殺爲樂，屢蹂各國，幾一寰宇，力之強也。近百年間，歐羅巴之眾，高加索之族，藉製器以滅國，借通商以闢地，於是全球十九，歸其統轄，智之強也。世界之運，由亂而進於平，勝敗之原，由力而趨於智。故言自強於今日，以開民智爲第一義。〔註57〕

　　儘管國內時期梁啓超的進化觀還具有濃重的「三世」論色彩，但對智的推崇及其在進化中作用的強調，與福澤諭吉的進化論還是十分相近的。正是這種認識上的相似，使梁啓超接受福澤的文明進化論變得異常容易，以致「三世」論與文明三階段論在梁啓超那裏巧妙地融合在了一起：「泰西學者，分世界人類爲三級，一曰野蠻之人，二曰半開之人，三曰文明之人。其在春秋之義，則謂之據亂世昇平世太平世。皆有階級，順序而生。此進化之公理，而世界人民所公認也。其軌度與事實，有確然不可假借者。」〔註58〕梁啓超對福澤的文明進化論甚爲欽佩，以致在寫作《文野三界之別》時，幾乎對福澤《文明論概略》中的論述進行了完全「臚列」。

　　在此有必要說明的是，福澤諭吉的《文明論概略》，至少參考了英國伯克爾〔註59〕的《英國文明史》（Buckle, Henry Thomas, *History of Civilization in England*, 2卷，1857～1861）和法國基佐〔註60〕的《歐洲文明史》（Cuizot, *General History of Civilization in Europe*, 1828）兩部著作。〔註61〕這從三部著作的「單

〔註57〕梁啓超：《變法通議》，《飲冰室合集・文集之一》，北京：中華書局，1989年版，第14頁。

〔註58〕梁啓超：《自由書》，《飲冰室合集・專集之二》，北京：中華書局，1989年版，第8頁。

〔註59〕伯克爾（1821～1862），英國歷史學家，《History of Civilization》（1857年，第一卷）的出版使其名聲大作。明治前期，他的著作傳到日本，對日本思想界產生巨大影響。

〔註60〕基佐（1787～1874），法國政治家、歷史家。1847至1848年任法國首相。著有《英國革命史》、《法國革命史》、《歐洲文明史》等。

〔註61〕劉文明對基佐、福澤諭吉與梁啓超三人文明觀的承繼、變化狀況有專文探討，參見劉文明：《歐洲「文明」觀念向日本、中國的傳播及其本土化述評——以基佐、福澤諭吉和梁啓超爲中心》，《歷史研究》，2011年第3期。

線式文明發展理論」特色，及文本的相似中可以明顯看出。據學者的研究，不僅《文明論之概略》受到了西方學者的影響，福澤諭吉的另一代表作《勸學篇》也具有明顯的西學淵源。然而，無論福澤的著作與西學有多密切的關聯，但其從解決日本現實問題出發引進和吸收西學，對於日本的進步還是產生了巨大作用，對此梁啓超曾有過很高的評價：

> 福澤諭吉當明治維新以前，無所師授，自學英文，嘗手抄華英字典一過。又以獨力創一學校，名曰慶應義塾，創一報館，名曰時事新報，至今為日本私立學校報館之巨擘焉。著書數十種，專以輸入泰西文明思想為主義。日本人之知有西學，自福澤始也，其維新改革之事業，亦顧問於福澤者十而六七也。〔註62〕

其實，梁啓超與福澤諭吉具有相似的著述經歷和影響作用。作為中國近代化的重要啓蒙者，梁啓超對於日本東學的引介，與福澤吸收西學十分相像。受到福澤的文明進化論的啓發，梁啓超自覺將文明分野運用到中國近代化的思考中，他大聲疾呼：「論世界文野階級之分，大略可以此為定點，我國民試一反觀，吾中國於此三者之中居何等乎，可以瞿然而興矣。」〔註63〕

顯然，以福澤諭吉的文明三階段說為標準，中國與明治維新之前的日本十分相似，都需要向已經高度發展的西方文明進近。而在這一趨向更高文明的進程中，梁啓超仿傚福澤改造日本的方式，從「形質之文明」和「精神之文明」兩個層面進行了分析，並強調了「精神之文明」的優先意義。在《文明論概略》中，福澤針對當時有人主張依照日本國情有選擇地攝取西方文明的論斷提出，日本建設文明國家，應該首先吸收西方文明內在的精神：

> 文明有兩個方面，即外在的事物和內在的精神。外在的文明易取，內在的文明難求。謀求一國的文明，應該先攻其難而後取其易，隨著攻取難者的程度，仔細估量其深淺，然後適當地採取易者以適應其深淺的程度。假如把次序顛倒過來，在未得到難者之前先取其易，不但不起作用，往往反而有害。〔註64〕

〔註62〕 梁啓超：《論學術之勢力左右世界》，《飲冰室合集·文集之六》，北京：中華書局，1989 年版，第 115～116 頁。

〔註63〕 梁啓超：《自由書》，《飲冰室合集·專集之二》，北京：中華書局，1989 年版，第 9 頁。

〔註64〕 【日】福澤諭吉：《文明論概略》，北京：商務印書館，1959 年版，第 13 頁。

與福澤諭吉的觀點相對應，梁啓超對於中國的文明進化之路講到：

今所稱識時務之俊傑，孰不曰泰西者文明之國也。欲進吾國，使與泰西各國相等，必先求進吾國之文明，使與泰西文明相等。此言誠當矣。雖然，文明者，有形質焉，有精神焉，求形質之文明易，求精神之文明難。精神既具，則形質自生，精神不存，則形質無附。然則真文明者，只有精神而已。故以先知先覺自任者，於此二者之先後緩急，不可不留意也。〔註65〕

不僅對於落後國家進於文明國的路徑觀點無異，福澤諭吉與梁啓超對於文明的形質和精神的認識也幾乎完全相同。比較二人的以下論述，我們將會看到，福澤對梁啓超的影響多麼地大：

衣服飲食器械居室以至政令法律，都是耳目可以聞見的東西。然而，政令法律若與衣食居室相比，情況便有所不同，政令法律雖然可以耳聞目見，但終究不是可以用手來捉摸或者用金錢可以買賣的東西，所以汲取的方法也較困難，不同於衣食房屋等物。所以，仿傚西洋建築鐵橋洋房就容易，而改革政治法律卻難。我們日本雖然已經有了鐵橋洋房，但是政治法律的改革直到現在還未能實行，國民會議未能很快的成立，其原因即在於此。至於更進一步想要改變全國人民的風氣，更是談何容易，這決不是一朝一夕所能奏效的。既不能單靠政府命令來強制，也不能依賴宗教的教義來說服，更不能僅僅通過衣食房屋等的改革從外表來引導。〔註66〕

陸有石室，川有鐵橋，海有輪舟，竭國力以購軍艦，腋民財以傚洋操，如此者可謂之文明乎？決不可。何也？皆其形質也，非其精神也。……所謂精神者何，即國民之元氣是矣，自衣服飲食器械宮室，乃至政治法律，皆耳目之所得聞見者也，故皆謂之形質。而形質之中，亦有虛實之異焉，如政治法律，雖耳可聞、目可見，然以手不可握之，以錢不可購之，故其得之也亦稍難。故衣食器械者，可謂形質之形質，而政治法律者，可謂形質之精神也。若夫國民元氣，則非一朝一夕之所可致，非一人一家之所可成，非政府之力所

〔註65〕梁啓超：《國民十大元氣論》，《飲冰室合集·文集之三》，北京：中華書局，1989年版，第61頁。

〔註66〕【日】福澤諭吉：《文明論概略》，北京：商務印書館，1959年版，第15頁。

能強逼，非宗門之教所能勸導。〔註67〕

　　二人的論述內容相似，就是用詞也有重合之處。儘管對於文明的精神表述不同，福澤諭吉用的是「人民的風氣」，梁啓超用的是「國民之元氣」，其內涵卻沒有任何差別。福澤對梁啓超的影響是顯著的。如果將梁啓超來日前後的認識做一對比，我們將會更加清楚地看到這種影響。儘管戊戌之前梁啓超就已認識到，學習西方，「不師其所以強，而欲師其所強，是由欲前而卻行也」〔註68〕，但對於西方強盛的根本原因或憑據，卻不是十分確定。由此，那時他的思想時常變化：「今日之事，以廣求同志開倡風氣為第一義」，「多養人才是第一義」，「若乃科舉學校官制工藝農事商務等，斯乃立國之元氣，而致強之本原也」，「故今日之計，莫急於改憲法，必盡取其國律民律商律刑律等書，而廣譯之」，等等。〔註69〕直到戊戌變法時期，梁啓超將他的變革思路的起點最終落在制度。來到日本一年後，梁啓超發表的《國民十大元氣論》中的觀點已經與戊戌時期的主張明顯相異，他的理論起點轉移到了「國民之元氣」，也就是要從培養國民精神入手。

　　這樣，在福澤諭吉和梁啓超那裏，一個在文明程度上落後的國家要實現追趕和進步，最重要的路徑就是對國民進行啓蒙，涵養文明的精神。那麼，對國民啓蒙包括哪些內容呢？福澤對比「東洋之儒教主義」和「西洋文明主義」後發現，「東洋所無者有二，有形者為數理學，無形者為獨立心」。〔註70〕根據福澤的相關論述，數理學是一種探究自然運動規律的學問，與近代以來的科學相近；而獨立心則強調一種不依賴他人、獨立自主的意識和精神。數理學和獨立心正是西洋文明領先於東洋文明的精髓。他強調，落後國家實現追趕，就應該「從今日起確立向學之志，先謀一身之獨立，隨之而致一國之富強，若能如此西洋人之力何足恐哉」〔註71〕。在此，福澤諭吉明確強調了

〔註67〕 梁啓超：《國民十大元氣論》，《飲冰室合集‧文集之三》，北京：中華書局，1989 年版，第 62 頁。

〔註68〕 梁啓超：《變法通議》，《飲冰室合集‧文集之一》，北京：中華書局，1989 年版，第 68 頁。

〔註69〕 參見丁文江，趙豐田：《梁啓超年譜長編》，上海：上海人民出版社，2009 年版，第 23 頁；梁啓超：《變法通議》，《飲冰室合集‧文集之一》，北京：中華書局，1989 年版，第 12，69 頁。

〔註70〕 福澤諭吉：《福翁自傳》，《教育の方針は數理と獨立》。轉自鄭匡民：《梁啓超啓蒙思想的東學背景》，上海：上海書店出版社，2009 年版，第 75 頁。

〔註71〕 福澤諭吉：《學問のすすめ》。轉自鄭匡民：《梁啓超啓蒙思想的東學背景》，

培養國民獨立心的首要重要性。培植獨立自主的國民精神，使之成爲國家富強的人格基礎，正是福澤文明觀的旨趣所在。接受福澤影響的梁啓超，持有相似的觀點。他認爲，現代世界的競爭就是國民的競爭，「新民」當爲「今日中國第一急務」，而關鍵又在於培養「獨立」精神。長期專制下的國人，形成了濃重的依賴性，「今日救治之策，惟有提倡獨立」〔註72〕。

國民獨立才能國家獨立，宣告了梁啓超在國家轉型路徑上觀點的根本轉變。他從戊戌時期主張自上而下的制度變革，轉向了自下而上的國民變革。對於這種轉變，從梁啓超的以下論述中，我們可以清楚地看到：

> 天下之論政術者多矣，動曰某甲誤國，某乙殃民，某之事件，政府之失機，某之制度，官吏之溺職若是者。吾固不敢謂爲非然也。雖然政府何自成，官吏何自出，斯豈非來自民間者耶？某甲某乙者，非國民之一體耶？久矣夫聚群盲不能成一離婁，聚群聾不能成一師曠，聚群怯不能成一烏獲，以若是之民，得若是之政府官吏，正所謂種瓜得瓜，種豆得豆，其又奚尤。西哲常言，政府之與人民，猶寒暑表之與空氣也。室中之氣候，與針裏之水銀，其度必相均，而絲毫不容假借。國民之文明程度低者，雖得明主賢相以代治之，及其人亡則其政息焉。譬猶嚴冬之際，置表於沸水中，雖其度驟升，水一冷而墜如故矣。國民之文明程度高者，雖偶有暴君污吏，虐劉一時，而其民力自能補救之而整頓之。譬猶溽暑之時，置表於冰塊上，雖其度乎落，不俄頃則冰消而漲如故矣。然則苟有新民，何患無新制度，無新政府，無新國家。非爾者，則雖今日變一法，明日易一人，東塗西抹，學步效顰，吾未見其能濟也。夫吾國言新法數十年而效不睹者何也，則於新民之道未有留意焉者也。〔註73〕

由此可見，來到日本後的梁啓超很快受到東學的影響，尤其是接受了福澤諭吉的文明史觀之後，思想爲之一變，將國家救亡的重心由變革政治制度轉向了啓蒙國民品格。〔註74〕這種轉變對梁啓超後來的國家建設主張產生了

上海：上海書店出版社，2009年版，第76～77頁。
〔註72〕梁啓超：《十種德性相反相成義》，《飲冰室合集·文集之五》，北京：中華書局，1989年版，第44頁。
〔註73〕梁啓超：《新民說》，《飲冰室合集·專集之四》，北京：中華書局，1989年版，第2頁。
〔註74〕鄭匡民認爲，僅《自由書》中取材於福澤諭吉《文明論概略》的有《自由祖

深遠影響。梁啓超開始更加關注國民的作用，將國民的現代化視爲國家現代化的根基和保障。國民在一國現代轉型中的基礎地位得到確認。國家的現代化，再不僅僅只是制度上的變革，也不再只是少數人的事業，它的實現與每一個國民息息相關，只有國民現代化了，國家才能眞正現代化。而實現國民現代化，需要對國民進行啓蒙。從此，培養具有現代國民品格的「新民」成爲梁啓超一生的事業。

二、自由民權思想與梁啓超的國民觀

日本明治時期啓蒙思潮的重要特點之一就是對國民教育的重視，具有近代意義的國民學說成爲當時日本思想家的共同論域。他們形成普遍共識，就是維新不只是「政體之一新」，更根本上應該首先實現「人民之一新」，也就是培養具有近代國民品格的新民。因此，提高國民的素質成爲最主要的任務。與日本東學的接觸，梁啓超一面大力吸收其國民學說，同時在對部分理論改造後源源不斷地引介給中國人，對中國國民啓蒙事業功績卓著。閱讀梁啓超的《自由書》和相關著作，我們可以感受到福澤諭吉、中村正直、加藤弘之、德富蘇峰、中江兆民、伊藤博文、大隈重信、深山虎太郎等人對梁啓超自由民權思想的強烈影響。〔註 75〕下面，就中村正直〔註 76〕和中江兆民〔註 77〕的學說與梁啓超國民觀做一比較分析，以展現梁啓超國民觀的形成及其特點。

如福澤諭吉一般，梁啓超在去日本之前既已通過閱讀康有爲的《日本書目志》接觸到中村正直和中江兆民的思想。〔註 78〕《日本書目志》中收錄有

國之祖》、《文野三界之別》和《近因遠因之說》。而福澤文明史觀對於梁啓超的影響，高力克明確指出，梁啓超的新民論與其存在一脈相承的思想淵源聯繫。參見鄭匡民：《西學的中介：清末民初的中日文化交流》，成都：四川人民出版社，2008 年版，第 194 頁；高力克：《福澤諭吉與梁啓超近代化思想比較》，《歷史研究》，1992 年第 2 期。

〔註75〕 蔣廣學等：《梁啓超評傳》，南京：南京大學出版社，2005 年版，第 88 頁。

〔註76〕 中村正直（1832～1891），別名敬宇，日本明治時期著名啓蒙思想家。自幼學習漢學，蘭學，英文，精通儒家經典，35 歲時作爲日本留學生監督官去往英國留學，有譯著《西國立志編》和《自由之理》。

〔註77〕 中江兆民（1847～1901），原名篤介，日本明治時期自由民權運動理論家，政治家，有「東洋盧梭」的稱號。1871 年被政府派往法國留學，潛心研究哲學、史學和文學，深受法國民主主義思想的影響。著有《理學沿革史》、《民約譯解》、《一年有半》等。

〔註78〕 袁詠紅認爲，由於康有爲《日本書目志》中的中村正直 7 篇序言均爲漢文寫成，閱讀起來不存在語言障礙，故梁啓超應該很早就已接觸到中村正直的思

三種《西國立志編》和一種《理學沿革史》〔註79〕，而《西國立志編》和《理學沿革史》分別作爲中村正直和中江兆民的代表作，曾經爲日本人追捧和熱愛。儘管接觸很早，但梁啟超眞正全面認識他們的思想還是到日本閱讀其書以後了。

《西國立志編》和《自由之理》是中村正直對斯邁爾斯（Samuel Smiles）的《自助論》（Self Help）和穆勒（Mill）的《自由論》（On Liberty）的日文譯作。兩部書一經出版，即在日本引起巨大轟動。《西國立志編》記述了西方歷史上三百餘名立志成功的人物，更以動人的譯筆鼓吹自助精神，一時爲日本讀者追捧，被譽爲「明治之聖經」。據日本學者統計，《西國立志編》當時僅木板印刷量便有數十萬，活版及其它版的印刷量則不下百萬。而《自由之理》的發行數也在數十萬冊。讀者遍及社會各個階層，從少年子弟到持重老儒，官吏教員到販夫走卒，無不知曉。明治時期，《西國立志編》還屢次成爲日本小學校的修身教科書，對國民素質的提升產生過巨大作用。〔註80〕中村正直的著作對梁啟超產生重要影響。梁啟超在其《自由書》中，不僅收錄了中村正直的《西國立志編》中的6篇〔註81〕序言，而且還對其人其著大加讚賞：「日本中村正直者，維新之大儒者也，嘗譯英國斯邁爾斯氏所著書，名曰西國立志編，又名之爲自助論，其振起國民之志氣，使日本青年人人有自立自重之志氣，功不在吉田西鄉下矣」〔註82〕。《西國立志編》中出現的哥倫布、拿破侖、瓦德（瓦特）、士提反孫（史蒂芬孫）、巴津西等歐美近代史上的名人，還經常出現在梁啟超的《新民說》、《自由書》等文章中，成爲梁啟超西學知識的來源之一。

　　　想。參見袁詠紅：《梁啟超對日本的認識與態度》，北京：中國社會科學出版社，2011年版，第222頁。

〔註79〕蔣貴麟主編：《康南海先生遺著彙刊》（十一），臺北：宏業書局，1986年版，第161，72頁。

〔註80〕參見松澤弘陽的《〈西國立志編〉與〈自由之理〉の世界——幕末儒學・ビクトリア王朝急進主義・〈文明開化〉》和近代日本思想研究會編的《近代日本思想史》。

〔註81〕梁啟超在《自由書》中本欲全部收錄中村正直所作的7篇序，但據鄭匡民細緻比對，其實梁啟超收錄的只有6篇是中村本人所作，而誤將望月圓孟五所撰的第十一編序收入，因此漏失了中村的第二編序。鄭匡民：《梁啟超啓蒙思想的東學背景》，上海：上海書店出版社，2009年版，第117頁注釋。

〔註82〕梁啟超：《自由書》，《飲冰室合集・專集之二》，北京：中華書局，1989年版，第16頁。

中村正直主張人的現代化是國家現代化的前提和基礎，強調民族精神和社會風氣在一國文明中的核心作用。關於這一點，從《西國立志編》中《自助論·第一編序》中可以看到：

> 余譯是書，客有過而問者曰：子何不譯兵書？余曰：子謂兵強國即國賴以治安乎？且謂西國之強由於兵乎？是大不然。夫西國之強，由於人民篤信天道，由於人民有自主之權，由於政寬法公。拿破侖論戰曰：德行之力，十倍於身體之力。斯邁爾斯曰：國之強弱，關於人民之品行。又曰：眞實良善，爲品行之本。蓋國者人眾相合之稱。故人人品行正，則風俗美，風俗美，則一國協和，合成一體，強何足言。若國人品行未正，風俗未美，而徒汲汲乎兵事之是講，其不陷而爲好鬥嗜殺之俗者幾希，尚何治安之可望哉？〔註83〕

在中村正直看來，西方強大的原因不在技藝器物上的兵強，而在於人民「篤信天道」、「有自主之權」和「政寬法公」。人民的品行和國家政治制度具有更加根本的作用。這就告訴人們，培養具有自主、眞實良善品行的國民，構建寬鬆公正的民主制度，才是實現國家強盛的正確路徑。而以風俗爲表徵的國人品行則居於核心地位。由此，提高國民素質成爲國家現代化的主要任務。

與中村正直觀點相似，東遊後的梁啓超也從國民入手，企圖通過啓蒙工作一新國民道德，實現新國家的構建：

> 苟不及今急急斟酌古今中外發明一種新道德者而提倡之，吾恐今後智育愈盛則德育愈衰，泰西物質文明盡輸入中國而四萬萬人且相率而爲禽獸也。嗚呼，道德革命之論，吾知必爲舉國之所詬病。顧吾特恨吾才之不逮耳，若夫與一世之流俗人挑戰決鬥，吾所不懼，吾所不辭，世有以熱誠之心，愛群愛國愛眞理者乎，吾願爲之執鞭以研究此問題也。〔註84〕

既然中村正直和梁啓超都認同新國家必先新國民，新國民又先新道德，那麼，新道德應當包含哪些內容呢？中村正直通過考察英國政治風俗及學

〔註83〕 轉自梁啓超：《自由書》，《飲冰室合集·專集之二》，北京：中華書局，1989年版，第18頁。

〔註84〕 梁啓超：《新民說》，《飲冰室合集·專集之四》，北京：中華書局，1989年版，第15頁。

說，認為基督教為代表的信、望、愛三德，實是西方富強的「本根」：「夫富強之原，由於國多仁人勇士，仁人勇士之所以多出則者，莫非由教法之信心望心愛心者，西國以教法為精神，以此為治化之源，匪獨此也，至於妙絕之技藝，精巧之器械，有創造者，有修改者，其勤勉忍耐之大勢力，莫一不根於教法之信、望、愛三德者。蓋今日西國之景象者，不過教法之華葉外茂者，而教法者，實為西國之本根內託者」〔註85〕。也就是說，信、望、愛三德理應成為新道德的固有內容。然而，眾所週知，與西方不同，東方國家深受儒家文明影響。面對啓蒙重任，東洋國家是否有必要移植基督教文明，就成為必須解決的理論問題。中村正直再次仔細研讀儒學經典後發現，其實東方文明與西方文明並不對立，二者恰有相互貫通之處。儒學與基督教精神殊途同歸，同樣能夠造就仁德的國民。為此，他提出「古今中西道德一致」的論斷，對當時一些學者否定儒學的觀點提出批評：

> 蓋孔子之道，即人之道也，即各人自己所當由之道也，通於天下所當由之道也。仁愛之心自邇及遠。天德王道，一以貫之。格致之學，溫故知新。六府允修，五福備臻。舟車所至，人力所通。順此道則治，逆此道則亂……洋學者或以迂闊目孔孟，而不知孔孟實不然也，二者相離而不能相合，乃坐於孔子之道不實行也。此識者所同憂也。〔註86〕

中村正直高度評價孔孟儒學，認為其內含的仁愛思想正與西方基督文明相契合，儘管二者的外相不同，但根本精神和內涵意蘊卻完全相通。對於中村正直的這個論斷，梁啓超一定注意到了，但他並不贊成。這從梁啓超《自由書》中引用中村正直《西國立志編》論述英國風俗時刻意做出修改即可看出。中村正直的原文是：「其俗則事上帝，尊禮拜，尚持經，好賙濟貧病者。國中所設仁善之法規，不遑殫述」〔註87〕，而梁啓超將其改成：「其俗則崇尚德義，慕仁慈，守法律，好賙濟貧病者，國中所設仁善之法規，不遑殫述」〔註88〕。中

〔註85〕中村正直：《擬泰西人上書》。轉自鄭匡民：《梁啓超啓蒙思想的東學背景》，上海：上海書店出版社，2009年版，第95頁。

〔註86〕中村正直：《祝開黌文》。轉自鄭匡民：《梁啓超啓蒙思想的東學背景》，上海：上海書店出版社，2009年版，第100頁。

〔註87〕中村正直：《西國立志編》。轉自鄭匡民：《梁啓超啓蒙思想的東學背景》，上海：上海書店出版社，2009年版，第119頁。

〔註88〕梁啓超：《自由書》，《飲冰室合集·專集之二》，北京：中華書局，1989年版，第17頁。

村正直認爲英國風俗來源於基督文明，而梁啓超則明顯隱去了這個源頭。簡單幾字，卻表明二人在借鑒西學問題上的異趣。

梁啓超受中村正直影響的另一顯著方面，就是對政府與人民之間權限的認識。〔註89〕中村正直翻譯穆勒《自由論》時存在諸多誤譯，以致其並沒有眞正理解穆勒著作所要解決的問題及其觀點。對此，中外學者已有一系列研究成果發表。他們指出，在對《自由論》一些重要詞句的翻譯上，中村正直發生了錯誤，如將 society（社會）譯爲「政府」，individual、individulity（個人）譯爲「一個的人民」、「人民」，individual liberty（個人自由）譯爲「人民各個自由」，individual independence and social control（個人自主與社會管制）譯爲「人民自由之權與人民管轄之權」，the tyranny of opinion（意見的暴虐）譯爲「認爲用一種理論來鉗制人民爲善的人」，等等。穆勒《自由論》表達的基本精神，即限制 tyranny of society（社會的暴虐）和 the tyranny of the majority or public opinion（多數或公眾意見的暴虐），變成了反對政府加給人民的暴虐。〔註90〕結果是，社會、公眾輿論對個人自由的壓制被忽視，政府與人民的對立得到強調。身居日本的梁啓超，其論說的重要目的之一就是爲中國的獨立富強尋求理論資源。爲了促成中國「內界」的發達以利於與「外界」的競爭，有必要明確限定政府與人民的權限。因此，梁啓超完成《論政府與人民之權限》一文〔註91〕。該文論說指向明確，展現了受到中村正直等日本學者思想影響的痕跡：「民政之國，雖云人皆自治而非治於人，其實決不然。一國之中，非能人人皆有行政權，必有治者與被治者之分。其所施政令，雖云從民所欲，

〔註89〕 土屋英雄指出，梁啓超是通過中村正直的譯著《自由之理》來理解穆勒《自由論》的說法至今只是一種推測，但他也沒有提出明確證據否認梁啓超受到了中村正直的影響，他甚至指出脫離日本學說而簡單對比梁啓超與穆勒的著作不可能得到二者之所以相異的原因。本文采用學者們的普遍觀點，那就是梁啓超在理解穆勒《自由論》上受到了中村正直的影響。參見土屋英雄：《梁啓超的「西洋」攝取與權利——自由論》。【日】狹間直樹：《梁啓超·明治日本·西方：日本京都大學人文科學研究所共同研究報告》，北京：社會科學文獻出版社，2012 年版，第 118、123 頁。

〔註90〕 參見 Philip C. Huang 的 Liang Ch'i-Ch'ao and Modern Chinese Liberalism；松澤弘陽的《〈西國立志編〉と〈自由之理〉の世界——幕末儒學·ビクトリア王朝急進主義·〈文明開化〉》；土屋英雄的《梁啓超的「西洋」攝取與權利—自由論》；鄭匡民的《梁啓超啓蒙思想的東學背景》等。

〔註91〕 袁詠紅指出，梁啓超《論政府與人民之權限》中的最主要部分，是以中村正直《自由之理》爲藍本寫成的。參見袁詠紅：《梁啓超對日本的認識與態度》，北京：中國社會科學出版社，2011 年版，第 223 頁。

然所謂民欲者，非能全國人之所同欲也，實則其多數者之所欲而已。苟無限制，則多數之一半，必壓抑少數之一半。彼少數勢弱之人民，行將失其自由。而此多數之專制，比於君主之專制，其害時有更甚者。故政府與人民之權限，無論何種政體之國，皆不可不明辨者也」〔註92〕。爲防止政府對人民權利的侵犯，梁啓超在此強調了劃分政府與人民之間權限的重要意義。

對梁啓超國民觀影響深遠的另一位日本人是中江兆民。中江兆民於 1874 年留學歸國後，相繼出版《法國財產相續法》、《法國訴訟原理》、《民約譯解》等著作，主持創辦了《東洋自由新聞》、《政理叢談》等報刊，向日本國民大力宣傳自由民權學說。〔註93〕整體來看，中江兆民接受了盧梭爲代表的歐陸式自由主義，其學說具有思辨、唯理的色彩。他對盧梭的人民主權論有很多闡釋和發揮，認爲民權、自由平等是至理大義，無論是帝國主義還是帝王之尊，都不能妨礙和滅裂此理義，否則就要受到懲罰。中江兆民在日本國內宣揚的自由民權，其根本立腳點就是要培養國民一種獨立自由人格，對外實現國家獨立，對內促進民主政治。中江兆民的學說對梁啓超產生巨大吸引。據學者比對，梁啓超發表在《清議報》和《新民叢報》上的《霍布士學案 HOBBES》、《斯片挪莎學案 BARUOH SPINOZA》、《盧梭學案 JEAN JAOQUES ROUSSEAU》、《近世文明初祖二大家之學說》、《近世第一大哲康德之學說》、《樂利主義泰斗邊沁之學說》、《法理學大家孟德斯鳩之學說》等文章，大部分是以中江兆民的《理學沿革史》爲藍本寫成的。〔註94〕中江兆民翻譯盧梭

〔註92〕梁啓超：《論政府與人民之權限》，《飲冰室合集·文集之十》，北京：中華書局，1989 年版，第 4 頁。

〔註93〕盧梭的《社會契約論》在日本最初於 1877 年由服部德全文譯出，當時題爲《盧騷氏民約論》，不久，原田潛又以《民約論復議》譯之。然而，這兩部譯著在當時日本的影響並不大。直到中江兆民的《民約譯解》本出現，盧梭《社會契約論》才在日本產生巨大反響。一方面，這與兆民用漢譯方式以「約解」作注有關，因爲當時日本知識階層接受的是四書五經的傳統教育，漢文翻譯更容易爲其所接受；另一方面，自由民權運動在當時日本處於醞釀階段，《民約譯解》適應這一歷史趨勢發揮了啓蒙作用。由於兆民的譯作並非直譯，內中有所敷衍和補充，在重要之處還附以注解，因此其譯作體現了一定程度的再創造。內中包含的儒學概念、思想和思維方式，使其具有了更多的「東洋」色彩。參見何力群：《中江兆民的政治活動與政治思想研究》，吉林大學博士學位論文，2011 年，第 100 頁；王家驊：《中江兆民的自由民權思想和儒學》，《世界歷史》，1994 年第 1 期。

〔註94〕具體詳情參見宮村治雄《開國經驗の思想史——兆民と時代精神》的第九章《梁啓超の西洋思想家論——その「東學」との關聯におい て》和鄭匡民《西

著作中形成的自由思想爲梁啓超所接受，由此盧梭、中江兆民和梁啓超三者之間的自由觀存在明顯的繼承關係。〔註95〕

在《社會契約論》中，盧梭以「社會契約」爲界，將人類結成社會契約之前的自然狀態下享有的自由稱爲「天然的自由」，這時人們獲得「由於強力的結果或者是最先佔有權而形成的享有權」；結成社會契約後，人類「天然的自由」喪失，代之而取得「社會的自由」和「根據正式的權利而奠定的所有權」。〔註96〕對於進入社會狀態後的變化，盧梭給予了高度的評價：人們的行爲中正義代替了本能，行動獲得了前所未有的道德性；義務的呼聲代替了生理的衝動，權力代替了嗜欲；自然的便利消失了，但重新得到了巨大的收穫。〔註97〕除此之外，盧梭特別強調，社會狀態下的人類還獲得了「道德的自由」，而「唯有道德的自由才使人類眞正成爲自己的主人」。〔註98〕可見，盧梭的自由論中，出現了三種自由概念，分別是「天然的自由」、「社會的自由」和「道德的自由」。至於三種自由的關係，簡要來說，呈現爲一種由低到高、由外及裏的態勢。「道德的自由」處於核心地位，是人類自由的最高形態。

中江兆民基本接受了盧梭的自由民權思想。他在《民約譯解》中提出，自由種類有二，一爲「天命之自由」，一爲「人義之自由」，並解釋道：「上古之人肆意爲生，絕無被檢束，純乎天者也，故謂之『天命之自由』」，「民相共約，建邦國，設法度，興自治之制，斯以得各遂其生長其利，雜乎人者也，故謂之人義之自由」。〔註99〕可見，中江兆民的兩種自由正與盧梭的「天然的自由」和「社會的自由」相對應，內涵上也沒有區別。兩種自由以「民相共

學的中介：清末民初的中日文化交流》的第三章《晚清譯業及日譯術語的輸入》。

〔註95〕其實，梁啓超接觸盧梭學說至少可追溯到國內戊戌時期。通過閱讀當時傳教士和中國人的著作，如李提摩太的《泰西新史攬要》和嚴復的《闢韓》，梁啓超對盧梭天賦人權論和主權在民說當已有所瞭解。參見寶成關：《戊戌前後西方社會政治學說的系統輸入》，《遼寧大學學報》，1995年第1期。

〔註96〕【法】盧梭著，何兆武譯：《社會契約論》，北京：商務印書館，1980年版，第32頁。

〔註97〕【法】盧梭著，何兆武譯：《社會契約論》，北京：商務印書館，1980年版，第31～32頁。

〔註98〕【法】盧梭著，何兆武譯：《社會契約論》，北京：商務印書館，1980年版，第32～33頁。

〔註99〕【日】中江兆民：《民約譯解》，《中江兆民全集》（卷一），東京：岩波書店，1983年，第75頁。

約」為界，也就是民眾通過締結社會契約，實現了由「天命之自由」向「人義之自由」的轉變。轉變的理由，中江兆民認為：「天命之自由，本無限極，而其弊也，不免交侵互奪之意，於是咸自棄天命之自由，相約建邦國，作制度以自治，而人義之自由生焉，如此者所謂其自由權之正道也。無他，棄其一而取其二，究竟無有所喪也」〔註100〕。正是人們厭棄了以力取勝相互侵奪的野蠻狀態，才轉而締結契約建立邦國，以權利制度規範行為實現完全自治。也正是在這一過程中，自由形態實現了轉變，自由權走上了「正道」。上文已經講到，除了「天然的自由」和「社會的自由」，盧梭還提到第三種自由概念，那就是「道德的自由」。那麼，中江兆民是否也有相應的表述呢？在《民約譯解》中，中江比較締約建邦前後自由的差異，提出人們從被「形氣」驅使向由「本心」支配的變化，正是自由轉型帶來的重要收益之一：「邦國未建之時，人人縱慾徇情，不知自修飭，故就貌而觀，雖如極活潑自由，實不免為形氣所驅役，本心始未能為主宰，非奴隸之類乎？民約既立，凡為士者，莫不皆與議法，故曰自我為法，而法制既設，莫不皆相率循之，故曰自我循之，夫自為法而自循之，則我之本心，曾不曾少受抑制，故心胸綽有餘裕。要之，因民約所得，比其所失，相逾遠甚」。〔註101〕這樣，中江兆民的「本心」支配的自由，與盧梭的「道德的自由」具有了相似的涵義，二者共同作為精神道德層面的自由在契約社會中佔據了核心地位。〔註102〕

　　受到日本自由思想的影響，梁啓超一時大倡自由，甚至認為「於天地之公理與中國之時勢，皆非發明此義不為功」〔註103〕。他明確提出，反映盧梭自由思想的《民約論》是啓蒙國民自由觀念的最好選擇，「醫今日之中國，必先使人人知有權，人人知有自由，然後可，《民約論》正今日中國獨一無二之

〔註100〕【日】中江兆民：《民約譯解》，《中江兆民全集》（卷一），東京：岩波書店，1983年，第75頁。

〔註101〕【日】中江兆民：《民約譯解》，《中江兆民全集》（卷一），東京：岩波書店，1983年，第97～98頁。

〔註102〕鄭匡民還通過對中江兆民發表在明治十四年三月十八日《東洋自由新聞》一號社論的《吾儕，此新聞紙ヲ發兌スルヤ……》分析後認為，中江兆民還曾將自由一分為二，即「心思之自由」和「行為之自由」。由於社會人的行為和自由皆是從「心思之自由」中生發出來的，因此「兆民所謂的『心思之自由』，正是由盧梭的『道德之自由』脫胎而來」。參見鄭匡民：《梁啓超啓蒙思想的東學背景》，上海：上海書店出版社，2009年版，第156～157頁。

〔註103〕梁啓超：光緒二十六年四月一日《致南海夫子大人書》。轉自丁文江，趙豐田：《梁啓超年譜長編》，上海：上海人民出版社，2009年版，第153頁。

良藥也」〔註104〕。在梁啓超那裏，「個人之自由」與「團體之自由」〔註105〕
的差別體現了野蠻時代與文明時代的分野，文明的進步就是「個人之自由」
不斷減少、「團體之自由」不斷增長的過程，「自由云者，團體之自由，非個
人之自由也。野蠻時代個人之自由勝，而團體之自由亡；文明時代團體之自
由強，而個人之自由減。斯二者蓋有一定之比例，而分毫不容忒者焉」〔註106〕。
野蠻時代，個人之自由盛行，人們以個人能力所及取得自由；而文明時代，
人們以體現團體公益的法律規範為準則，任何侵犯他人自由的行為都被禁
止。這樣，梁啓超的「團體之自由」和「個人之自由」，與盧梭、中江兆民所
謂契約成立前後的兩種自由類型取得對應。借助這套理論，梁啓超分析了中
國當時的處境，「個人之自由」隨處可見，即使是官吏也不能遵守「憲令」，
人道不行，國無秩序，「與野蠻時代未立政府者，無以異也」。〔註107〕由於「團
體之自由」才是「真自由」，因此中國要進步就有必要對國民進行自由觀念的
啓蒙。為此，梁啓超又提出「思想自由」的概念，他說：「文明之所以進，其
原因不一端，而思想自由，其總因也」〔註108〕。何謂思想自由，梁啓超沒有
繼續解釋，但他認為人莫不有兩我，一個是與身外眾人對待的我，另一個是
與七尺肉身對待的我。顯然，「思想自由」與第二種「我」十分接近，「與七
尺對待之我，瑩瑩一點存於靈臺者是也」，是「心之官」。〔註109〕在梁啓超看
來，肉身的我是虛假的我，脫離肉身束縛的我是真實的我，真我為大，假我
為小，「先立乎其大者，則其小者不能奪也……小不奪大，則自由之極軌焉矣」
〔註110〕。這樣，「思想自由」就與中江兆民的「本心」支配的自由和盧梭的「道
德的自由」具有了相似的內涵，共同作為脫離外在「形氣」限制的精神上的

〔註104〕梁啓超：《答某君問法國禁止民權自由之說》，《飲冰室合集‧文集之十四》，
北京：中華書局，1989 年版，第 31 頁。

〔註105〕有時梁啓超亦將「團體之自由」與「文明自由」互用。

〔註106〕梁啓超：《新民說》，《飲冰室合集‧專集之四》，北京：中華書局，1989 年版，
第 44～45 頁。

〔註107〕梁啓超：《新民說》，《飲冰室合集‧專集之四》，北京：中華書局，1989 年版，
第 52～53 頁。

〔註108〕梁啓超：《保教非所以尊孔論》，《飲冰室合集‧文集之九》，北京：中華書局，
1989 年版，第 55 頁。

〔註109〕梁啓超：《新民說》，《飲冰室合集‧專集之四》，北京：中華書局，1989 年版，
第 46 頁。

〔註110〕梁啓超：《新民說》，《飲冰室合集‧專集之四》，北京：中華書局，1989 年版，
第 47 頁。

自由，成爲自由的眞正主宰。

總之，梁啓超通過東學，尤其是中村正直和中江兆民的學說，對近代自由民權思想有了較爲深入的瞭解。〔註111〕由此出發，梁啓超牢固樹立了國民是國家主體的觀念。對近代自由民權思想的吸收，大大促進了梁啓超國民啓蒙觀念的系統化，一個具有現代屬性的完善國民觀逐漸形成。

三、國家主義思想與梁啓超的世界觀

國家主義（Nationalism）〔註112〕在日本近代思想史上佔有重要地位，幾乎貫穿於整個明治時代。有學者提出，明治時代的日本國家主義思想，以中日甲午戰爭爲分界點，大致可以劃分爲前後兩個階段。甲午戰爭之前，表現爲政府與人民在實現民族獨立國家富強的方法上的對立，主張政府應該利用強權推進國內事業發展，推行「文明開化」啓蒙國民，打破地方分散，在此基礎上謀求獨立、平等的世界地位。這時，日本知識分子的對外擴張意識不強，其思考的重心主要在內治上。然由於追慕西方文明泛濫，國家主義中存在著蔑視亞洲其它國家的思想因子，從而爲日本後來走向帝國主義埋下了隱患。甲午之後，受到戰爭勝利和三國干涉還遼事件的雙重刺激，日本知識分子一方面認爲日本已經是亞洲的先進國家，是「世界之日本」，另一方面又意識到與歐美強國的差距，必須奮起直追。在欣喜和自卑的糾結中，一種新的國家主義思潮形成，這就是德富蘇峰的大日本膨脹論，山路愛山的適者生存論，浮田和民的倫理帝國主義等。〔註113〕

梁啓超到達日本的時候，正值浮田和民等爲代表的新國家主義盛行之時。梁啓超在吸收東學的過程中，新國家主義進入其視野並產生了深刻影響。

〔註111〕陳敏榮、徐龍認爲，英國密爾和法國盧梭的自由思想，分別代表了西方兩種不同的自由傳統。通過中村正直和中江兆民的著作，梁啓超思想中包含了兩條不同的自由思想脈絡。參見陳敏榮，徐龍：《梁啓超自由主義思想形成的脈絡》，《中南民族大學學報（人文社會科學版）》，2012 年第 3 期。

〔註112〕中外學者研究表明，Nationalism 在近代日本的翻譯不一，有國家主義、民族主義、國粹主義、國民主義等不同名稱，儘管各自在某種程度上符合原意，但都僅是反映譯語一方面的涵義。隨著歷史的狀況，或者喚起憧憬乃至鼓舞，或者喚起憎恨乃至嫌惡。本文采用國家主義的譯法，一方面是基於日本政治思想史著作的一般習慣；另一方面也是與受到日本東學影響的梁啓超在行文中使用國家主義一詞的對應。

〔註113〕鄭匡民：《梁啓超啓蒙思想的東學背景》，上海：上海書店出版社，2009 年版，第 171～173 頁。

不久，國家主義、民族主義、民族帝國主義、帝國主義等概念就在梁啓超著作中被頻繁提及，日本國家主義學者的思想也被介紹和轉述，甚至梁啓超一度自稱「專馳心於國家主義」，並宣稱乃師康有爲學說的最大缺點就是缺少國家主義，「先生教育之大段，固可以施諸中國，但其最缺點者有一事，則國家主義是也」。〔註114〕在國家主義的影響下，梁啓超對世界的認識發生變化。很快受到一些人的非議，爲此他專門在《清議報》上發表文章《答客難》回應稱，國家主義與世界主義並行不相悖，在國家岌岌不可終日的當下，只有運用國家主義進行自強，才是眞正立足現實，世界主義的理想才可能在將來實現。〔註115〕這樣，國家主義就在世界觀的層面進入梁啓超的視野。而且，隨著國家主義認識的深化，梁啓超的世界觀不斷發生變化。

　　對於 20 世紀初年的世界形勢，梁啓超認爲，列強的帝國主義政策已經發生變化，即從有形的武力侵略轉爲無形的和平擴張。這種侵略手段的變化，使梁啓超十分憂慮，「有形之瓜分，或致殆而致生之，而無形之瓜分，則乃生不如死亡不如存，正所以使我四萬萬國民，陷於九淵而莫能救也」〔註116〕。爲了抵抗帝國主義的擴張，梁啓超先後寫成《論民族競爭之大勢》、《論教育當定宗旨》等文章介紹國家主義，闡述中國當採取的措施。在《論民族競爭之大勢》的附言中，梁啓超明確指出該文的宗旨就是「綜覽現今世界各國之大勢，推原其政略所從出及其所以集勢於中國之由，而講求吾國民應變自立之道」，而篇中取材則「多本於美人靈綏氏所著《十九世紀末世界之政治》，潔丁士氏所著《平民主義與帝國主義》，日本浮田和民氏所著《日本帝國主義》、《帝國主義之理想》等書，而參以己見，引申發明之」。〔註117〕既然梁啓超的文章參考了以上各書，那麼要理清梁啓超國家主義思想的形成和觀點，就有必要對梁文與各參考著作的聯繫做一比較分析。

　　靈綏氏的《十九世紀末世界之政治》，原名爲《東洋問題の影響の被りたる十九世紀末世界の政治》(*world politics at the end of the Nineteenth Century as*

〔註114〕梁啓超：《南海康先生傳》，《飲冰室合集・文集之六》，北京：中華書局，1989年版，第 83，66 頁。

〔註115〕梁啓超：《自由書》，《飲冰室合集・專集之二》，北京：中華書局，1989 年版，第 39 頁。

〔註116〕梁啓超：《論民族競爭之大勢》，《飲冰室合集・文集之十》，北京：中華書局，1989 年版，第 32 頁。

〔註117〕梁啓超：《論民族競爭之大勢》，《飲冰室合集・文集之十》，北京：中華書局，1989 年版，第 10 頁。

influenced by the Oriental Situation, 1900）。作者靈綏（P. S Reinsch.）是美國威斯康辛（Wisconsin）大學政治學教授，日文本翻譯是高田早苗〔註118〕。初到日本的梁啓超，因大隈的關係與高田早苗相識並過從甚密。對此，楊維新曾有記述「初到東京時，似係住牛込區馬場下町（原住待查），當時大隈左右如犬養毅、高田早苗、栢原文太郎（原注此君與任公先生交厚，當時約爲兄弟）時有來往」〔註119〕。不習英文的梁啓超讀到的靈綏作品，應該就是高田早苗的翻譯本。《十九世紀末世界之政治》全書共分五編，論述了民族主義到帝國主義的變遷、中國的局勢及對世界的影響，德美等列強的帝國主義政略等內容。

對民族主義必然向帝國主義演進的闡釋，是《十九世紀末世界之政治》一書的一大亮點。而這個觀點正被梁啓超接受和吸收。靈綏在書中提出，民族主義是自古典復興時代至今日世界史的唯一占中心地位的思想，無論何種國家都只能順應這一「自然之大勢、扶植民族國家之獨立」，並舉了英女皇依麗莎白、法國路易十一等成功例子和拿破崙的失敗例子作爲佐證。〔註120〕梁啓超則完全吸收了這個觀點，指出：「近四百年來，民族主義，日漸發生，日漸發達，遂至磅礴鬱積，爲近世史之中心點，順茲者亡，所號稱英君哲相，如法王路易第十一、顯理第四、英女王意里查白、英相格林威爾、渣沁、意相嘉富洱、德相俾士麥，皆乘此潮流，因勢而利導之，故能建造民族的國家，聲施爛然。苟反抗此大勢者，雖有殊才異能，卒歸敗衄，法帝拿破崙是也」〔註121〕。其論述與靈綏相似。靈綏繼續講道，與民族主義發達同時，各民族間的競爭逐漸激烈。隨著各民族人口增加，擴張領土必然成爲各民族國家的目標，於是帝國主義取代了民族主義。「所謂帝國主義，即不外希望在彼等力量與機會允許的範

〔註118〕高田早苗（1860～1938），日本明治昭和時期的教育家、政治家。曾參加東京專門學校（早稻田大學）的創建工作，歷任早稻田大學校長、綜合大學校長、眾議院議員、外務省通商局長、文部省參事官兼高等學務局長、文部大臣等職。

〔註119〕楊維新：《與丁在君書》。轉自丁文江，趙豐田：《梁啓超年譜長編》，上海：上海人民出版社，2009 年版，第 109 頁。

〔註120〕しイニシユ著，高田早苗譯：《十九世紀末世界之政治》，第 3～4 頁。轉自鄭匡民：《梁啓超啓蒙思想的東學背景》，上海：上海書店出版社，2009 年版，第 184 頁。

〔註121〕梁啓超：《論民族競爭之大勢》，《飲冰室合集·文集之十》，北京：中華書局，1989 年版，第 10 頁。

圍之內，於地球表面割取大量領土」〔註122〕這種觀點也大體爲梁啓超接受，他寫道：「此主義既行，於是各民族咸汲汲然務養其特性，發揮而光大之，自風俗習慣法律文學美術，皆自尊其本族所固有，而與他族相競爭，如群虎互睨，莫肯相下，範圍既日推日廣，界限亦日接日近，漸有地小不足以迴旋之概。夫內力既充，而不得不思伸於外，此事理之必然者也。於是由民族主義，一變而爲民族帝國主義，遂成十九世紀末一新之天地」〔註123〕。正是循著靈綏的歷史演進觀，梁啓超接受了人類歷史必然會由民族主義進入帝國主義〔註124〕的進化脈絡。當運用這一理論思考中國發展問題時，梁啓超自然提出了「若夫帝國主義之一階段，吾中國終必有達之之一日」〔註125〕的觀點。

前面講到，日本學者浮田和民〔註126〕的《日本帝國主義》和《帝國主義之理想》對梁啓超有重要影響。浮田的以上兩本著作在明治三十三年至三十四年間出版，後分別被收入《帝國主義と教育》和《國民教育論》。兩書集中展現了浮田和民有關帝國主義和國民教育的思想。

對於帝國主義，浮田和民也贊成其在歷史發展中的必然性。但是，通過考察帝國主義的發展歷程，他認爲帝國主義不只有一個模式。他提出，人類歷史中的帝國主義總體包括兩種類型，一種是侵略帝國主義，另一種是倫理帝國主義。兩種帝國主義在經營原則上表現出明顯的不同：侵略帝國主義帶有政府和軍事的性質，主要表現爲純粹的軍事經營和官府事業；倫理帝國主義則帶有人民和經濟的性質，更多地表現爲本國經濟等勢力在他國的擴張。〔註127〕兩種

〔註122〕しイニシユ著，高田早苗譯：《十九世紀末世界之政治》，第8頁。轉自鄭匡民：《梁啓超啓蒙思想的東學背景》，上海：上海書店出版社，2009年版，第186頁。

〔註123〕梁啓超：《論民族競爭之大勢》，《飲冰室合集·文集之十》，北京：中華書局，1989年版，第11頁。

〔註124〕在梁啓超那裏，「民族帝國主義」與近世「帝國主義」指代相同，時常互換使用。

〔註125〕梁啓超：《答某君問法國禁止民權自由之說》，《飲冰室合集·文集之十四》，北京：中華書局，1989年版，第31頁。

〔註126〕浮田和民（1859～1946），日本明治至昭和時期的著名政論家、歷史學家。1892年到美國耶魯大學留學，歸國後，先後擔任東京專門學校、早稻田大學教授，圖書館館長等職，被視爲英美派政治學的代表人物，著有《西洋上古史》、《西洋中近世史》、《政治學史》、《政治原論》、《政治道德論》、《日本帝國主義》、《帝國主義之理想》等。

〔註127〕【日】浮田和民：《帝國主義と教育》，東京：民友社，1901年版，第19～49頁。

帝國主義在歷史上的發生時間不同，侵略帝國主義在前，倫理帝國主義在後，而「當今的帝國主義則專屬於後者」。〔註128〕在對帝國主義發展類型總結的基礎上，浮田和民認爲，儘管明治改革後的日本國力強盛，但由於與英俄美爲代表的老牌帝國主義還存在較大差距，因此日本向世界的擴張只能採取倫理帝國主義模式，那就是「在國際法範圍之內，向歐美各國充分擴展自國人民之權利，同時扶植亞洲各國之獨立，爲扶植其獨立，開發和誘導亞洲各國的改革，而唯在使日本人民在世界各處享產業上的利益」。〔註129〕由於今後世界各國的興廢存亡將主要決定於「其國民之智力及道德之勢力」〔註130〕，日本要實現帝國主義夢想，就必須對每一個日本國民進行國民教育〔註131〕，培養他們順應世界潮流，成爲守秩序、講信用、品格高尚的公民，從而使擁有主權的國家沒有拒絕日本人民居住的理由。浮田和民就是要通過培養具有世界素養的國民，實現與其它帝國主義國家的抗衡和角逐。

在浮田和民的影響下，梁啓超與浮田的帝國主義觀和救國主張表現出明顯的相似。梁啓超認爲，近世帝國主義的形成與歐美人信奉天演強權觀念有關，而且這一態勢還在延續。面對來自東西方列強的侵略，梁啓超認爲當下的帝國主義已經進入依靠「工商政略」進行「無形之瓜分」階段〔註132〕，中國惟有建設一民族主義國家，依靠民族主義才能抵擋推行無形之瓜分的列強。而建設民族主義國家，首先就要造就具有民族主義觀念的國民，其根本在推行「公教育」：「一國之有公教育也，所以養成一種特色之國民，使之結爲團體，以自立競存於優勝劣敗之場也」〔註133〕。這種公教育也就是梁啓超所說的在國家層面推行的國民教育。對於國民教育的宗旨，梁啓超指出，重點在培養國民的自立人格，使他們「能自動而非木偶，能自主而非傀儡，能

〔註128〕【日】浮田和民：《國民教育論》，東京：民友社，1903年版，第212頁。
〔註129〕【日】浮田和民：《國民教育論》，東京：民友社，1903年版，第218～219頁。
〔註130〕【日】浮田和民：《國民教育論》，東京：民友社，1903年版，第21頁。
〔註131〕浮田和民主張，教育有兩種，一是個人教育，一是國民教育。兩種教育在內容和方法上有不同。在個人教育上，「不可不先將養成善良人物的教育放在第一位，而將勸誘其成爲偉大人物的教育放在第二位」；而在國民教育上，「首先要勸誘其成爲偉大的國民」。【日】浮田和民：《國民教育論》，東京：民友社，1903年版，第21～26頁。
〔註132〕梁啓超：《論民族競爭之大勢》，《飲冰室合集·文集之十》，北京：中華書局，1989年版，第35頁。
〔註133〕梁啓超：《論教育當定宗旨》，《飲冰室合集·文集之十》，北京：中華書局，1989年版，第53頁。

自治而非土蠻，能自立而非附庸，爲本國之民，而非他國之民，爲現在之民，而非陳古之民，爲世界之民而非陬谷之民」〔註134〕。可見，梁啓超與浮田和民都是站在歷史的高度和世界的範圍來認識民族、國家和國民的，他們在實現國家進步的路徑上觀點相似。

此外，梁啓超還受到當時日本國內鼓吹國家主義的代表加藤弘之〔註135〕的影響。加藤弘之翻譯瑞士政治理論家伯倫知理（Johann Kaspar Bluntschli, 1808～1881）的《國法泛論》（Allgemeines Staatsrecht），被認爲是在日本傳播德國國家主義思想的開端。〔註136〕加藤弘之的政治思想前後變化很大，前期以西方自然法中的「天賦人權思想」爲理論武器，大力倡導憲政和自由民權，後期以達爾文進化論和伯倫知理國家學說爲依據，批評人權主義爲「妄想」，倡導國家主義和強權。梁啓超亡命日本之時，正直加藤弘之思想轉變之後階段。這時，梁啓超閱讀了加藤弘之的《各國憲法の異同》、《強者の權利の競爭》、《道德法律進化の理》、《天則百話》和《十九世紀思想變遷論》等著作。然而，如前文所述，這一時期，梁啓超正醉心於自由民權學說，儘管對國家主義也有關注，閱讀加藤弘之著作還是使他產生糾結：

> 日本文學博士加藤弘之，德國學派之泰斗也，專主進化論，以愛己心爲道德法律之標準，其言固多偏激有流弊，然持之有故，言之成理，故其影響及於日本學界者甚大焉。余夙愛讀其書，故不欲介紹其學術於中國，蓋慮所益不足償所損也。雖然，今日學術思想勃興之時代，終非可以人力阻止某種學派，不使輸入我國，苟強阻止之，是又與頑固之甚者也。況能成一家之言者，必自有其根柢條理，苟其能理會其全體，而不藉口其一端，則不論何學派而皆有裨於群治。且天下之方術多矣，擇而從焉，淘而棄焉，豈不在我。〔註137〕

〔註134〕梁啓超：《論教育當定宗旨》，《飲冰室合集・文集之十》，北京：中華書局，1989 年版，第 61 頁。

〔註135〕加藤弘之（1836～1916），日本政治學家。歷任東京帝國大學校長、帝國學士院院長、貴族院議員、樞密院顧問官等。前期宣傳立憲政治，後期鼓吹國家主義，製造對外侵略理論。著有《鄰草》、《立憲政體略》、《國法泛論》、《眞政大意》、《國體新論》、《人權新說》、《強者的權利競爭》、《道德法律進化之理》等。

〔註136〕【日】近代日本思想史研究會著，馬采譯：《近代日本思想史》（一），北京：商務印書館，1983 年版，第 39 頁。

〔註137〕梁啓超：《加藤博士天則百話》，《飲冰室合集・專集之二》，北京：中華書局，

在抱定「擇而從焉，淘而棄焉」的態度後，梁啓超對加藤弘之的思想進行了介紹。在這一過程中，加藤的進化論和強權思想對梁啓超產生很大影響。加藤弘之用進化論解釋人類社會中強權的合理性，他提出，各種生物皆由遺傳和應化而各得其身心之資質，身心有強弱優劣，故生物之間競爭翦滅在所難免。人類與其它生物同源，也要遵循生物進化規律。人類「由己之欲望與良知而自爲事亦天然之權利，強者以其權力役弱者，弱者以其欺詐免強者之暴權，俱其天然之權利也」〔註138〕。加藤弘之的這一思想在梁啓超的《論強權》中得到了反映：

> 凡一切有機之生物，因其內界之遺傳，與外界之境遇，而其體
> 質心性，生強弱優劣之差。此體質互異之各物，並生存於世界中，
> 而各謀利己，即不得不相競爭，此自然之勢也，若是者名之爲生存
> 競爭。因競爭之故，於是彼遺傳與境遇，優而強者，遂常占勝利，
> 劣而弱者，遂常至失敗，此亦當然之事也，若是者名之爲優勝劣敗。
> 生存競爭優勝劣敗，此強權之所由起也。生存競爭與天地而俱來，
> 然則強權亦與天地俱來，固不待言。〔註139〕

加藤弘之認爲，強權有兩種，一種是粗暴而猛惡，一種是高尚而優大，它們只有程度的不同，性質則沒有區別，二者的形成與社會文明發展程度直接相關。〔註140〕對此，梁啓超也有相同的看法：「強權有兩種，一曰大而猛者，一曰溫而良者。雖然，等之爲強權也，尋常學者，驟聞強權二字，輒以爲專屬於大而猛者，而不包有其溫而良者。此實誤也。猛大而溫良，視乎他力與本力相對之強弱，而本力所現之象，隨而異云爾，若本力之原質，則固非有異也。此吾所以統括猛大與溫良兩種之權力，而概名之爲強權也」〔註141〕。梁啓超用了「猛大」和「溫良」顯示了程度的差異，但二者在質上則完全相同——都是強權。

1989 年版，第 92 頁。

〔註138〕【日】加藤弘之：《強者の權利の競爭》，東京：哲學書院，1893 年版，第 30 ～31 頁。

〔註139〕梁啓超：《自由書》，《飲冰室合集·專集之二》，北京：中華書局，1989 年版，第 32 頁。

〔註140〕【日】加藤弘之：《強者の權利の競爭》，東京：哲學書院，1893 年版，第 41 頁。

〔註141〕梁啓超：《自由書》，《飲冰室合集·專集之二》，北京：中華書局，1989 年版，第 30 頁。

　　此外，梁啓超與加藤弘之在強權的演變及原因、強權與自由權的關係等方面都表現出了驚人的一致性。可以說，加藤弘之對梁啓超國家主義思想的形成有重要作用。這樣，梁啓超到達日本初期，一方面接受自由民權學說，另一方面又受國家主義的影響，認爲世界政治運行是由強權支配的。兩種思想交織於胸中，梁啓超逐漸形成了以下看法：民約論爲代表的平權派，主張人權天授和自由平等，能夠激發個人的自立之氣，推動人群進步，是民族主義的原動力，但也內含著導致無政府和破壞國家秩序的危險；進化論爲代表的強權派，主張強權與自由一體，認爲國家是競爭淘汰壓力下的人群結合體，是民族帝國主義的原動力，儘管可以促進團體利益，但也容易陷於侵略擴張。〔註142〕儘管梁啓超在本心上十分認同自由民權學說，並認爲其是人類發展的基礎推動力量，但世界中帝國主義的肆掠及強權理論的優異解釋力，使梁啓超對國家主義表現出越來越多的親近。可以說，國家主義很大程度上塑造了梁啓超的世界觀，是梁啓超認識世界、改造世界的思想武器和理論來源。同時，這種世界觀影響到了梁啓超的自由學說，使其帶有了更多的國權色彩。〔註143〕民國初期，梁啓超堅持「主權在國」說，就明顯受到了國家主義的影響。梁啓超希望「稍倚重國權主義以濟民權主義之窮」〔註144〕，成爲其在民初的強有力政府和立憲主張的理論基礎〔註145〕。

四、國家有機體論與梁啓超的國家觀

　　來到日本之後的梁啓超，在「況能成一家之言者，必自有其根柢條理」

〔註142〕 梁啓超：《國家思想變遷異同論》，《飲冰室合集・文集之六》，北京：中華書局，1989 年版，第 19 頁。

〔註143〕 日本學者土屋英雄認爲，在權利—自由論上，1903 年後的梁啓超言論儘管與之前有很大變化，但並不像 Levenson、黃宗智等人認爲的，這種變化是根本性的。梁啓超對權利—自由的基本認識框架在 1903 年前後沒有實質性變化，「對梁來說，權利—自由不是可以與別的價值相脫離的、孤立的東西，而是在結構上與國權相關聯的問題。簡而言之，是一組關係概念」。民權與國權相互倚賴，只是不同時期側重對象不同罷了。參見土屋英雄：《梁啓超的「西洋」攝取與權利—自由論》。【日】狹間直樹：《梁啓超・明治日本・西方：日本京都大學人文科學研究所共同研究報告》，北京：社會科學文獻出版社，2012年版，第 110～142 頁。

〔註144〕 梁啓超：《憲法之三大精神》，《飲冰室合集・文集之二十九》，北京：中華書局，1989 年版，第 100 頁。

〔註145〕 對此，學者們早已有所揭示。參見寶成關：《論梁啓超民國初年的政治思想》，《史學集刊》，1983 年第 4 期。

的觀念主導下，無論何種流派和觀點，他都會盡力吸收和引介。借助日本的學者及著作，梁啓超的西學快速長進。我們知道，日本期間的梁啓超的國家觀不斷變化，從最初大倡放任的國民國家、民族國家，到後來傾向干涉的有機體國家觀，前後差別很大。儘管如學者們已經看到的，梁啓超對於國家的基本要素，如國民、政府、法律等的認識，還表現出一定的連貫性，甚至可以說，在認知的「底色」上變化不大。但是，對於凝聚這些要素的整體——國家，梁啓超的觀點卻前後差異明顯。而轉變的重要標誌，就是梁啓超在《干涉與放任》、《政治學大家伯倫知理之學說》、《答某君問法國禁止民權自由之說》等文章中，對德國學者伯倫知理（Bluntschli Johann Caspar）國家理論的介紹和吸收。與盧梭等的民權自由學說和加藤弘之的國家主義不同，伯倫知理的國家論立足於自下而上的民權和自上而下的國權兩個基點，主張不應偏廢任何一方。這樣，伯倫知理的國家理論具有了更多的穩健和保守色彩。接受伯倫知理學說的梁啓超，在新國家建設的目標和方式上發生轉變，並在很長一段時期保持了這一立場。儘管「自 1903 年到辛亥革命，梁啓超的政治主張也發生過一些變化，最初主張君主立憲，又主張過開明專制，也主張過英國式的虛君共和，最後在辛亥革命時又擁護民主共和。這如從表面上看，未免有『流質易變』之嫌，但仔細分析起來，他和伯倫知理一樣，所追求的仍是一個以大眾參與政治為基本特徵的民主政體和一個統一的強有力的國家」〔註 146〕。因此，要深入理解民初時期梁啓超的新國家建設主張，就有必要就伯倫知理學說與梁啓超國家觀之間的聯繫做一詳細分析。而國家有機體論作為伯倫知理國家理論的核心，也為梁啓超繼承，成為其國家觀的重要特色。

伯倫知理著作在日本的引介和翻譯，加藤弘之、平田東助、吾妻兵治、平冢定二郎和石津可輔等都曾做出重要貢獻。早在加藤弘之寫作《真政大意》、《國體新論》等的時候，他就已將伯倫知理《國法泛論》（*Allgemeines Staatsrecht*）中的近代國家觀念、立憲主義，以及國民權利義務等思想融進了自己的著作。明治五年至明治二十二年，伯倫知理的《國法泛論》在日本先後出現六個譯本。其中，平田東助的譯本，最能體現伯倫知理國家學說的精神。作為伯倫知理的弟子，他在翻譯中更能領會著作的原意，而這在伯倫知

〔註146〕鄭匡民：《梁啓超啓蒙思想的東學背景》，上海：上海書店出版社，2009 年版，第 266 頁。

理給平田東助的信中也得到了反映。〔註147〕梁啓超與平田東助譯著的淵源，
大致可以追溯到康有爲編輯《日本書目志》時期，第五卷的政治門下收錄的
就是平田東助和平冢定二郎合譯的《國家論》，梁啓超寫作《讀日本書目志書
後》時可能留有印象。到日本後，梁啓超開始系統接觸伯倫知理學說，在《清
議報》的十一至三十一期，梁啓超陸續節選登載伯倫知理的《國家論》。由於
當時未標注譯者的姓名，學界普遍認爲並非梁啓超本人所譯，而譯文依據的
應該是日文本。〔註148〕

在伯倫知理那裏，國家是一個能夠「自處理其政務於一定國土之上，而組
織成的人民團體」〔註149〕，是具有獨立意志和行動的「有機的組織體」〔註150〕，
國家有自己的目的。他認爲，自古以來關於國家目的的學說可以分爲兩派，
一爲舊說派，主張國家先於個人，國家是人生的終極目的；另一爲近世的曼
徹斯特派，主張國家只是各私人實現目的的器具。他指出，此兩派學說均有
偏頗。舊說將國家置於人民之上，認同國家存有自身目的，此「雖固屬眞理」，
但是個人並非僅爲國家而生活，人生還要盡從天命過自己的生活，舊說對此
顯然忽視；而曼徹斯特派之說儘管提出重視個人權利、國家有爲人民謀取公
共安全幸福的義務，但其蔑視國民公體，將國家視作供私人使用的器具，又
極大可能阻礙人民對於國家的忠義心和責任心，偏頗之處也很明顯。總之，
兩說都僅是看到了國家目的的一個方面，都不夠完善。爲了使國家既不失其
天然責任，又不能干涉與之能力不相稱和無權利之事，伯倫知理提出了自己

〔註147〕鄭匡民：《梁啓超啓蒙思想的東學背景》，上海：上海書店出版社，2009 年版，
第 229～232 頁。

〔註148〕光緒二十七年（1901）十月二十一日《清議報》上刊登的《廣智書局已譯待
印書目》廣告中，《國家論》一書的譯者被標注爲本局同人譯。對於譯文依據
的版本，法國學者巴斯蒂、日本學者狹間直樹和中國學者鄭匡民都有著文探
討。參見巴斯蒂：《中國近代國家觀念溯源——關於伯倫知理〈國家論〉的翻
譯》，《近代史研究》，1997 年第 4 期；狹間直樹：《梁啓超研究與日本》，《近
代中國史研究通訊》（臺北），第 24 期；鄭匡民：《梁啓超啓蒙思想的東學背
景》，上海：上海書店出版社，2009 年版，第 232～234 頁。

〔註149〕ョハン・カスパルト・ブルンチユリー著，平田東助譯：《國家論》上卷，第
32 頁。轉自鄭匡民：《梁啓超啓蒙思想的東學背景》，上海：上海書店出版社，
2009 年版，第 239 頁。

〔註150〕ョハン・カスパルト・ブルンチユリー著，平田東助譯：《國家論》下卷，第
27 頁。轉自鄭匡民：《梁啓超啓蒙思想的東學背景》，上海：上海書店出版社，
2009 年版，第 243 頁。

的國家目的理論。他認爲，國家目的有二：一是「國家自己之目的」，此直接關係國家的利害，二是「國家之義務」，此間接關係社會及各私人的利害。對於國家自己之目的，伯倫知理解釋道：「國家自己之目的者何，曰國家之存立及政令，曰國民之改良及開明是也」，其大體包括六類：司經濟事務以謀人民之利用厚生；司教育事務，導民以開明；司法律之事務，以判明是非而公佈公平方便之法規；司兵制及外交事務，以宣揚國威於內外；養成人民參政之自由；施行一般政令。對於國家之義務，伯倫知理將其大別爲三：保護眾庶，使他人不得妄戕害其權利及生命，且謀使眾庶免天然之災害；保護個人之自由；保護社會之幸福。〔註151〕可見，伯倫知理的國家目的觀超越了以往兩種學說的範圍，具有濃鬱的折中色彩。這種折中又是根植於其國家有機體學說的框架中，一種全新的國家目的理論誕生了。

伯倫知理國家理論的另一特色之處是國體政體學說。伯倫知理認爲，政治學界至今沿用古希臘人的國體三分法，即君主政治、貴族合議政治和庶民合議政治，已經不合時宜。在漫長的政治史中，尚有神道政治一種，應該得到確認，與前三種國體並列。以上四種可以稱爲國體的正體。然而，這種劃分方式過於簡單，存在不足。伯倫知理指出，以上四種國體主要是從統治者的視角做出的劃分，如果要更加精確地區分國體的名與實，還需要從被治者的角度做一劃分。於是，他依據被治者「參政之方法，與其參政權之大小，定其國民狀態，而別其國體屬於何種也」，得到四種國體的變體：其一，被治者沒有參政權和監督權，唯統治者意志是從的「無自由之國」；其二，被治者中具有威望和高位者參與立法、行政等國家事務，政治之事爲貴族獨享的「半自由之國」；其三，全體「國民皆直接參與立法，監督行政」的「自由國」；其四，只有「所選代議士參與政事，而國民間接行參政及監督之權」的「自由國」。伯倫知理認爲，只要用以上國體的四種變體與四種正體兩兩對照，「實可以生出一種新國體」。而這在人類發展史上經常可見，如神道政治之國本屬於無自由之國，但古昔猶太國的「耶和華」神卻付國民以政權，使國民中的老成者享有議政權，由此猶太神道政治帶有了共和政治的特徵。〔註152〕面對歷史上國體演變的複

〔註151〕ョハン・カスパルト・ブルンチユリー著，平田東助譯：《國家論》上卷，第70～88頁。轉自鄭匡民：《梁啓超啓蒙思想的東學背景》，上海：上海書店出版社，2009年版，第243～245頁。

〔註152〕ョハン・カスパルト・ブルンチユリー著，平田東助譯：《國家論》上卷，第131～146頁。轉自鄭匡民：《梁啓超啓蒙思想的東學背景》，上海：上海書店

雜情況，伯倫知理提出，區分國家國體的性質只有「對照國家正變兩體來觀察」，才能對那些「名實相反者，或名實相副者」一目了然。〔註153〕在政體上，伯倫知理主張君主立憲制是最完備的。在他看來，君主立憲製取有各種政體之所長，能夠集中政治上的各方面力量維護憲法，保障憲法在現實中得以順利執行。他指出，君主立憲制雖屬於君主政治，但「既能防君主陷於專恣暴虐之惡弊，又能使國中富且有威望者受人尊重，而能盡力國事，且付國民代議士以參與立法及監督行政之權，以培植愛好民主政治之勢力，此種政體如從尊崇憲法的角度而言，可謂兼備智術政治之性質」。〔註154〕

伯倫知理國家理論對梁啓超的影響延續很長時間，在留居日本期間整體上呈現逐漸增強的態勢。促成這種變化，既與梁啓超對中外政治的客觀感受有關，也與梁啓超對伯倫知理著作的瞭解日漸深入關係密切。在 1902 年發表的《干涉與放任》一文中，梁啓超就從干涉與放任的角度對伯倫知理的學說進行了定位和分析，他講到：「伯倫知理之國家全權論，亦起於放任主義極盛之際，不數十年已有取而代之之勢，疇昔謂國家恃人民而存立，寧犧牲凡百之利益以爲人民者，今則謂人民恃國家而存立，寧犧牲凡百之利益以爲國家矣」〔註155〕。儘管這時的梁啓超並未明確指出中國應該以伯倫知理學說建設國家，但伯氏學說作爲干涉主義的代表，在「治今日之中國，其當操干涉主義者十之七」的原則下，自然會得到梁啓超的重視。1903 年，梁啓超在《答某君問法國禁止民權自由之說》一文中，再次論及伯氏學說：「當此帝國主義盛行之日，非厚集其力於中央，則國家終不可得安固。故近世如伯倫知理之徒，大唱國家主義，以爲人民當各自犧牲其利益以爲國家，皆此之由也」〔註156〕。同年發表的《政治學大家伯倫知理之學說》一文中，梁啓

出版社，2009 年版，第 247～249 頁。

〔註153〕ヨハン・カスパルト・ブルンチユリー著，平田東助、平冢定二郎譯：《國家論》卷三，第 149 頁。轉自鄭匡民：《梁啓超啓蒙思想的東學背景》，上海：上海書店出版社，2009 年版，第 250 頁。

〔註154〕ヨハン・カスパルト・ブルンチユリー著，平田東助、平冢定二郎譯：《國家論》卷三，第 210～211 頁。轉自鄭匡民：《梁啓超啓蒙思想的東學背景》，上海：上海書店出版社，2009 年版，第 250 頁。

〔註155〕梁啓超：《自由書》，《飲冰室合集・專集之二》，北京：中華書局，1989 年版，第 87 頁。

〔註156〕梁啓超：《答某君問法國禁止民權自由之說》，《飲冰室合集・文集之十四》，北京：中華書局，1989 年版，第 30～31 頁。

超再次聲明了上述看法，而理由則囊括於伯倫知理對盧梭理論的反駁中。可見，這時梁啓超的政治主張處於激烈變動期，指導思想逐漸趨向伯倫知理的國家理論。「梁啓超自從發表《政治學大家伯倫知理學說》之後，伯倫知理學說中的國家至上的干涉主義基本在他的思想中佔了主導地位，這種思想成爲他民國初年的一貫立場。」〔註157〕

梁啓超國家觀中留下了伯倫知理國家有機體論的印記。在論述國家目的中，梁啓超從國民與國家的視角論述道：國家「第一目的，則其本身（即國家全體）之利益是也；其第二目的，則其構成分子（即國民個人）之利益是也」〔註158〕。在此，梁啓超以利益主體爲標准將國家目的做了二分，國家全體利益作爲第一目的，優先於國民個人利益的第二目的。這就不僅明顯區別於盧梭的民權自由學說突出國民個人利益的觀點，而且國家全體和國民個人作爲兩要素進入了國家理論的中心。對於國家與國民的關係，梁啓超按照伯倫知理的論說路徑，以人體作比闡釋了二者之間的有機聯繫：「雖然，國家之功用，凡以其爲國民所託命而已，而國民苟不存，則所謂國家者，亦不可得見，故國家常當兢兢爲惟國民之利益是圖，此事理之至易睹者也，譬諸愛身者，務使四肢百體，各得其所，而爲相當之發達，各肢體之苦樂，即全身之苦樂也，此所謂構成分子之利益也」〔註159〕。正是國家與國民之間的有機聯繫，成爲國家有機體成立的關鍵。

在國體政體觀上，梁啓超與伯倫知理的觀點也十分相近。他們都從國家有機體論出發，闡釋了國民狀況對國體政體的決定性影響。爲了對國民更好地啓蒙宣傳，梁啓超還曾借伯倫知理之口對共和政體進行了批判：

> 伯氏以爲主治權與奉行權分離，是共和政體之特色也。主治之權，掌之於多數之選舉者（即國民），奉行之權，委之於少數之被選舉者（即大統領及官吏）。以故奉行者雖爲臣僕，而反常治人，主治者雖爲主人，而反常治於人。以牽制之得宜，故無濫用國權之弊，而多數國民得所庇焉，此其所長也。雖然，坐是之故，而國權或漸

即微弱，儕國家於一公司，加以眾民之意響，變動靡常，而國之基礎，因以不固，此其所短也。故行此政體而能食其利者，必其人民於共和諸德，具足圓滿，不惜犧牲其力其財，以應國家之用，且已藉普及之學制，常受完備之教育，苟如是，其庶幾矣。若其人民侵染衰廢之俗，務私欲而不顧公益，氣力微弱，教育缺乏，而欲實有此政體，則未睹其利，而現已不勝其弊矣，其甚也必至變爲亞里士多德所謂暴民政治者，而國或以亡。〔註160〕

否定共和政體，贊成立憲政體，尤其是君主立憲政體，曾成爲梁啓超的長期主張。在梁啓超看來，君主立憲具有很多優點。向近代政體過渡作爲政治發展的重要內容，君主立憲政體由於能夠更好地保障專制君主的權利，從而減少過渡中的動蕩，實現政體的和平轉型。而且，在君主立憲制下，政府承擔著治理國家的責任，君主作爲國家的代表，在符號意義上成爲國家統一的象徵，其無責而榮尙的國家身份，大大有利於凝聚國民的愛國心和歸屬感。現實政治的發展未能使梁啓超遂願，革命形勢不斷高漲，共和政治建立，君主立憲政體失去了實踐的條件，梁啓超被迫轉向了建設共和。但是，梁啓超對於君主立憲的嚮往，並不會因爲政治實踐的演變而失去其進步意義。作爲社會轉型條件下一種基於理論分析的政治理想，君主立憲製成爲梁啓超和伯倫知理的共同追求。在此需要指出的是，儘管君主立憲制不能實踐也許是梁啓超的「一生遺憾」，但其政治理論中強大的自我調適能力，爲其政治主張和實踐提供了持續的支持。這在梁啓超的國體政體觀中得到了充分體現。他聲稱：「夫立憲與非立憲，則政體之名詞也，共和與非共和，則國體之名詞也。吾儕平昔持論，只問政體，不問國體。故以爲政體誠能立憲，則無論國體爲君主爲共和，無一不可也，政體而非立憲，則無論國體爲君主爲共和，無一而可也」〔註161〕。這種對立憲、君主、共和三者關係的看法，與伯倫知理在國體問題上「有名異而其實相類者，亦有名同而其實相反者」的論述，具有幾分相似。梁啓超國家觀受到伯倫知理國家有機體論的影響可見一斑。

其實，除了上述的中學、西學和東學路徑，梁啓超的現代國家建設思想，

〔註160〕梁啓超：《政治學大家伯倫知理之學說》，《飲冰室合集・文集之十三》，北京：中華書局，1989 年版，第 77 頁。

〔註161〕梁啓超：《盾鼻集》，《飲冰室合集・專集之三十三》，北京：中華書局，1989年版，第 88 頁。

還有一個重要來源就是閱讀中國人的各種國外遊記和見聞，以及交往通曉國外政情的士大夫。譬如與嚴復〔註162〕的交往。二人大約相識在 1895 到 1896 年間。〔註163〕1896 年 10 月，嚴復將所著《天演論》、《原強》和《闢韓》的初譯稿寄給梁啓超。此後，二人書信往來頻繁，經常交流思想和觀點。在中西學關係、保教等問題上，嚴復曾給予梁啓超有益指導。嚴復翻譯的《天演論》，對梁啓超也產生很大影響。梁啓超不僅在所著文章中經常提到「生存競爭」、「優勝劣敗」，將進化論用於分析人類發展史和政治演變過程，而且隨著對西學瞭解的加深，這種進化論逐漸豐富和演變，餘緒波及到民初時期。

　　總之，梁啓超現代國家建設思想的產生，深植於對中外思想的廣泛攝取。從梁啓超的相關文章來看，這一攝取過程很難找到一個準確起點。整個過程與梁啓超的學習和政治活動生涯相伴隨。在這一過程中，日本東學成為其西學思想和現代國家建設理論的主要來源。梁啓超在 1899 年的一封家信中曾講到，「我等讀日本書所得之益極多極多。他日中國萬不能不變法，今日正當多讀些書，以待用也。」〔註164〕梁啓超有意識地從日籍中汲取建設新國家的「營養」。「可以說，梁啓超在日短短數年，就把明治時期日本的思想歷程重又走了一遍。」〔註165〕梁啓超對東學的吸收過程是複雜的。在當時的日本，同一學者的思想不僅往往牽涉方面諸多，而且前後時期的主張還可能發生很大變化，再加上不同學者對同一問題的闡述存在相近相似現象，梁啓超對他們思想的吸收就難免表現為一種關聯的、整體的形態。由此，上文對梁啓超思想來源的分析，儘管追溯到了具體的個人和特定思想，但梁啓超某一主張的形

〔註162〕嚴復（1854～1921），字又陵、幼陵，又字幾道，福建侯官人。翻譯有多部西方著作，包括赫胥黎的《天演論》、亞當‧斯密的《原富》、斯賓塞的《群學肄言》、約翰‧穆勒的《群己權界論》和《名學》、甄克思的《社會通詮》、耶芳斯的《名學淺釋》、孟德斯鳩的《法意》等，對西學東漸有重要貢獻。

〔註163〕相識的準確時間，二人的記述存在差別，由於缺少佐證材料，難以下一定論。二人相識時間的探討，參見陳鵬鳴：《梁啓超學術思想評傳》，北京：北京圖書館出版社，1999 年版，第 125 頁。

〔註164〕丁文江，趙豐田：《梁啓超年譜長編》，上海：上海人民出版社，2009 年版，第 116 頁。

〔註165〕石川禎浩：《梁啓超與文明的視點》。【日】狹間直樹：《梁啓超‧明治日本‧西方：日本京都大學人文科學研究所共同研究報告》，北京：社會科學文獻出版社，2012 年版，第 97 頁。

第二章　梁啓超對現代國家政治設施建設的設想

民國初年的混亂政治和國民狀況，梁啓超認為政治設施敗壞實應擔負主要責任。在《政策與政治機關》一文中，他明確指出，中國「所以萎悴極於今日者，強半實由機關之朽壞不適使然」〔註1〕。政治的先決條件有二：一為人，二為機關。然成熟國民的養成，是一項「期以百年」的事業，不是短期努力即能見成效的。從現實政治出發，推進現代國家設施建設，具有重要的意義。觀察民初變革，梁啓超認為當時政治設施主要存在以下三項弊端〔註2〕：一是當革而廢置失當。那些與「時勢不兼容」的政治設施，「宜置而未置宜廢而未廢者，抑亦不少」，或由於舉措失當，能革而未革，或「積重太久而不能革」，產生廢置失當現象。二是當保留而遭破壞。以往政治設施中適合國情而當保留的，卻在革命中「席破壞之潮」蕩滌漸滅，「幾無復存」，即使留存下來「亦幾全失其力」。三是新設機關能否兼容尚未可知。革命後的新建機關，在梁啓超看來，無非就是對西方國家設施的倉促移植和模仿。而且新建政治設施，「又非採自一國」，往往是多國政治設施的雜糅。至於不同制度之間是否衝突、能否融合等問題，未能充分考慮。甚者，新建設施是「他國未嘗前聞之制」，是國人「以意附益」的產物。這些新創制度在學理上、實踐上能否可行，則又未能可知。總之，各種弊端導致民初政治設施幾乎處於「窮於運用」的狀態。

〔註1〕梁啓超：《政策與政治機關》，《飲冰室合集·文集之二十八》，北京：中華書局，1989年版，第25頁。

〔註2〕梁啓超：《政策與政治機關》，《飲冰室合集·文集之二十八》，北京：中華書局，1989年版，第25頁。

　　政治設施的諸種弊端，不僅制約其效能的發揮，而且已經危害到民初政治的發展。如果繼續放任而不加改變，其危害勢必由外而內、從制向人進行擴散，消損國人的政治能力和政治興味。當「機關與人俱敝」，國家政治運行必將隨之漸滅，國家何以自存？由此，梁啓超指出，「一切政策，皆非今日所亟亟，而惟求所以建設此可以行諸政策之適當機關，爲最亟亟也」〔註3〕。推進政治設施建設，作爲民初政治建設的首要內容，從此得到了明確。而這也是梁啓超民國前後五年間艱苦探索的重要方面。

第一節　立憲政治：政體的劃分與選擇

　　梁啓超認爲，政體與國體「本不相蒙」，在一國政治中都能發揮重要作用。從改良主張〔註4〕出發，他提出其所爭的只有政體，對國體則主維持現狀。〔註5〕爲此，我們看到，自清末以來，梁啓超對於君主和共和先後都表示了極端的贊同。在不同歷史時期，君主與共和分別佔據歷史舞臺，梁啓超從維持國體現狀的立場，對君主和共和的事實均採取承認主義，唯獨立憲政體成爲了梁啓超的一貫主張。〔註6〕民國初年，梁啓超明確表示，「在今日，擁護共和國體，實行立憲政體，此自論理上必然之結果」〔註7〕，建設立憲政治的主張再次得到申明。

〔註3〕　梁啓超：《政策與政治機關》，《飲冰室合集・文集之二十八》，北京：中華書局，1989年版，第26頁。
〔註4〕　學者們對梁啓超在20世紀初年曾有過短暫的革命主張基本達成一致，對此不能諱言。只是由於革命主張時間短暫，其後又回覆到改良路線，我們可以認爲，梁啓超的立憲主張大體上是一貫的。
〔註5〕　梁啓超對國體和政體有自己的劃分：國體主要包括君主和共和兩種形態，政體則可以劃分爲專制和立憲。
〔註6〕　民初時期梁啓超放棄君主立憲和虛君共和主張，轉而倡導共和制度下的立憲政治，其原因複雜。除了梁啓超堅持維持國體變更政體的觀點，還有以下兩大原因：一是，梁啓超本就信仰民主共和。民國之前長期主張君主立憲，完全是基於多種考慮的一種過渡政體選擇，其中擔心革命引來外國瓜分是重要原因之一。現在革命既已發生，民國建立，不如順應大勢，或者還有實現主張的一日。二是，當時的立憲派人士多已轉爲擁護共和，建設共和成爲全國一致呼聲。梁啓超只有轉變主張，擁護共和，才能不失去舊日的政友，同時結交更多政治勢力推行立憲政治。參見張朋園：《梁啓超與民國政治》，長春：吉林出版集團有限責任公司，2007年版，第9～10頁。
〔註7〕　梁啓超：《初歸國演說辭》，《飲冰室合集・文集之二十九》，北京：中華書局，1989年版，第5頁。

一、立憲政體的原則

在梁啓超看來，國家政體大致可以分爲兩類，一爲專制，一爲立憲。而立憲政體作爲現代國家的最大特色，代表了政體演變的趨勢，具有進步性。他曾講到，立憲政治的精神就是要「使人民無須流血革命，而得去其所厭惡之惡政府，迎其所願望之良政府而已」〔註8〕。在近代中國建設現代國家，立憲政體當是唯一的選擇。那麼，怎樣才能稱爲是立憲政體呢？梁啓超提出，立憲政體有二大原則：「一曰政治之公開，二曰政治之統一」〔註9〕。

政治公開原則。何爲政治公開原則？梁啓超指出，「所謂政治之公開者，凡一切行政立法財政，大抵經人民公議，議決以後，又以種種形式從而公佈，然後執行。其藉口於運用之便宜而付諸秘密者，獨外交一端而已。」〔註10〕以上儘管沒有提到司法公開，但梁啓超在隨後明確講到，「若預算之公佈法律之公佈，乃至行政手續之公開法庭之公開，皆此政體上應有之作用」〔註11〕。可見，政治公開原則要求國家政治向國民全面公開，包括立法、司法和行政三大部門，皆要按照有關程序進行公開，不允許有任何的隱瞞。值得注意的是，這種公開是以「人民公議」爲基礎的。人民對國家政治的參與權利必須得到保障，成爲踐行政治公開原則的基本要求。人民參與是現代民主的要求，也是立憲政治的基石。政治公開原則的適用範圍，唯一例外就是外交。對此，梁啓超解釋道，主要是由於外交「乃此國之國家人格與彼國國家人格相互之交涉，與一切行政立法對於人民強制有遵守之效力者，稍有不同」〔註12〕。外交作爲一種對外事務，人民不能直接參與，也就不必對人民進行公開了。

政治統一原則。此處的政治統一，即國家政治一統之謂，主要體現爲中央權力在全國的有效貫徹和暢通。在分析世界各立憲國家的形成過程之後，梁啓超認爲，政治統一實不能繞過的一大「關卡」。爲此，各立憲國或早或晚，

〔註8〕梁啓超：《中國立國大方針》，《飲冰室合集·文集之二十八》，北京：中華書局，1989 年版，第 70 頁。

〔註9〕梁啓超：《初歸國演說辭》，《飲冰室合集·文集之二十九》，北京：中華書局，1989 年版，第 9 頁。

〔註10〕梁啓超：《初歸國演說辭》，《飲冰室合集·文集之二十九》，北京：中華書局，1989 年版，第 10 頁。

〔註11〕梁啓超：《初歸國演說辭》，《飲冰室合集·文集之二十九》，北京：中華書局，1989 年版，第 10 頁。

〔註12〕梁啓超：《初歸國演說辭》，《飲冰室合集·文集之二十九》，北京：中華書局，1989 年版，第 10 頁。

或戰爭或動盪，皆經歷過一個中央權力戰勝地方權力的過程。今天我們已經認識到，這一政治統一過程，是新時代經濟、政治、社會等各種因素綜合作用的結果，具有歷史和邏輯的必然性。然反觀中國，不僅歷史上的大一統是徒有虛名，而且民初政治中自治傾向和狀況十分嚴重，省自爲政、縣自爲政現象，大大削弱了中央權威，國家處於分裂的邊緣。鑒於立憲政治的一般形成規律，梁啓超認爲，要在民初建設共和實現立憲，就必須扭轉各省縣自治的地方分權傾向，加強中央集權，實現國家政治統一。

二、立憲政體下機關間關係

立憲政體作爲現代國家普遍採用的政體形式，由於其獨具特色的政治機關設置，具有前現代國家所不能比擬的巨大優勢。這種巨大優勢，集中體現爲能夠對廣大民眾的利益實行更好的保障，能夠使政治發展更加平穩的推進等方面之中。

議會和政府是立憲國家的兩大基本政治機關。梁啓超認爲，政府是專制國家和立憲國家皆要設立的機關，而議會則獨存於立憲國家。他指出，「專制國之機關，以惟一之系統而成立；立憲國之機關，則於此系統更有其獨立之別系統焉。別系統惟何？即議會是也。」〔註13〕議會作爲立憲國家的重要機關，「其本來之動機，乃專爲防閑政府而設」〔註14〕，其作用就是要「糾察政府之責任」〔註15〕。在立憲國家，議會如此重要而不可缺少，其實很大意義上源於人類政治實踐的總結。在專制時代，國家往往設置一個行政機關總攬所有事務，都察院、刑部等凡百部門皆爲其隸屬機關。但是，這種機構設置卻「不勝其敝」。在行政機關獨大的體制下，無論監察部門、司法部門，都是其下設機關，從長官選任到公務處理，無不受到政府的主導和干涉。爲此，「近一二百年來，以經驗之結果」，在傳統行政機關之外，別設置其它機關，議會由此出現。我們知道，梁啓超對議會產生過程的上述闡述與事實存在出入，因爲議會在英法國家早已存在，並不只是近代以來的新設機關。然而，從權

〔註13〕 梁啓超：《責任內閣釋義》，《飲冰室合集·文集之二十七》，北京：中華書局，1989年版，第15頁。

〔註14〕 梁啓超：《憲法之三大精神》，《飲冰室合集·文集之二十九》，北京：中華書局，1989年版，第108頁。

〔註15〕 梁啓超：《責任內閣釋義》，《飲冰室合集·文集之二十七》，北京：中華書局，1989年版，第15頁。

力間關係來看，議會切實能夠對行政機關起到制約作用，且這種機關設置向世界範圍擴展，確實是近代以來才形成的。因此，整體上看，梁啓超對議會的認識還是基本正確的。

議會的設置與立憲類型存在關聯。梁啓超認爲，近代國家的立憲政體主要包含兩種類型，一是以美國瑞士等國爲代表的共和立憲制，一是以英德日等國爲代表的君主立憲制。在此兩種立憲政體下，議會與其它國家機關之間的關係呈現爲兩種模式：一是「以數機關分立，各行國家職務之一部，而不互相統攝」，一是「以數機關並立，有執行國家職務者，有監視之者，而別以一最高機關，不偏不倚，超然立乎其上」。〔註16〕兩種模式的存在反映了，議會在不同立憲國家中的權力配置不同，而其差異則與立憲的不同類型有密切關聯。

儘管不同類型的立憲國家，政治機關間的關係不同，但各機關均須要對國家負責。對此，梁啓超強調，其不應被忽視，否則很容易成爲「曲學阿世之徒」倡導專制的憑依。闡明各機關對國家負責的緣由，也就成爲梁啓超立憲政治思想的重要內容。梁啓超提出，議會只是立憲國家的一種機關，儘管議會擁有巨大權力，國家終究非爲議會所有。政府處理國家事務只對國家承擔責任，議會不能要求政府對其負責。同樣，立憲國家中的君主，與議會的國家機關性質相同，也不能要求政府對其負責。在梁啓超看來，此種責任關係應該得到明晰，因爲它們是立憲國家政治制度的基礎。「是故謂政府對於君主負責任，則無以解於大臣之可以拒絕副署；謂政府對議會負責任，則無以解於大臣之可以奏請解散議會」〔註17〕。

與議會和政府相比，君主並不是所有立憲國家都有設置的機關。梁啓超對立憲政體的分類中，君主只存在於君主立憲政體國家。儘管君主不是立憲國家的必要機關，但君主對立憲政體的意義卻絲毫不減。甚至可以說，認識君主是我們理解立憲政體的必要路徑。這一方面是由於立憲國家產生於君主專制之國，君主地位和職權的存續體現了政體的演變；另一方面對於立憲國家中君主職權的探討，有助於我們理解立憲政治的眞正內涵。爲此，有必要

〔註16〕梁啓超：《責任內閣釋義》，《飲冰室合集・文集之二十七》，北京：中華書局，1989年版，第15頁。

〔註17〕梁啓超：《責任內閣釋義》，《飲冰室合集・文集之二十七》，北京：中華書局，1989年版，第14頁。

對立憲政體下的君主的地位、職權和責任進行闡釋。這也是梁啓超立憲政治思想的內容之一。

君主無責任是立憲國家法理的通行規定，「夫君主無責任之一大義，實立憲政體之中堅」〔註18〕。在立憲國家，權責一體是基本規範。爲此，立憲國家倡導的君主神聖不可侵犯，在事實上要求君主無責任，而這也成爲立憲國家法理的通行規則。梁啓超認爲，既然贊成君主無責任，就應該去除一種錯誤觀念，那就是「大臣代君主負責任之說」。如果大臣代君主負責任成立，就意味著君主本有責任，只是將這種責任轉移到了大臣身上。當議會對大臣進行責問時，實質上就是對君主問責，只是由大臣代爲承擔罷了。君主責任既然不能推脫，大臣代爲受過就與權責一體的現代政治原則違背了。而且，無論大臣代君主受責與否，其內涵的君主有責思想本就「先自有褻其君之心，而何神聖之可言」，故「大臣代君主負責之說，其不能貫徹君主神聖之本旨，蓋可見矣」。〔註19〕

大臣副署構成君主無責任的基本制度保障。在立憲國家，君主是如何實現無責任的呢？梁啓超提出，大臣副署實是其得以成立的關鍵。一切政務在得到君主簽署後，還必須經過大臣的副署，才能生效。這種制度設計，從根源上保證了君主不必承擔失政的責任。因爲缺少大臣副署的政令，不具有任何公共屬性，最多只能算是君主的私人行爲。這樣，「苟無副署，則君主雖欲爲惡而不成於惡。更易詞以申明之，則國中無論何人，皆可以獨力爲惡事，惟君主不爾。君主苟非得大臣之協助，則在理在勢，皆斷不能爲惡事者也。非惟不能爲違法之惡事，抑且不能爲失政之惡事。」〔註20〕在大臣副署制度之下，君主無責任得以實現，代之產生的是大臣責任。

總之，梁啓超對立憲政體下國家機關之間及其與國家的關係有一總的看法，那就是：「國家者，法人也。若君主、若內閣及其它行政官署、若議會、若法院，皆其機關也。……運用國家機關之自然人，當其立於機關之地位也，則不容自有其目的，而惟以國家之目的爲目的。是故君主也、政府也、議會

〔註18〕 梁啓超：《違制論》，《飲冰室合集·文集之二十七》，北京：中華書局，1989年版，第70頁。

〔註19〕 梁啓超：《責任內閣釋義》，《飲冰室合集·文集之二十七》，北京：中華書局，1989年版，第26頁。

〔註20〕 梁啓超：《責任內閣釋義》，《飲冰室合集·文集之二十七》，北京：中華書局，1989年版，第26頁。

也，雖其所司之職務各有不同，至其爲國家機關則一也。各機關同時對於國家而負責任，非甲機關對乙機關而負責任」〔註21〕。鑒於建立共和在民初的不可阻擋之勢，追求政體變革而不求改變國體的梁啓超，很快將重心移到共和立憲政體，並盛讚、建設和維護共和，此也成爲梁啓超民初政治實踐的一大特色。

第二節　強有力政府：民初政府建設的目標

對民國前後社會的觀察，使梁啓超堅信，建設現代國家必須首先採取保育政策〔註22〕。具體來說，就是要有一個掌握較大權力的政府對國家事業、國民事業進行規劃和組織，並領導全國人民來實現。與這一政治發展策略相契合，建設強有力政府就顯得十分必要。因爲「以放任爲治者，政府之職簡，以保育爲治者其職繁。以放任爲治者，政府之責輕，以保育爲治者其責重。理繁務而荷重責，非強有力焉固不可矣」〔註23〕。按照政治運行的一般邏輯，有什麼樣的政府責任，就須要配備相應的政府職能。一個肩負著指導政治發展重任的政府，也必將是強有力的。另外，建設強有力政府也是當時國際形勢決定的。梁啓超認爲，惟有建設一「世界性的大國」，才有可能圖存富強，與世界各強國並駕齊驅。〔註24〕而成爲世界大國的路徑，就是要有一強有力政府，以領導中國快速發展。

對於強有力政府的具體內涵，梁啓超認爲可以從兩個方面來認識〔註25〕：一是在央地關係上，地方權力由中央賦予，同時接受中央監督。相反，如果中央權力是由地方賦予的，這個政府必然不能強有力。二是在立法與行政關係上，行政人員自立法機關出，且與立法機關能夠緊密配合「融爲一體」，爲最

〔註21〕梁啓超：《責任內閣釋義》，《飲冰室合集·文集之二十七》，北京：中華書局，1989 年版，第 11～12 頁。

〔註22〕保育政策其實是梁啓超在共和體制下對開明專制的新表述，對此國內已有學者做了揭示。參見胡繩武：《清末民初歷史與社會》，上海：上海人民出版社，2002 年版，第 404 頁。

〔註23〕梁啓超：《中國立國大方針》，《飲冰室合集·文集之二十八》，北京：中華書局，1989 年版，第 51 頁。

〔註24〕梁啓超：《中國立國大方針》，《飲冰室合集·文集之二十八》，北京：中華書局，1989 年版，第 40～46 頁。

〔註25〕梁啓超：《中國立國大方針》，《飲冰室合集·文集之二十八》，北京：中華書局，1989 年版，第 51 頁。

強有力政府；行政人員非自立法機關出，但能得到立法機關多數擁護，爲次強有力政府；與立法機關截然對立，不能絲毫參與立法事業的政府爲非強有力政府；一切行政事務皆須聽命於立法機關的政府，爲最非強有力政府。可見，在梁啓超看來，中國要建設一個強有力政府，就必須處理好兩組關係：央地關係、立法與行政關係。在這兩組關係中，政府體系內部的中央權力、國家權力體系內部的立法權力分別處於主導地位，但它們又必須與地方權力、行政權力進行合理分權，進行充分的協調，只有這樣，強有力政府才能誕生。

　　梁啓超對強有力政府的界定，體現了現代民主政治的基本精神。立法、行政、司法三權的劃分，是世界政治步入近代以來的一大特色，也是吸取古代政治經驗的制度創建。立足於保障普通民眾的權利，現代政治力圖通過對國家權力的劃分，使立法機關成爲集中民意和彰顯民意的場所，行政機關承擔起日益複雜的國家行政事務，司法機關則作爲公民權利的最後一層保障維護社會正義。分別承擔立法、行政、司法三權的機關之間既相互獨立，也相互配合，它們在協調中共同實現具有唯一性和統一性的國家主權。三大機關之間的這種既相互獨立又協調合作的關係，正是保障政治有力、國家發展的秘密。任何過分強調單一權力的政治必將是軟弱的。這從美國於 1787 年召開制憲會議的原因也可得到證實。當時漢密爾頓在爲《獨立日報》撰寫的文章中，就明確指出：「目前的聯邦不足以維持聯邦，爲了維持一個至少需要同所建議的政府同樣堅強有力的政府；新憲法與共和政體眞正原則的一致，新憲法與你們的州憲是相類似的，以及，通過新憲法對維持那種政府，對自由和財產的進一步保證」〔註 26〕。漢密爾頓認爲，新憲法應該對聯邦政府的權力進行擴充，州權力和立法權的強大，已經深深危害到美國的生存，實現強有力政府的建造，維持立法權和行政權的相對平衡，是當時美國最大的國家利益。與美國情況不同，民初的中國還未建立現代政治體系，梁啓超希望在制度上確立立法、行政和司法的三權體系後，著重打造強大的行政權力，以開明的領導人掌握行政權力推進現代政治發展，最終完成三權的制衡、協調理想。爲此，梁啓超創建性地借鑒西方政治文明，力圖在嶄新的中華民國中構建起一個體現世界政治進步潮流，同時又符合中國發展需求的強有力政府。在承認立法、司法和行政三權獨立的基礎上，使行政權有充分的發揮餘地。

〔註26〕【美】漢密爾頓等著，程逢如等譯：《聯邦黨人文集》，北京：商務印書館，1980 年版，第 6 頁。

對於強有力政府的建設，梁啓超十分強調要立足於中國國情。在他看來，中國與美國在政治發展理路上根本不同。美國的強有力政府是在州權尙大的聯邦體制和已有相當自治傳統的國民基礎上構建的，而近代中國所要的是借助強有力政府推動國家政治發展和國民自治能力提升。美國作爲當時世界上最大的共和國，在政治設計上獨具特色，引起了國人的追捧而意欲模仿。爲了明晰中國所要建立的強有力政府，就不得不對中美政治進行一番對比剖析。

梁啓超提出，中美建國前後的國情有著巨大差異，具體體現在〔註 27〕：第一，美國建國之初，自由主義盛行，「放任政策之學說」深入人民心中。美國延引其理而頒行的「成法」，「在彼時固適與時代思潮相應，行之自宜有效」。然而，「時移事易」，其法到了後來，已經產生諸多弊端，爲人們詬病。爲此，羅斯福倡導「新國家主義」，力圖加強政府權力。今天中國創建新法，如果再度以美國建國初期的「成法」爲藍本進行模仿，勢必戕其優長而襲其所短，顯然不合時宜了。第二，美國建國之初，「清教徒爲中堅」。美國的最初國民來自外來移民，很多源自當時的大英帝國，其中包含大量的清教徒。清教徒們經受過自由、民主的啓蒙思潮洗禮，在民主政體下形成了自治的習慣。當他們橫渡大西洋到達美洲大陸後，自治習性不曾改變，到現在「養之又數百年」，自治能力更加強固。治理這些具有很強自治能力的國民，政府固然不需過多的保育和扶持，只要「恭己而治足矣」。反觀中國，由於長期處於專制之下，國民的「政治本能，屈而不申，自治習慣，養之無素」，基本的政治意識和自治能力都極度缺乏。在這樣國民的國家裏，強要建立美國式政治，恐怕是東施效顰，終究未能可行。第三，美國建國之初，其下轄的十三州具有較強自治性。獨立之前，十三州已經儼然是「具體而微之十三國」，與其「母國」的關係十分淺薄，「直可謂數百年間未嘗有中央政府」。獨立後，各州民眾依然習慣以本州爲重，對聯邦權力防之尤甚，對聯邦事務不很關心。爲此，美國「獨立後六年間，不舉總統，不置政府，而能晏然行所無事」。中國則蒙受二千年的一統專制，民眾已經習慣於依賴一個強有力政府，領受其保育懷養。儘管前清政府放棄養民責任，但國民的這種習慣未有任何損失。因此，「恃一政府以維持一國」，仍然是中國近代政治的重要特徵。第四，美國建國之初，「人數僅三百餘萬」，只抵得中國的「一二府州」。國民數量有限，決定其政

〔註 27〕梁啓超：《中國立國大方針》，《飲冰室合集・文集之二十八》，北京：中華書局，1989 年版，第 52～53 頁。

府要管轄的事務也有限，故「不待龐大之政府，已足爲治」。而中國則有四萬萬人口，且民族眾多，如果沒有一個強有力政府，國家統一必定受到威脅。第五，美國建國之初，受到國際干涉的壓力尚小。一方面與美國的優越地理位置有關，其遠離歐洲大陸，與國際團體交錯較少。另一方面，美國長期務行「休養生息」，甚至在已經得到長足發展的 19 世紀末葉仍然提出門羅主義，不參與歐洲強國主導的國際競爭漩渦之中。美國需要處理的國際事務十分有限。中國與美國的情況則正爲相對。外部面臨列強的競爭瓜分，「終已不克閉關自守」。如果不能有一強有力政府集中全國力量，抗拒外侮終將只是幻想。

中美建國時期國情的以上五點差異啓示，意圖仿傚美國在聯邦制基礎上建設現代國家是行不通的。強要效美，按諸事實存在諸多障礙。觀察中外政治，梁啓超形成了以下經驗認識：「凡政治現象根於歷史上事實者恒什八九，而理想所構成者什不得一二。即欲以理想構成之，亦必此理想深入人心，廣被於全社會，漸成爲事實，然後據此事實爲基址，而新現象乃得發生。此非期以極綿遠之歲月不能爲功也」〔註 28〕。以美國爲例。各州具有相當的自治程度已有四百年歷史。不止各州，即使諸都市鎮鄉，「亦莫不早成爲具體而微之一國」。甚至還爲殖民地時期，各地已經「皆自有憲法，自有立法部，自有行政部」〔註 29〕。因此，美國的國家建設，實是自都市鎮鄉經州而至於國家，「其間歷程蓋數百年」。近代中國的國家建設，其前提則是一個有著數千年一統習慣的國度，儘管有二十二行省，但各省是否如美國各州具有相當獨立自治屬性，顯然值得懷疑。在一個不具備施行聯邦制基礎的國度，如果硬要將國家剖分爲若干「小國」，然後遵循美國式發展道路建設一聯邦制共和國，不僅在事實上行不通，而且在強敵威脅、人才與財力皆窘迫的時勢下，更是不可能發生。

基於以上考慮，梁啓超提出，在中國建設一強有力政府是實現國家現代轉型的唯一途徑。那麼，建設強有力政府應該從何處著手呢？梁啓超認爲，應該首先「建設一健全之中央政府」，待中央政府鞏固之後，再「藉其力」推及地方。〔註 30〕也就是說，建設一個健全的中央政府是實現強有力政府建構

〔註 28〕 梁啓超：《中國立國大方針》，《飲冰室合集・文集之二十八》，北京：中華書局，1989 年版，第 53 頁。

〔註 29〕 梁啓超：《中國立國大方針》，《飲冰室合集・文集之二十八》，北京：中華書局，1989 年版，第 54 頁。

〔註 30〕 梁啓超：《中國立國大方針》，《飲冰室合集・文集之二十八》，北京：中華書局，1989 年版，第 53～54 頁。

的第一步。在此需要指出的是，建設健全中央政府是一個系統工程，涉及諸多制度和機關，具體內容在後文將會涉及。此處就健全中央政府的重要方面——強有力中央政府，展開論述。

建設強有力中央政府，涉及多個方面。針對當時喧囂一時的「各省自選都督」問題，梁啟超認爲實中央政府能否強有力的「鎖鍵」，有必要經過慎重的辨析，進行正確選擇。徵諸理論，民選與聯邦一脈相承。美國實行聯邦制，各州總統自當由各州民選。在極端的聯邦共和體制下，民選甚至應該一貫到底，「凡一切地方團體，無上級下級之別，其公職皆由民選」〔註31〕。從行政區域、級別上看，中國的行省與美國的州相當，省都督也同州總統一般。如果中國能夠施行聯邦制，都督由各省民選，則至爲容易。而且，在聯邦體制下，「中央之大獨立國，本由地方之半獨立國所構成。各半獨立國，方且應行使國家之最高權，以宰制中央，安有聽中央易置其首長之理」〔註32〕。因此，聯邦制下，都督自當民選。然而，正如前文指出的，在梁啟超看來，「我國於理論上事實上皆不能採聯邦制度」〔註33〕。省都督民選論的根據，「已潰其半」。更何況，中國歷史上長期以來，行省「蓋純爲一行政區域而已」。儘管前清頒行府廳州縣城鎮鄉自治制度，但「於省制獨闕如」，徵諸法理，不能認爲行省爲自治團體。儘管「諮議局章程有稍認自治之痕跡，然根據甚弱矣」〔註34〕。中國不存在行省自治的成例，常見的只是作爲地方團體的行省，而且其督撫必須經由中央任命。梁啟超強調，此種歷史事實在他日制憲之時不能不予以承認。可見，徵諸中國國情，在行省推行民選實有不切實際之謬。

梁啟超提出，地方團體同時兼爲行政區域，是近代以來各國的通例。何況，地方所轄區域大小，往往與其行政長官的產生方式密切相關。不論是君主國還是共和國，都會受到這一規律制約。具體來說，「國體公職，其下級者以選民充之，其高級者恒以命吏攝之」〔註35〕。而其緣由，梁啟超認爲：

〔註31〕梁啟超：《中國立國大方針》，《飲冰室合集‧文集之二十八》，北京：中華書局，1989年版，第56頁。

〔註32〕梁啟超：《中國立國大方針》，《飲冰室合集‧文集之二十八》，北京：中華書局，1989年版，第55頁。

〔註33〕梁啟超：《中國立國大方針》，《飲冰室合集‧文集之二十八》，北京：中華書局，1989年版，第55～56頁。

〔註34〕梁啟超：《中國立國大方針》，《飲冰室合集‧文集之二十八》，北京：中華書局，1989年版，第56頁。

〔註35〕梁啟超：《中國立國大方針》，《飲冰室合集‧文集之二十八》，北京：中華書

> 以地方團體論，其領域愈狹者，其域內人民利害關係愈密，域內人物相知最悉，選任易得適材；愈高級者領域愈廣，利害關係愈疏，相知愈不周，公選得人與否，蓋難言之。以行政區域論，下級團體雖常兼辦中央所委任之事項，然不過簿書期會，盡人而能；愈高級者政務愈繁，不得不多予官吏以自由裁量之餘地，且地域既廣，則其施政之結果，直接影響於域內人民利害者反少（以其不親民也），而間接影響於全國或鄰境者反多（以其政務多屬舉舉大端，動與鄰境或全國有關涉也），是故由中央有經驗之政治家爲地擇人，得才較易也。〔註36〕

行省長官由中央任命，有巨大優勢。行省長官所以適用任命制，還與當時中國軍政情態具有密切關係。梁啓超觀察到，民初中國還處於「大難未平」的年代，軍事行動仍然頻仍，都督不得不與聞軍事。儘管都督的權限尚未有明文規定，但其必定要涉及民政，還要兼及軍政。遍考各國，沒有發現把軍政委諸民選地方長官的先例。故採用任命制確定各省都督人選，具有實踐上的可行性。而且，省議會權力在可預見的時期內將呈現逐漸擴張態勢，其對都督權力的制約作用必定日漸顯著，前清督撫憑藉掌握軍政而恣意妄爲的現象「亦可稍殺」。任命行省都督導致的弊端將大爲減少。由此，梁啓超明確表示，「都督不宜由民選」〔註37〕，並列舉理由十條〔註38〕，從央地權力分治、行政立法權力劃分、軍權統一等多個方面，對行省都督人選宜採任命制進行了論述。一言概之，民選都督之制，「與民國之統一不相容」〔註39〕。

民選都督既然存在巨大弊端，在當時中國不應施行。那麼，民選都督言論又是如何發生的呢？梁啓超認爲，「原夫倡民選論者之本意，豈非慮中央任命不能得人乎哉？」〔註40〕當時中央政府任命的地方長官，與人民的期望和

　　局，1989 年版，第 56 頁。

〔註36〕梁啓超：《中國立國大方針》，《飲冰室合集・文集之二十八》，北京：中華書局，1989 年版，第 56～57 頁。

〔註37〕梁啓超：《中國立國大方針》，《飲冰室合集・文集之二十八》，北京：中華書局，1989 年版，第 57 頁。

〔註38〕梁啓超：《中國立國大方針》，《飲冰室合集・文集之二十八》，北京：中華書局，1989 年版，第 57～58 頁。

〔註39〕梁啓超：《中國立國大方針》，《飲冰室合集・文集之二十八》，北京：中華書局，1989 年版，第 58 頁。

〔註40〕梁啓超：《中國立國大方針》，《飲冰室合集・文集之二十八》，北京：中華書

輿論所嚮背離，不僅不良，反而成爲政治轉好的阻礙。民眾對中央政府任命都督失去信心，故反之求諸民選途徑，試圖依靠選票產生能夠符合自己本意的都督。然而，這一路徑能否行得通呢？暫且不論當時的中央政府是否肯放棄對行省都督的任命權，就是民選一定能夠產生良都督本身也足以值得懷疑。剛剛脫離君主專制的民眾如同一盤散沙，進行有秩序選舉的能力十分缺乏，再加上地方軍閥暢行，民眾公選都督缺乏任何保障，民選都督即使施行恐怕終究只是一場鬧劇，反危害國家整體利益。梁啓超對此看得透徹，在對民選都督論明確提出質疑的基礎上，再次從理論上進行了闡釋。他指出，立法部門人員應進行公選，行政部門人員則不應進行公選，這是各國政治的一般規律。立法部門體現民意，以合議爲行動方式，採取公選議員最爲合適；而行政部門講求效率和成績，行政命令爲其主要行爲方式，獨裁式的任命官員較爲適宜。都督作爲國家行政體系中的重要官員，顯然採取任命制更爲恰當。

梁啓超對「各省自選都督」問題如此重視，根本原因還在於其關係到當時中國政治建設的核心問題——能否建成一個強有力的中央政府。在此需要指出的是，在梁啓超那裏，強有力中央政府也必定是良善的中央政府。強善中央政府是一切政治轉好的關鍵，梁啓超對此深信不疑。他提出，「今欲完民國建設之業，必以能得良中央政府爲前提」〔註41〕。如能得一強善中央政府，國民就應該信任和支持它，而不能以民選都督問題來對中央政府的用人行政進行掣肘；如果不能得強善中央政府，即使通過民選獲得一二賢都督，改變的也僅僅是一二行省的政治面貌，對於全國並無多大補益。因此，關鍵是如何得到一個強善中央政府。而地方都督賢良與否，民眾應採取監督方式，督促其進於賢良。如因爲任命的都督一時不良，而剝奪中央政府的「最重要之用人權，則是因噎廢食，見近而忘遠」〔註42〕了。

建設強有力政府，還需恰當處理集權與分權的關係。集權與分權不是彼此代替的關係，而應是「相屬」互補關係。集權與分權只是權力的一種組合方式，沒有孰好孰壞之別。而且，政務種類性質不同，也應分別採取集權和

　　　　 局，1989 年版，第 58 頁。
〔註41〕 梁啓超：《中國立國大方針》，《飲冰室合集‧文集之二十八》，北京：中華書
　　　　 局，1989 年版，第 58 頁。
〔註42〕 梁啓超：《中國立國大方針》，《飲冰室合集‧文集之二十八》，北京：中華書
　　　　 局，1989 年版，第 58 頁。

分權。對於當時中國政治如何集權和分權，梁啓超有一基本觀點，那就是：「以言夫集，則集之於唯一之中央政府；以言夫分，則分之於無量數之城鎮鄉。兩極端同時駢行，不相妨也，適相濟也」〔註43〕。然而，梁啓超觀察中國政情，發現當時國民對集權分權的認識不過「京師與各省爭權而已」〔註44〕。行省作爲地方政權的最高層級，介於基層鄉鎮與中央政府之間，其幅員人口，動輒抵得上歐洲一二國。如果以行省作爲分權的載體，顯然與以分權補中央集權所不逮的本意相違背，分權的意義喪失了。

建設強有力政府，還要處理好行政與立法的關係。儘管整體上看，世界各國立憲制的形成，與行政部門的專權被裁抑有直接聯繫，但如果不能合理地劃分行政權與立法權，甚至將行政權隸屬於立法權，必將導致職權劃分不清、責任承擔主體混亂等問題，最終影響國家大局。爲此，一方面，行政部門與立法部門的職權範圍應該得到明確劃分，給它們法定權限範圍內充分的行動自由；另一方面，又要充分考慮立法權與行政權的銜接問題，杜絕權力分割產生的相互掣肘問題。梁啓超詳細考察美、英、法、瑞士等國政制得失之後，提出政府建設的一般規律，即：

> 國家之置政府，非以爲美觀也，將以治事焉。故人民之對於政府也，宜委任制，不宜掣肘之；宜責成之，不宜猜忌之。必號令能行於全國，然後可責以統籌大局；必政策能自由選擇，然後可以評其得失焉；必用人有全權，內部組織成一系統，然後可以觀後效也。此無論在何國，莫不有然。〔註45〕

革命之後的民國，面臨嚴峻政治形勢。多年政治廢弛，導致國家威信急劇下降，而且革命之後秩序有待恢復，國家結合力正處於至爲薄弱之時。在此屣弱政治態勢之下，遵循一般政府建設規律，建設一強有力中央政府，乃至建成一強有力完全政府，「實今日時勢最大之要求」〔註46〕。而建設強有力政府重在落實於具體的制度設計上，梁啓超對此明確表示：「政府之能否強有

〔註43〕 梁啓超：《中國立國大方針》，《飲冰室合集·文集之二十八》，北京：中華書局，1989年版，第59頁。

〔註44〕 梁啓超：《中國立國大方針》，《飲冰室合集·文集之二十八》，北京：中華書局，1989年版，第59頁。

〔註45〕 梁啓超：《中國立國大方針》，《飲冰室合集·文集之二十八》，北京：中華書局，1989年版，第62頁。

〔註46〕 梁啓超：《中國立國大方針》，《飲冰室合集·文集之二十八》，北京：中華書局，1989年版，第62頁。

力，視乎人物之運用者十之三，繫乎憲典所規定者十之七」〔註47〕。憲典規定即是制度化建設的成果。

政府建設犖犖大端，唯獨強有力一屬性被大爲強調，那麼就有必要就此做出解釋，以應對可能產生的質疑。梁啓超以設問的方式做了回答。首先，他以「難者」的身份提出此問題：「如吾子言，欲假政府以大權，使行所謂保育政策者，政府而得人，斯誠善矣，若其不得人，則豈非爲虎傅翼，益以荼毒吾民？」〔註48〕在此，梁啓超對建設強有力政府提出這樣的質問：如果執掌政府的人不良，建設的強有力政府只會對國民權益造成更大的損害。對於這種具有普適性的質疑，梁啓超首先指出，「吾之所謂強，亦指善而強者以立言耳」〔註49〕。就是說，強有力政府本身包含有強和善兩層含義，強政府與善政府是二而一的關係。梁啓超的這一回答絕非一時的狡辯。他不僅多次提到要建設良政府〔註50〕，甚至還曾明確講到，「理想的政府，其條件有二：一曰善良，二曰強固」〔註51〕。既然建設的理想政府是強而善的，那麼應該如何認識強政府與善政府的關係呢？梁啓超繼續闡釋道：強政府與善政府並不相互妨害。強政府主要體現在制度建設上，在「立法論之範圍」內；而善政府主要體現在政治運行過程中，在「政治論之範圍」內。〔註52〕再加上民國初建，「制定憲法，爲民國建設第一大業」〔註53〕，「立法論之範圍」的建設

〔註47〕梁啓超：《中國立國大方針》，《飲冰室合集‧文集之二十八》，北京：中華書局，1989 年版，第 51 頁。

〔註48〕梁啓超：《中國立國大方針》，《飲冰室合集‧文集之二十八》，北京：中華書局，1989 年版，第 63 頁。

〔註49〕梁啓超：《中國立國大方針》，《飲冰室合集‧文集之二十八》，北京：中華書局，1989 年版，第 63 頁。

〔註50〕這些語句，如「鄙人素來持論謂對外不恃空言而恃實力。所謂實力者非他，即先設法求得一良政府，將内治整頓完備是也」（《與上海某某等報館主筆書》），「故欲使國民敵愾心得有道以自效者，非先得一良政府以統帥之於上，決無當也」（《與上海某某等報館主筆書》），「故國民亦惟宜注全力以求得中央之良政府而已」（《省制問題》），「保育政策，必以能得良政府爲前提」（《中國立國大方針》），「今欲完民國建設之業，必以能得良中央政府爲前提」（《中國立國大方針》），「夫欲爲國家得善良之政府，此數千年來東西無量數之賢哲所焦思以求索也」（《憲法之三大精神》），等等。

〔註51〕梁啓超：《憲法之三大精神》，《飲冰室合集‧文集之二十九》，北京：中華書局，1989 年版，第 107 頁。

〔註52〕梁啓超：《中國立國大方針》，《飲冰室合集‧文集之二十八》，北京：中華書局，1989 年版，第 64 頁。

〔註53〕梁啓超：《專設憲法案起草機關議》，《飲冰室合集‧文集之二十八》，北京：

具有優先意義。爲此，建設強有力政府爲梁啓超在民國初年大力倡導，具有積極意義。

第三節　政黨政治：政黨及其制度建設

建成現代國家，政黨是其必不可少要素之一。對於政黨與新國家的密切關係，梁啓超曾講到：

> 在專制政體之下，決無容政黨發生之餘地，政體既歸宿於立憲，則無論其國體爲君主爲共和，皆非藉政黨不能運用，而政黨亦不待勸而自能句出萌達。……聞之非眞立憲之國不能有眞政黨，然非有眞政黨之國亦不能眞立憲，二者互相爲因，互相爲果。〔註54〕

> 立憲政治之運用，全恃政黨。〔註55〕

> 共和政治，非有政黨不能運用，而不完全之政黨，其障礙共和政治之前途，較之無政黨爲尤甚。〔註56〕

在梁啓超看來，政黨既是建設新國家的推動者，又是新國家的建設目標。政黨與新國家不可分割。政黨對於新國家如此重要，一國沒有政黨則已，否則就要努力建成完善、成熟的眞政黨。梁啓超觀察民初政黨，儘管如雨後春筍般大量湧現，但能否稱得上眞政黨始終憂慮。爲此，梁啓超著文闡述了其政黨觀，表達了在中國建設政黨政治的看法。

一、政黨的產生

理解政黨和政黨政治，有必要首先弄清楚政黨是如何產生的。對於政黨的產生過程，梁啓超有一個描述。總體上看，梁啓超從利益視角對社會生活中不同利益及其實現策略的細微剖析，揭示了政黨的可能性和合理性，展現了政黨的產生過程。在此，有必要強調的是，梁啓超並沒有對政黨的產生過程進行歷史的事實梳理，而是基於一種理性的規範性分析，努力實現對政黨

中華書局，1989 年版，第 26 頁。

〔註54〕 梁啓超：《敬告政黨及政黨員》，《飲冰室合集·文集之三十一》，北京：中華書局，1989 年版，第 1 頁。

〔註55〕 梁啓超：《共和黨之地位與其態度》，《飲冰室合集·文集之三十》，北京：中華書局，1989 年版，第 24～25 頁。

〔註56〕 梁啓超：《初歸國演說辭》，《飲冰室合集·文集之二十九》，北京：中華書局，1989 年版，第 21 頁。

產生過程之「事實」的還原。具體過程如下：

　　首先，人們對「國利民福」的差異性認識產生組織政黨的最初動力。梁啟超認為，對於國家政治的目的是實現「國利民福」，人們皆是贊成的。然而，「國利民福」具有相對性，人們對「國利民福」具體內容的認識往往相互「衝突」。能夠百利而無一害的政策在現實中並不存在，任何政策的出臺在實現一部分國利民福事業的同時，必定要面對另一部分國利民福事業的犧牲。而國家政治方針，就是「比較其犧牲之大小，以量度其結果之大小，抉擇於輕重緩急，而向於一正鵠以進行」〔註57〕。可是，任何人都不願自身利益成為政治方針的犧牲對象，何況「犧牲與結果之比較，恒存乎各人之主觀而有異同」。於是，人們紛紛表達自己的政策主張，相似主張融合形成多種主流利益觀點，組織政黨的最初動力誕生了。

　　其次，不同利益群體相互作用形成大量具有不同政見的小政黨。在立憲國，「民眾既有發表意見之餘地，且有能使其意見發生效力之機關」，人們會爭相表達意見，以實現政策對自身利益的體現。然而，意見要真正觸動執政，就必須聚集足夠的支持者。為此，持有意見相似、利益相近的個人逐漸聚集，形成了政黨的雛形。在此過程的開始階段，人們未嘗不欲把個人利害或一階級一地方利害設定為本黨利害，只是由於不能得到其它多數人的贊成，不得不做出調整。於是，人們逐漸學會了「棄小異」「取大同」，開始著眼於群體公共利害來設定集體目標，直至以國家利益為揭櫫。由於觀念差異，不同利益主張的人群形成了不同政黨，「無量數之小黨出焉」。

　　最後，小黨之間競爭融合最終形成對峙的兩大政黨。大量小黨相互競爭，都試圖將自己的主張轉變為國家政治方針。可是，小黨林立意味著政治力量分散，如果不能進一步融合形成更大政黨，競爭的結果很可能是任何一黨都不得勝出，徒留下一個混亂的政治局面。政黨的存在就是要取得政權，將本黨的主張轉化為國家政策在全國推行。只要與本黨主張不存在根本衝突，不同政黨之間就可以摒棄小利小害的衝突而融合成為一個更大政黨。我們知道，取得國家政權至少要獲得全國一半以上人口或者國會的一半以上議員的支持，在利益主張不可能全國一致的情況下，處於對峙且勢均力敵的兩大政黨就成為成熟國家的政黨政治常態。「凡政黨政治發達之國，未有不為兩大黨

〔註57〕梁啟超：《敬告政黨及政黨員》，《飲冰室合集‧文集之三十一》，北京：中華書局，1989年版，第3頁。

者也」〔註58〕。

二、政黨的內涵

政黨的內涵是理解政黨政治的前提，也是認識梁啓超政黨觀的重要內容。梁啓超對政黨有著獨特看法，他認為，「政黨者，人類之任意的繼續的相對的結合團體，以公共利害為基礎，有一貫之意見，用光明之手段為協同之活動，以求佔優勢於政界者也」〔註59〕。具體而言：

第一，政黨是人們有意識結合的團體。政黨積人而成，而且是人們有意識的結合，政黨是人們有意識結合的團體。梁啓超認為，團體具有無形人格，而且團體人格超然於其組成分子的人格之上。團體人格自有其意思，也自有其行為。當不同個體結合成為一個團體之時，個體的意思行為就必須服從團體的意思行為。政黨作為一種團體，要保持基本穩定，就必須遵循團體屬性。也就是說，政黨中的任何成員，不論其地位、身份，都必須服從政黨的基本主張和行為規範。此所謂「政黨者，結合之團體也」〔註60〕。

第二，政黨是人們自由結合的團體。政黨懸一綱領號召國民，國民則依據自己的意願自由選擇政黨，甚至選擇不加入任何政黨。對於某一政黨，國民有充分自由加入或者退出，而不受任何干涉，無論這種干涉來自國家、政黨，還是他人。政黨是人們自由結合的團體，缺少入黨脫黨自由的政黨，不是真政黨。此所謂「政黨者，任意結合之團體也」〔註61〕。

第三，政黨的持續目標是促進國利民福。長期來看，政黨的成員會有入有退，政黨自身也會不斷演變，政黨為了生存發展將時刻處於持續的新陳代謝過程之中。但是，政黨也有不變的方面，那就是其結合的目的始終是為了促進國利民福。梁啓超曾指出，「凡政黨須以國為前提，不以國為前提，不足為政黨」〔註62〕，就是強調政黨與國家的休戚關係。如果一政黨沒有促進國

〔註58〕 梁啓超：《敬告政黨及政黨員》，《飲冰室合集・文集之三十一》，北京：中華書局，1989 年版，第 4 頁。

〔註59〕 梁啓超：《敬告政黨及政黨員》，《飲冰室合集・文集之三十一》，北京：中華書局，1989 年版，第 5 頁。

〔註60〕 梁啓超：《敬告政黨及政黨員》，《飲冰室合集・文集之三十一》，北京：中華書局，1989 年版，第 5 頁。

〔註61〕 梁啓超：《敬告政黨及政黨員》，《飲冰室合集・文集之三十一》，北京：中華書局，1989 年版，第 6 頁。

〔註62〕 梁啓超：《初歸國演說辭》，《飲冰室合集・文集之二十九》，北京：中華書局，

利民福的持續目標，只是爲了一時一事而結合，那麼就不能成爲眞政黨。例如，以推翻一姓統治的王朝革命爲政治目標的團體，就不能稱爲政黨。此所謂「政黨者，繼續結合之團體也」〔註63〕。

第四，政黨的存在是相對的。考察政黨的英譯文 Party 的原意，梁啓超指出，政黨一詞本含有相對之意。也就是說，政黨的存在不是唯一的，常是兩政黨以上同時存在的。在國家政治體系中，政黨以取得政權爲目標，而這一目標的實現過程是一個與他黨的競爭過程。當一黨勝出取得政權，同時也就開啓了下一個政黨競爭過程。因此，任何政黨都不應濫用權力迫使他黨不能生存，否則政黨政治就會遭到破壞，政黨也將隨之消失。此所謂「政黨者，相對結合的團體也」〔註64〕。

第五，政黨以黨員協同行動爲基本內容。政黨不僅要提出行動綱領，而且要踏踏實實落實在行動上。爲此，政黨需要通過一系列的自身建設，使多數黨員能夠爲了同一目的達成協同行動。如果黨員只是掛名黨籍，不參加政黨活動，或者不進行協同行動，那麼就不能稱爲政黨。此所謂「政黨者，爲協同活動者也」〔註65〕。

第六，政黨的主張應前後一貫。政黨皆應有一貫之精神，該精神貫穿於政黨提出的各種主張之中。由此，政黨的主張才能前後相續，不會出現矛盾之處。而且，只有具有一貫的精神，政黨所標榜的主義和政綱才能得到持續貫徹，政黨的政治目標才可能最終實現。此所謂「政黨者，有一貫之意見者也」〔註66〕。

第七，政黨主張必須關涉國家公共利害。政黨不同於一般團體，其活動牽涉全國範圍，而且只有將其主張自覺與國家公共利害相銜接，才可能得到絕大多數國民（或議員）的支持。因此，政黨要生存和發展，就必須將主張自覺關涉國家公共利害。當政黨變成爭得個人利害、一階級一地方利害的工

　　　1989 年版，第 12 頁。
〔註63〕梁啓超：《敬告政黨及政黨員》，《飲冰室合集・文集之三十一》，北京：中華書局，1989 年版，第 6 頁。
〔註64〕梁啓超：《敬告政黨及政黨員》，《飲冰室合集・文集之三十一》，北京：中華書局，1989 年版，第 6 頁。
〔註65〕梁啓超：《敬告政黨及政黨員》，《飲冰室合集・文集之三十一》，北京：中華書局，1989 年版，第 6 頁。
〔註66〕梁啓超：《敬告政黨及政黨員》，《飲冰室合集・文集之三十一》，北京：中華書局，1989 年版，第 6 頁。

具時，政黨也就不成其爲政黨了。此所謂「政黨之意見，以公共利害爲基礎」〔註67〕。

第八，政黨的行爲手段要光明。政黨的產生，就是要在政界爭得優勢以行一黨之主義。要爭得優勢，就要與他黨競爭，必然牽涉到競爭手段問題。梁啓超主張，政黨在競爭中應該「恒用光明穩健之手段」，不能「用詭道陰謀」，否則就「決非政黨」。此所謂「政黨用光明之手段以求佔優勢於政界」。〔註68〕

總之，政黨具有豐富內涵，由此決定了要成爲一個眞正的政黨，就必須符合嚴格的標準和條件。具體而言，這些標準包括：政黨必須有公共之目的，必須有奮鬥之決心，必須有整肅之號令，必須有公正之手段，必須有犧牲之精神，必須有優容之氣量等。〔註69〕通過以上標準可以看到，梁啓超所要建設的政黨，是一種具有較強內聚力和約束力的團體組織，與西方尤其是美國的鬆散政黨組織有明顯的區別。其實，梁啓超所謂政黨的特色，與近代中國面臨救亡圖存的緊迫歷史任務具有內在關聯性。

三、政黨政治的作用機理

政黨政治的形式很多，但並不是梁啓超探討的重點。受歷史條件的限制，向國民普及介紹政黨政治的一般知識在民國初期具有緊迫性，由此梁啓超將自己的筆力更多地集中在了政黨政治的一般作用機理上。

前文已講，在梁啓超看來，一個發達立憲國家的政黨政治應該呈現爲兩大政黨對峙格局。由於每一政黨只能代表國利民福的一部分，處於執政地位的政黨在將自己主張轉化爲國家政策向全國推行的時候，國利民福的其它部分必將「犧牲」。這也就是梁啓超說的「先注全力以發達一部分，而他部分暫從緩置，良非得已」〔註70〕。爲了增進全國利益，短時期地犧牲部分國利民福具有合理性，也是可以容忍的。何況，在野黨在執政黨的對立面時刻監督著政府的舉動，並通過議會、輿論等各種途徑對犧牲的部分國利民福進行補救。可是，犧牲的

〔註67〕梁啓超：《敬告政黨及政黨員》，《飲冰室合集・文集之三十一》，北京：中華書局，1989 年版，第 6 頁。

〔註68〕梁啓超：《敬告政黨及政黨員》，《飲冰室合集・文集之三十一》，北京：中華書局，1989 年版，第 6〜7 頁。

〔註69〕梁啓超：《初歸國演說辭》，《飲冰室合集・文集之二十九》，北京：中華書局，1989 年版，第 14〜22 頁。

〔註70〕梁啓超：《敬告政黨及政黨員》，《飲冰室合集・文集之三十一》，北京：中華書局，1989 年版，第 5 頁。

部分國利民福不應長久，否則立憲政治就轉變爲一部分人的專制，相繼而起的
必然是持續的反抗和動蕩。因此，在一個相對成熟的立憲制國家，在野黨時刻
準備接手政權，而執政黨也能夠自覺地還政他黨。〔註71〕面對一部分國利民福
持續遭受損失，在野黨必然是奮起力爭，執政黨也會從國家全局利益出發，認
識到一部分利益不應長久犧牲。然而，執政黨囿於「中道改弦嫌於易操，且其
事亦或多所不習」〔註72〕，只能將政爭公佈於全國輿論，由國民（或議會）投
票決定最終去留。當在野黨獲得多數支持，執政黨知道民意傾向於乙部分福利
了，而自身主張的「甲部分之福利已成亢龍矣」。於是，執政黨「奉身而退」，
將政權交還在野黨，「以匡我不逮」。兩黨交替執政，國利民福最終得以全面增
進。正如梁啓超所言：

> 甲黨進而甲部分之國利民福興焉，甲黨退乙黨進而乙部分之
> 國利民福興焉，若蹞步以行，左足右足更迭代進，進而不已，乃
> 致千里。〔註73〕

　　能夠持續增進國利民福，是政黨政治的可貴之處。可是，政治「左足右
足更迭代進」又難免對國利民福造成一些損失，這是不應諱言的。然而正如
梁啓超所看到的，絕對完美的政治在現實中並不存在。也許，上帝降下聖君
推行開明專制是最完美的，可是幾千年的中外政治實踐經驗告訴世人，這種
完美政治終將只是一個夢想，現實的冷酷警示世人對政治要更加理性地設
計，而政黨政治就是一種比較成功的探索。因此，儘管從完美程度上看，政
黨政治是「其次」的，但在實際運轉中卻是代價最小的。

　　在現代國家政黨政治中，政黨內閣成爲其最具特色的制度成果。認識政
黨內閣，首先就要瞭解內閣。通過考察近代國家，尤其是英國的內閣制度，

〔註71〕對於成熟立憲國家中執政黨能夠自覺還政在野黨的原因，梁啓超指出，並不
　　　　是執政黨黨人「公爾忘私」，而是政黨的本質決定的。政黨爲公，是政黨得以
　　　　存在和發展的依據，因此政黨爭奪政權爲公，放棄政權也是爲公。其實，梁
　　　　啓超對政黨這一本質的論述有一個沒有明言的基本前提，那就是要在一個具
　　　　有優厚立憲傳統及其國民的國度，只有在全體國民的監督之下，政黨才可能
　　　　眞正立黨爲公。參見梁啓超：《敬告政黨及政黨員》，《飲冰室合集·文集之三
　　　　十一》，北京：中華書局，1989 年版，第 5 頁。
〔註72〕梁啓超：《敬告政黨及政黨員》，《飲冰室合集·文集之三十一》，北京：中華
　　　　書局，1989 年版，第 5 頁。
〔註73〕梁啓超：《敬告政黨及政黨員》，《飲冰室合集·文集之三十一》，北京：中華
　　　　書局，1989 年版，第 5 頁。

梁啓超提出，近代國家內閣的特點有五：「（1）內閣員必須以國會議員組織之；（2）內閣員必須以右院多數黨之黨員充之；（3）閣員合議以施行政策；（4）負聯帶責任以行政，遭國會詰責，則總員相率辭職，以舉責任之實；（5）推一人爲總理大臣，閣員皆服從之。」〔註74〕以上五個特點，梁啓超認爲是十八世紀末年以來各國組織內閣的慣例，已成爲憲法上的定說。

與內閣相比，政黨內閣具有哪些特徵呢？梁啓超認爲，世界上能夠實行完全政黨內閣的只有英國。因此，他以英國爲藍本，提出政黨內閣在「政治習慣上確守之原則有三」：「（一）非國會議員，不能爲內閣員；（二）內閣必由國會下院多數黨之領袖組織之；（三）內閣失多數於下院，得解散下院，但再選舉若仍失多數，則例即辭職。」〔註75〕可見，在政黨政治中，議會、內閣和政黨構成最重要的三要素，而具有政黨歸屬的議員則是政黨政治的最基本主體，承擔了貫通三要素的關鍵作用。

對於政黨內閣的種類，梁啓超做了具有特色的劃分。以國內是否形成兩大政黨爲標準，劃分爲完全政黨內閣和準政黨內閣。完全政黨內閣國家中，兩大政黨形成較爲固定的競爭狀態，交替執掌政權，如英國等；準政黨內閣國家，則具有多個政黨，政黨之間彼此激烈競爭，任何一黨通常不能單獨獲得「下院之過半數」，政黨之間必須進行聯合才能獲得多數取得執政權，如法國等。由此，兩種類型政黨內閣的國家通常形成以下差異：「在完全政黨內閣之國，閣會常爲一體，國會對於內閣，無所庸其監督也；在準政黨內閣之國，則國會所以監督內閣者至嚴重」〔註76〕。那麼，兩種類型的政黨內閣是否存在高下之別呢？梁啓超提出，由於國內不能形成健全的兩大政黨，「不得已而有所謂準政黨內閣者出」，故準政黨內閣「不如完全政黨內閣」。〔註77〕產生這種高下的具體原由，梁啓超從五個方面進行了闡述，概而論之，準政黨內閣的「惡影響之及於內閣自身者二：曰交疊頻繁，致機關失繼續性；曰彌縫結合，致機關不能強有力。其惡影響之及於國會者亦二：曰事雜言庬，議員

〔註74〕 梁啓超：《責任內閣釋義》，《飲冰室合集・文集之二十七》，北京：中華書局，1989年版，第4頁。

〔註75〕 梁啓超：《中國立國大方針》，《飲冰室合集・文集之二十八》，北京：中華書局，1989年版，第64頁。

〔註76〕 梁啓超：《中國立國大方針》，《飲冰室合集・文集之二十八》，北京：中華書局，1989年版，第65頁。

〔註77〕 梁啓超：《中國立國大方針》，《飲冰室合集・文集之二十八》，北京：中華書局，1989年版，第68頁。

易流於浮動；曰縱橫捭闔，議員易導於腐敗。」〔註78〕

四、民初政黨的問題

民國建立之初，在全國一片呼聲之中，中國建立了共和國體和立憲政體，儘管存在諸多不完善，甚至被孫中山後來稱爲名存實亡，但畢竟在政治制度上第一次實現了共和。正是在這一歷史大潮下，梁啓超冷靜觀察民初政治，認爲「政黨之前途與國家之前途，實相依爲命」〔註79〕，可當時政黨建設狀況又使他「心竊有所謂危」。

政黨作爲近代以來各國政治的要素之一，是國家步入現代行列的重要標誌。然而，梁啓超觀察民初政治，發現一個現象就是有政黨卻沒有眞政黨，常有政治勢力借助政黨之名行非政黨之實。對於不能有眞政黨的危害，梁啓超警告國人，如果只是借政黨之名「相炫」，對於政黨的一般原則和禁令不能遵守，就會有政黨如無政黨，甚至有政黨反不如無政黨。他總結各國經驗，認爲非眞政黨的流弊所極就是「還歸於專制」，而其途徑有二：

> 一曰，消極的助成專制者。其國於政黨之外更有他種特別勢力，政黨既不樹自立，遂爲此特別勢力籠蓋而操縱之，政黨變爲特別勢力之一機械而已，如是則於政黨以外發生專制政象。二曰，積極的倒行專制者。或濫用多數黨之權力，壓制少數黨使不得爲正當之政治活動，甚則以少數黨而出卑劣手段，蹂躪國憲，麼多數黨使不能自存，如是則在政黨自身發生專制政象。〔註80〕

非眞政黨與專制的必然聯繫，使民國時刻面臨墜入危殆的風險。何況，專制之後往往緊隨革命。爲此，梁啓超列舉民初政黨的九大問題，以「求黨人之內省而日新」。

民初政黨問題之一，政黨吸收黨員沒有限制。政黨力量之源，來自其內部的所有黨員。一個政黨以何標準吸納黨員，黨員又以何動機加入此黨，將直接影響政黨的力量。政黨與黨員之間是一種自由雙向選擇關係，黨員根據

〔註78〕 梁啓超：《中國立國大方針》，《飲冰室合集・文集之二十八》，北京：中華書局，1989 年版，第 68 頁。

〔註79〕 梁啓超：《敬告政黨及政黨員》，《飲冰室合集・文集之三十一》，北京：中華書局，1989 年版，第 8 頁。

〔註80〕 梁啓超：《敬告政黨及政黨員》，《飲冰室合集・文集之三十一》，北京：中華書局，1989 年版，第 1 頁。

自己的信奉選擇適合的政黨，政黨設定標準決定是否吸納某人入黨。有長遠目標和價值的政黨，在招募黨員上「決不肯過濫」。那些盡人可入的政黨，必是「無主義之黨」；而盡黨可入之人，必是「無主義之人」。〔註81〕無主義之人在政治上沒有穩定傾向，可左可右、可保守可激進。無主義之人聚集一起，不可能形成共同政治信仰，也不可能提出一套相對固定的政治綱領和政策主張，眞正的政治家也不願加入這樣的政黨。合無數無主義之人，終究是不能成爲政黨的。反觀民初各個政黨，惟思如何吸納更多的人加入本黨，至於那人有無信仰、是否信奉和踐行本黨黨義，則全然不問。不僅不問，甚至採取威逼利誘種種卑劣手段，其目標只有一個，那就是快速招募黨員擴充黨勢。對此，梁啓超表示十分憂慮和懷疑。

民初政黨問題之二，政黨不曾宣傳造勢開展公開競選活動。在梁啓超看來，圍繞選舉展開一系列競選活動是政黨活動的重要內容。爲了獲得更多民眾的支持，在每次選舉前夕，各個政黨都要公開政綱，闡述本黨主張的理由，甚至攻擊敵黨主張謬誤之處。一系列的競選宣傳活動遍及都市和鄉村，成爲政黨動員選民、爭取選票的重要方式。經過這些活動，選民的政治知識和能力得到提升，對於不同政黨的政策主張也能夠瞭解，從而爲獲得更高質量的選舉投票準備了條件。反觀民初的第一次選舉，「未聞有一黨發表政綱，建旗幟以卜人民之祈向，又未聞有一選舉區爲，開政黨演說之會」〔註82〕，政黨的表現與一般立憲國政黨活動判若兩樣。梁啓超對此甚爲擔憂，缺少宣傳造勢、公開競選活動的政黨，如何能夠爲民眾瞭解，又是如何獲得民眾手中的選票呢？

民初政黨問題之三，政黨內部缺少分科研究政務之機關。政黨既以從事政治活動爲職志，就必須對政治有靈敏的感知能力和應對能力。這些能力從何而來？梁啓超認爲，在政黨內部設立分科研究政務之機關最爲必要，甚至提出「各黨之本部，以政務之分科主任爲最重」，其組織也應該「儼然一小政府」。〔註83〕政黨中設立分科研究政務之機關，在執政黨和在野黨同樣必要。

〔註81〕梁啓超：《敬告政黨及政黨員》，《飲冰室合集・文集之三十一》，北京：中華書局，1989年版，第9頁。

〔註82〕梁啓超：《敬告政黨及政黨員》，《飲冰室合集・文集之三十一》，北京：中華書局，1989年版，第9頁。

〔註83〕梁啓超：《敬告政黨及政黨員》，《飲冰室合集・文集之三十一》，北京：中華書局，1989年版，第10頁。

執政黨直接掌握政權，面對發生的政治問題需要及時做出決策，並形成一貫政策主張，這些都離不開一個穩定的研究政務機關的支持。而在野黨不僅要時刻爲重新取得政權做好準備，而且監督政府責任甚重。只有充分瞭解當前的政治動向和政務狀況，才能眞正承擔起監督責任，並盡可能避免被執政黨「玩弄」。而實現這些目標，同樣需要設立研究政務機關。此外，民國初期建設政黨政治，政黨還不得不「與腐敗官僚宣戰」，這時「從實際上分科研究政務，最爲要義」。〔註84〕然而，「今各黨莫或從事焉，即有此機關，亦同虛設」〔註85〕。

民初政黨問題之四，政黨成爲實現自由政治的阻礙。成熟的政黨，設黨之意在「舉民視民聽之實」，集中體現在了選舉過程之中。在立憲國家，選舉是全體國民直接參與政治的主要機會，也是國民表達利益訴求的最好時機。選舉過程中，各個政黨將體現民意訴求的政策主張懸諸國民面前，爲本黨議員爭取選票，國民則選擇代表自己利益的議員投以選票表示支持。當議員盡數選出，國會成爲民意的代表機關，獲得國會多數的政黨也就可以認爲是取得了國民多數的支持。這樣，黨義與民意在一定意義上獲得了統一，政黨成爲實現自由政治的推動力量。然而，梁啓超觀察到，民初選舉「假手於金錢及威力之干涉者，什而八九」〔註86〕，「國民以自由意志公選」也由於政黨的操縱已經完全扭曲了。這樣，國民的自由意志，由於政黨的緣故，反被「束縛斷喪」，政黨成爲實現自由政治的阻礙。

民初政黨問題之五，政黨惟以蹙滅他黨爲能事。健全的政黨以國家利益爲重，儘管自認己黨所主張爲代表國家利益的最好方案，但也固知國家利益常爲相對的，因此能夠容忍他黨別持主張與己黨競爭。黨爭起，各政黨惟廣泛宣傳本黨主張，與他黨主張相論戰，爭取國民的支持。對於他黨本身，則「無所用其嫉妒，無所用其妨害」。反之，以自身利益爲本位的是朋黨，其惟以打壓摧滅他黨爲能事。在朋黨的邏輯世界裏，只要不黨於我者，必與我之利益相衝突。健全的政黨，必有著成熟的政黨員。兩黨黨員見面，語政見

〔註84〕 梁啓超：《敬告政黨及政黨員》，《飲冰室合集・文集之三十一》，北京：中華書局，1989 年版，第 10 頁。

〔註85〕 梁啓超：《敬告政黨及政黨員》，《飲冰室合集・文集之三十一》，北京：中華書局，1989 年版，第 10 頁。

〔註86〕 梁啓超：《敬告政黨及政黨員》，《飲冰室合集・文集之三十一》，北京：中華書局，1989 年版，第 10 頁。

可以「攘臂激手」，道故舊則又能「握手歡好」。他們能夠區分公私之別，既不以私害公，又能不以公害私。然而，民初政黨卻「惟以殲滅他黨爲惟一之能事，狠騺卑劣之手段，無所不至。黨對於黨也有然，黨員對於黨員也有然」〔註87〕。

民初政黨問題之六，政黨的地方色彩過重。政黨應當立足於全國利益，不能存有任何偏私傾向，包括地方利害之見。存有地方之見的政黨將不再成爲政黨，而蛻變爲「地方黨派」。梁啓超指出，地方黨派通常包括兩種情形：一種是各個地方基於自身利害組建政黨，政黨變成本地方利益的代表，在全國與他地方黨派進行對抗；另一種是同一地方之人相互衝突，分別選擇一個政黨作爲依靠，於是人與人的衝突轉化爲黨與黨的對抗。無論哪種情形的地方黨派，都已經完全成爲「供各地方人士軋轢之具而已」，而「若此之黨，且勿論其禍福於國家者何若，然似此而能賡續光大，蓋未之前聞」。〔註88〕民國初年，政黨正「恒坐斯弊」。

民初政黨問題之七，政黨成爲人爭的工具。有政黨就會有競爭，但這種競爭必須是有限度的。一方面，政黨競爭應該更多地體現爲黨與黨的競爭。在選舉中取勝是政黨開展一切競爭的最大福利。爲了達到這一目標，政黨內部有競爭，政黨外部也有競爭。政黨內部的競爭是爲了選出更有能力的政黨領導者，以帶領政黨更好地與他黨競爭；政黨外部的競爭則最終決定哪個政黨獲得執掌政權的權力。顯然，黨外競爭應該成爲政黨競爭的主要方面。另一方面，政黨競爭的手段應該光明正大。政黨競爭作爲一種謀求增進公利的途徑，其一切手段的運用不能與求得公利相衝突。國人利益紛繁複雜，要求得一個爲多數認同的公利，展開公開的辯論、演講等十分必要，競爭手段不一，但一個共同特點就是要光明正大。觀察民初選舉，黨爭變爲人爭，不僅黨外競爭激烈，就是黨內競爭也是無所不用其極，「金錢之運用，威力之恫喝，不擇而施也」〔註89〕，政黨變成個人謀取私利的工具。

民初政黨問題之八，黨員對政黨有責償之心。梁啓超認爲，黨員與政黨

〔註87〕 梁啓超：《敬告政黨及政黨員》，《飲冰室合集‧文集之三十一》，北京：中華書局，1989 年版，第 11 頁。

〔註88〕 梁啓超：《敬告政黨及政黨員》，《飲冰室合集‧文集之三十一》，北京：中華書局，1989 年版，第 12 頁。

〔註89〕 梁啓超：《敬告政黨及政黨員》，《飲冰室合集‧文集之三十一》，北京：中華書局，1989 年版，第 12 頁。

之間應該是一種「忠孝」關係。黨員肩負著對國家的一種政治義務，這種義務的表達正是通過對政黨的直接義務，從而間接實現對國家的義務。黨員對政黨盡義務，就不能要求政黨對自身給予回報，也就是不能有責償之心。如果黨員每做一事都要求政黨給予報償，那麼政黨如得志，就不得不搜刮民脂民膏盡奉黨員，如政黨不得志，黨員就會抱怨離去。無論得志不得志，政黨都將因為黨員的責償之心而利益遭受損失。可是，民初黨員卻常有「視黨為權利所自出，夷黨於市道也。豈為市道而已，乃將自處於倡蕩，而玩黨如狂童」〔註90〕。

　　民初政黨問題之九，黨員缺少服從多數的習慣。一個政黨能否有力量，與黨員是否具有服從黨內多數的習慣關係巨大。一政治問題發生，各黨議員政爭於國會，各黨黨員爭論於黨中。如果我之意見能夠為政黨採用成為政黨主張，結果最好；如果我之意見不被採用，甚至與黨議相反，那我就必須具有服從黨議的「德量」，才能維持黨的團結，聚集全黨的力量與他黨競爭。否則，徒見各個黨員的意見，而不見政黨的意見，有黨猶如無黨了。政黨要形成統一的黨議，黨員就必須具有服從多數的習慣。否則，黨員之間紛爭不已，絕不讓步，導致政黨分裂事小，危害國家公共利益事大。觀察民初政黨員，果有服從多數之習慣，直「所懷疑者」。

　　以上九大問題，大致構成梁啓超對民初政黨的一般看法。九大問題深嵌民初政黨，已經危及政黨政治的生存。面對當時國內對政黨的普遍消極情緒，梁啓超深為理解，但考慮到振興民初政治，政黨以外別無他途，也只能抱定「萃群策以改造政黨，其或視他業為易有濟也」〔註91〕的態度了。

五、對民初政黨建設的主張

　　對於民初政治建設，梁啓超認為建設健全的政黨政治實具有重要地位，「今日中國已確定為最神聖最高尚之共和國體，而共和國政治之運用，全賴政黨」〔註92〕。政黨政治犖犖大端，而建設一政黨內閣是梁啓超在制度上的

〔註90〕梁啓超：《敬告政黨及政黨員》，《飲冰室合集·文集之三十一》，北京：中華書局，1989 年版，第 13 頁。

〔註91〕梁啓超：《敬告政黨及政黨員》，《飲冰室合集·文集之三十一》，北京：中華書局，1989 年版，第 14 頁。

〔註92〕梁啓超：《初歸國演說辭》，《飲冰室合集·文集之二十九》，北京：中華書局，1989 年版，第 14 頁。

重要期許。他的這一理想與民國初年政治力量格局聯繫密切。他認為，各國政黨皆可分為兩派，一為急進派，一為漸進派。而中國在民國之前十餘年，已經形成了這樣的兩派。民國建立後，兩派衣缽主要為國民黨和共和黨繼承。只要兩派「使各一心為國，團我二派，各自發達」，則中國進步將會無窮。

梁啓超與共和黨的天然關係，使其能夠像精神領袖一般對共和黨建設指謫教導，而且其深厚的中外政黨知識使其演說和行動每次都能給共和黨員以刺激和受益。因此，梁啓超對政黨政治建設的諸多看法，一個重要途徑就是通過對共和黨的指導提出來的。民國初期，梁啓超對政黨秩序混亂狀況十分憂慮，尤其以政黨「內部之棼亂不肅」為病。為此，他對整肅政黨內部秩序提出了一系列主張，成為其有關政黨政治建設思想的重要代表。具體來說，加強政黨內部秩序建設，最當注意的有五點：

第一，「忌黨內分黨」。黨內分黨是政黨的組織大忌。政黨是政見相合之人的團體，在共同的政治理想下結合而為一個整體。如果黨內分黨，無異是對原政黨的否定和分裂，其危害必將影響長遠。然而，無論後起的立憲國，還是已經發達的歐美國家，黨內分黨現象還是時有發生。這說明，黨內分黨現象有著極為便易的發生條件。對此，梁啓超分析道：「人之性質，有毗陰毗陽之異，其學識有見仁見智之殊，加以地方上感情之差池，地位上利害之矛盾，人之群聚愈多，其萬有不齊也愈甚，故大黨中復分小派，實為最易蹈之弊」〔註93〕。黨內分黨如此容易發生，那麼民初「國中各黨，殆無一能免此病。黨勢愈大，則其病此也亦愈甚」〔註94〕的狀況，也就不值得大驚小怪。面對黨內分黨的弊病時刻可能引發政黨分裂的危險，梁啓超提出了自己的解決之方。那就是，所有黨人只有抱有「勿責人而惟責己」之心，且「能常自省自責」，此病才可消弭。〔註95〕

第二，「萬事須公開」。梁啓超認為，立憲政治與專制政治的重要區別之一，就是立憲政治常採公開主義，而專制政治則務行秘密主義。由於立憲政治的實現全恃政黨，因此政黨自身應該堅守公開主義。只有政黨事務公開，「公

〔註93〕 梁啓超：《共和黨之地位與其態度》，《飲冰室合集‧文集之三十》，北京：中華書局，1989 年版，第 24 頁。

〔註94〕 梁啓超：《共和黨之地位與其態度》，《飲冰室合集‧文集之三十》，北京：中華書局，1989 年版，第 24 頁。

〔註95〕 梁啓超：《共和黨之地位與其態度》，《飲冰室合集‧文集之三十》，北京：中華書局，1989 年版，第 24 頁。

開之憲政」才能形成。不過，政黨「萬事須公開」，「非謂每治一事，必須一一徧求全黨員之畫諾也。政策態度，公開以定之；分科治事，公開以任之。各職員於其權限內所應治之黨務，固可以專行而無所掣肘，其所行之成績，則屆時公告之」〔註96〕。也就是說，「萬事須公開」原則，並不是要求黨內所有事務皆須公開，只要政黨的政策主張、黨員的職責權限、政黨活動成績等內容公開，也就可以了。

第三，「黨員勿自居於客體」。政黨積黨員而成，每一黨員皆是政黨這一團體的一分子。只有每個黨員都能發揮積極性貢獻力量，政黨才能壯大。而黨員的這種積極性，必須依附於黨員對於政黨的充分自覺的主體意識才能產生。否則，只是將自己視爲政黨的「客」，無論如何是不能產生對政黨的責任心，更不可能對政黨盡任何義務。然而，「不幸現時國中諸黨之黨員，大率皆犯此病。……各黨日以拉人入黨爲事，而被拉者拿腔作勢，要求種種條件，此如驕貴之客，以臨存一故舊而示德色也。議員到京，各黨爭爲供張以招待，此周旋生客之禮也。招待稍不周，輒事挑剔，此亦貴客之恒態也。對於黨中，惟思享權利而不思盡義務。凡賓客之臨存人家，本惟有權利可享而別無義務可盡也。其它類此之事項，尚更僕難數」〔註97〕。國中黨員自貶於「客」的現象，使梁啓超憂心忡忡。在他看來，「客」與「奴隸」實名異而質同，它們同是表示黨員在政黨中沒有權利。爲此，梁啓超提出，黨員應該首先明晰自身在政黨中的主體地位，將自己視爲「主人」，「黨庶有所託命矣」。〔註98〕

第四，「黨員戒自由行動」。既然政黨是一個團體，團體有自己的人格，那麼黨員就必須服從政黨的團體意志，不能由著自己意志任意行動，即黨員務必要「戒自由行動」。對於黨員自由行動的危害，梁啓超認爲，儘管黨員不必一定是違背黨義做出不忠於黨的行動，但其仍然「常足以陷黨於危敗之地」〔註99〕。爲了說明這種關係，他將政黨與軍隊作比。黨員就是戰鬥員，黨略

〔註96〕 梁啓超：《共和黨之地位與其態度》，《飲冰室合集·文集之三十》，北京：中華書局，1989 年版，第 25 頁。

〔註97〕 梁啓超：《共和黨之地位與其態度》，《飲冰室合集·文集之三十》，北京：中華書局，1989 年版，第 25 頁。

〔註98〕 梁啓超：《共和黨之地位與其態度》，《飲冰室合集·文集之三十》，北京：中華書局，1989 年版，第 26 頁。

〔註99〕 梁啓超：《共和黨之地位與其態度》，《飲冰室合集·文集之三十》，北京：中華書局，1989 年版，第 26 頁。

如同軍隊的戰略，而議會就是軍隊的戰場。政黨要在議會中取勝，就要如同軍隊一樣，做出詳細的戰略安排，由黨員遵照執行。在統一黨略指導下，黨員各司其職，相互配合，「然後能爲不可勝以待敵之可勝」。既然積極的自由行動不允許，那麼黨員對黨略進行消極應對，也就是「自由不行動」，是否允許呢？例如在議會期間不列席，對議案放棄表決權，在院外奔走不盡力，等等。對此，梁啓超明確指出，自由行動與自由不行動同是對黨略的違背，都能危害政黨的整體利益，均應被禁止。這樣，政黨就可能面臨以下質疑：喪失自由行動的黨員豈非等同於「機械而喪失人格」？對此，梁啓超應答道，說黨員等於政黨的機械可也，因爲政黨的意志需要黨員來體現，但黨員並不因爲服從黨議而喪失人格，因爲「當決定黨議之時，黨員皆得列席，自發表其意見，而決於多數。既決議，然後服從之。決議後固不得自由，決議時固有完滿之自由也。吾服從吾自由意志所決議者，則於吾之自由未損毫末，而何有喪失人格之爲慮也？」〔註100〕

第五，「黨議勿爭小節」。黨員皆有自由討論黨議的權利，這是黨員在政黨中主體地位的要求和體現。黨議的決定往往事關一黨之命脈，黨員之間將不可避免進行激烈的辯論。總體上看，充分的辯論對於一黨決議的完善具有重要價值，應該得到保護。但是，沒有限度的辯論，以致爲了某些不關宏旨的「小節」而出現相持局面，就會反生弊端。不僅黨議不能成立，就是黨員之間也可能產生惡感。危害所極，還有導致政黨分裂的危險。爲此，梁啓超指出，「欲免此弊，則惟當注意大體，而小節則務求交讓，此黨員自治之要訣也」〔註101〕。既已結合成爲一黨，黨員之間必然具有莫大的共同主張，只要善加利用，必能形成一致黨議。就民初政治而言，梁啓超認爲，憲法問題、省治問題、財政計劃問題等是關乎國家的「大政」，至於政策問題、黨務問題和黨員的位置等，則是可以交讓的「小節」。黨內能夠「勿爭小節」、對「大政」形成一致黨議，黨外又能與他黨就「大政」展開黨爭，那麼國家發展就指日可待了。

〔註100〕梁啓超：《共和黨之地位與其態度》，《飲冰室合集・文集之三十》，北京：中華書局，1989年版，第27頁。

〔註101〕梁啓超：《共和黨之地位與其態度》，《飲冰室合集・文集之三十》，北京：中華書局，1989年版，第27頁。

第四節　國家結構觀：聯邦制與單一制

正如梁啓超所言，中國有著逾兩千年的大一統歷史，探討單一制與聯邦制問題似乎是多餘的。然而，「自一月來，各省相繼宣告獨立，識微之士，始思標此義以謀結合」〔註102〕。也就是說，正是民國建立前後的政局變革，引發國人對於新國家應該採用何種國家結構的探討，而聯邦制和單一制正是討論的核心。當時正在密切關注新中國建設問題的梁啓超，體察國內政情動向，「條舉」自己觀點，「以質諸國民」。

一、中國採聯邦制與單一制的各自利害

梁啓超指出，他贊成聯邦制只是向現代國家過渡的制度形態的觀點，實行聯邦制完全爲「一時不得已」的選擇。〔註103〕並徵諸德美兩國政治，指出它們正在趨向集中，處於聯邦制向單一制的過渡之中。然而，對於民國當採何種國家結構，梁啓超超越了簡單過渡論，提出應該首先對中國實行聯邦制和單一制的利害進行理性地分析。爲此，他總結當時國內分別主張聯邦制和單一制的觀點，列舉如下〔註104〕：

（甲）主聯邦論者所持之説

一　中國幅員廣漠，交通未便，斷非恃一中央政府所能善其治理。剖爲聯邦，治具易張。

二　各省利害關係不同，惟本省人最善知本省利病。利用人民兩重愛國心，發達可期周密。

三　各省競爭，互相淬厲，進步愈捷。

四　以現在情形論之，全國未得確定之中心點，將來各省應難相下，聯邦可以息爭。

五　舊朝若未遽顛覆淨盡，就令暫保一境，使加入聯邦，亦可弭兵。

〔註102〕梁啓超：《新中國建設問題》，《飲冰室合集・文集之二十七》，北京：中華書局，1989年版，第27頁。

〔註103〕梁啓超：《新中國建設問題》，《飲冰室合集・文集之二十七》，北京：中華書局，1989年版，第28頁。

〔註104〕梁啓超：《新中國建設問題》，《飲冰室合集・文集之二十七》，北京：中華書局，1989年版，第28～29頁。

六　蒙回藏疆，各爲聯邦，自由加入，可免分裂。

（乙）非聯邦論者所持之説

一　聯邦憲法，其政權之分賦於中央政府者，皆取列舉主義。中央活動之範圍甚狹，不能得強有力之政府，恐不適於今之時勢。

二　我國近年，已微以省界爲病。採聯邦制，將益助長人民之地方觀念，妨國家之統一。

三　政治問題，盡爲中央與各邦之兩部分，兩皆不能具足。政治家無論就何方面，皆不能盡其才，將釀成美國人厭倦政界之習。

四　無歷史的根柢，恐事實上之聯邦，不能成立。

五　現在各省，多有仰他省補助政費者，析爲聯邦，發達必至偏枯。

六　蒙回藏疆，更無各自成邦之理，標此以期結合，事實等於拋棄。

以上列舉，涉及地理、人心、政局、觀念、歷史、民族問題等多個方面，皆能言之成理。對此，梁啓超也認爲，「以上兩造之說其所根據之理由皆甚強」〔註105〕。實行聯邦制和單一制皆有利弊，其實也是政治制度的一般常態，因爲任何制度都不可能完美，重要的是要選擇那種實行起來弊端最少的。此時，梁啓超沒有對單一制和聯邦制明確表示認同何者，其模糊的態度反映了民初中國國家結構問題的複雜性和艱巨性。

二、中國不能施行完全聯邦制

梁啓超對聯邦制本身並不存在是好是壞的判定，他只是將聯邦製作爲向單一制的過渡形態。在條件適宜的國家，聯邦制是必然會發生的，也是合理的。一個國家是否應該施行聯邦制，在梁啓超看來，不是可不可的問題，重點在於能與不能上面。考察民初中國情勢，梁啓超得出一個基本判斷就是，施行完全聯邦制的基礎「不可得」，「恐陳義雖高，終屬理想」。〔註106〕之所以有這樣的判斷，梁啓超的理由有三：

〔註105〕梁啓超：《新中國建設問題》，《飲冰室合集・文集之二十七》，北京：中華書局，1989 年版，第 29 頁。
〔註106〕梁啓超：《新中國建設問題》，《飲冰室合集・文集之二十七》，北京：中華書局，1989 年版，第 30 頁。

一是中國不存在「自治」傳統及機關。梁啓超認爲，國家這樣一種有機體是不可能驟然創造的，其制度演變必然深植於自身的歷史。他考察世界上的聯邦制國家，發現它們都有較爲悠久的自治傳統和自治機關。而這種歷史傳統和機構可能恰恰對推行聯邦制產生了決定性作用。作爲君主聯邦國代表的德國，其各邦「自中世史以來，久已存在，建國最古者垂千年，新者亦二百餘年。新帝國之建，不過排奧戴普，一轉移間耳」；而民主聯邦國代表的美國，「自清教徒移植以來，各州本爲自治體。英王所給約券，即爲各州憲法淵源。蓋成爲具體而微之國家者，四百餘年於茲矣。脫英軛而易以共和政府，中央之統屬變，而地方之組織未嘗變也」。〔註 107〕反觀中國，儘管有過封建實踐，但「廢絕已二千年，無復痕跡。雖人民私權，政府向不干涉，緣放任之結果，留自治之美風，然歐美人所謂完全自治機關，求諸我國，實渺不可得」〔註 108〕。沒有自治傳統及機關的中國，推行聯邦制缺少了生長的根基。

二是中國缺少足夠通曉現代國家知識的「俊髦」。現代國家與傳統王朝有著根本區別，無論是制度設計、還是國民素質，都要求有根本的變革。而推動這種變革，首要的就是必須有足夠通曉現代國家知識的新國民，即梁啓超所謂的「俊髦」。這些「俊髦」如同西方的傳教士一般，將現代國家知識傳播給國民，使他們具備現代國民所應當具有的政治素質和道德。同時，這些「俊髦」通過親自創建現代政治機關、制度和政策，實現對現代國家設施的建構。可見，足夠數量的通曉現代國家知識的「俊髦」，對於建成現代國家至關重要。然而，「今日合全國俊髦，以謀構造唯一之新中國，猶懼不給，其更有餘力以先構造此二十餘邦乎？」〔註 109〕在梁啓超看來，構造二十餘聯邦較一個現代國家，需要的人才要多得多，而當時中國顯然不具備這樣的條件。

三是由聯邦制進於單一制「似易而實難」。主張聯邦論者所持之說認爲，中國幅員廣闊，交通未便，由一中央施行單一治理不如剖爲聯邦進行分別治理來得容易。對此，梁啓超指出，「夫構造唯一之新中國，不過由舊而之新耳，爲事雖難而尚易；構造二十餘邦，乃自無而之有，爲事似易而實難」〔註 110〕。

〔註 107〕梁啓超：《新中國建設問題》，《飲冰室合集‧文集之二十七》，北京：中華書局，1989 年版，第 29 頁。

〔註 108〕梁啓超：《新中國建設問題》，《飲冰室合集‧文集之二十七》，北京：中華書局，1989 年版，第 29 頁。

〔註 109〕梁啓超：《新中國建設問題》，《飲冰室合集‧文集之二十七》，北京：中華書局，1989 年版，第 29 頁。

〔註 110〕梁啓超：《新中國建設問題》，《飲冰室合集‧文集之二十七》，北京：中華書

中國自古形成統一國家，實行單一制有著天然的便利條件，只要對舊國家體制善加改造，一個具有現代形態的新國家是容易建成的。反之，如果生硬地將中國剖分爲多個聯邦，不僅沒有過建設聯邦的經驗，就是合聯邦以成一個國家的經驗也沒有，由聯邦制進於單一制的現代國家建設路徑反倒是「似易而實難」。甚且，中國當前是否必須構造二十餘邦然後再建成單一制新中國，本身就值得「熟審」。

三、中國採聯邦制所當審慎的諸端

儘管從梁啓超的本心來講，他是不贊成在中國建設完全聯邦制的。然而，面對民初聯邦論者的洶湧潮流，他還是有些許的無奈。抱著這份無奈，他一方面公開表明自己觀點，「聯邦國不過單一國之過渡，究極必求趨於單一，求之而未得，乃以聯邦爲一時權宜。聯邦云者，必前此僅有群小國，本無一大國，乃聯小以爲大也。若前此本有一大國，乃剖之爲群小，更謀聯之爲一大，微論不能，即能矣，而手段毋乃太迂曲。吾平素所以不敢持聯邦論者以此也」〔註111〕。另一方面，強調政治問題的發生總是由於「不得已」，既然今天各省已經獨立，許多人心理又趨向聯邦制，那麼施行聯邦制還是有可能變成一種事實。由此，梁啓超選擇退而求其次的策略，就新中國推行聯邦制應當審慎的諸端公之於國民面前，以求間接對國人做出指導。在梁啓超看來，如果民國推行聯邦制，國人應當審慎的大端有五：

第一，「聯邦首長之資格」。也就是聯邦首長通過何種途徑獲得權力的問題。梁啓超認爲，今世聯邦首長獲得權力的途徑有三，分別是世襲、地方人民公舉和中央首長任命。世襲者，與先秦時代的封建相似，然而其制度在中國無復痕跡，「絕非我所能效」。地方人民公舉者，從政治理論上看「最爲正當」，但在中國施行「恐多流弊」。中國人民久在專制之下，養成了依賴和自利的品行。驟然使人民投票選舉地方首長，或者因爲依賴而放棄投票，使選舉「失之太冷，徒受運動而盲從」；或者因爲自利而睚眥必較，使選舉「失之太熱，緣劇爭而釀亂」。總之，在沒有選舉和自治傳統的中國，盲目對地方長官進行選舉，不僅選舉質量難以保證，反可能生出更多禍端。即使已經推行了選舉，那麼在新建的民國，中央首長、國會兩院議員、各邦首長、邦議會

局，1989 年版，第 29 頁。

〔註111〕梁啓超：《新中國建設問題》，《飲冰室合集·文集之二十七》，北京：中華書局，1989 年版，第 30 頁。

議員及以下地方團體之公職皆要選舉，恐怕每年的選舉不下數次，「勞費不亦甚乎」！顯然，地方人民公舉的路徑也行不通。這樣，如果必須推行聯邦制，採取中央首長任命方式產生聯邦首長最爲合適。只是與英屬加拿大聯邦、澳洲聯邦不同，在已經推翻君主的民國，中國各聯邦「當由中央共和政府任命，使之對於各該邦之議會負責任」〔註112〕。

　　第二，「聯邦與中央之權限」。也就是聯邦與中央的權限如何確定的問題。梁啓超認爲，聯邦制國家中，各個聯邦本身具有「統治全權」，全國中央政府權力只是各邦權力讓渡的結合，而且通常由憲法明文規定。採用此制的典型國家有德美等。然而，在中國建設聯邦制，則不能完全仿傚典型聯邦制度的設計。一方面，美德的聯邦制度建立於其歷史、國民之上，中國不具有相似的條件；另一方面，當今世界處於「國競至劇之世，苟非得強有力之中央政府，國無道以圖存」，中國在強國富民的壓力下，更不能給予地方政府西方聯邦式的權力。那麼，中國應該如何劃分聯邦與中央的權限呢？梁啓超提出，「治今日之中國，實當以整齊嚴肅爲第一義」，不僅「軍政外交司法之必當集中無論矣，即如財政政策工商政策交通政策教育政策等，全國方針，」也應「定於一」。〔註113〕爲此，「苟不得已而用聯邦制，則憲法之規定，當與美相反。對於各邦權限，取列舉主舉，其不列舉者，盡保留於中央。」〔註114〕

　　第三，「聯邦之區域」。也就是聯邦管轄區域的劃分問題。中國歷史上沒有聯邦，有的只是行省，那麼聯邦管轄區域應該如何劃分，能否與行省範圍相重合呢？梁啓超有自己的判斷：中國的聯邦範圍「惟行省差爲近之」〔註115〕。也就是說，中國的聯邦應該在傳統行省區域的基礎上建立。對此，有兩點應該注意：一是聯邦與行省在區域上重合是一種兩害取其輕的被迫選擇。中國的省界思想濃厚，「足以爲統一之梗」，何況「現在行省之區分，其幅員大小，境界繫屬，實多不適」〔註116〕，由行省進爲聯邦結成一完整國家，必定困難重重。

〔註112〕梁啓超：《新中國建設問題》，《飲冰室合集・文集之二十七》，北京：中華書局，1989年版，第31頁。

〔註113〕梁啓超：《新中國建設問題》，《飲冰室合集・文集之二十七》，北京：中華書局，1989年版，第32頁。

〔註114〕梁啓超：《新中國建設問題》，《飲冰室合集・文集之二十七》，北京：中華書局，1989年版，第32頁。

〔註115〕梁啓超：《新中國建設問題》，《飲冰室合集・文集之二十七》，北京：中華書局，1989年版，第32頁。

〔註116〕梁啓超：《新中國建設問題》，《飲冰室合集・文集之二十七》，北京：中華書

把行省區域打破重新劃定疆界新造聯邦，在推動力量、劃定原則、危機控制等方面沒有任何現實基礎，「則爲道又益艱」。兩相比較，前者雖有困難和弊端，尚有施行基礎，後者則更大程度上只是一種空想。二是各行省必須加強內部權力統一。梁啓超認爲，聯邦體制國家下，各聯邦應該擁有對本區域的充分統治權。可是，民國前後，各獨立行省果能行穩固統治權於境內實值得懷疑。而且，「當革命之際，人民距心力恒發動甚劇，而向心力每爲所抑」，如果各行省不能有效加強內部權力統一，聯邦制將面臨巨大挑戰。

第四，「聯邦與舊朝」。也就是如何恰當處理清王朝與新建民國的關係問題。針對當時社會上有舊朝作爲一邦暫且加入新國家的說法，梁啓超指出其不過是一種「出於調和之苦心」的「幻想」的同時，反駁道：「中國聯邦，而使舊朝擁片土爲普魯士，謂我國民能承認之乎？使能承認者，則又不如行虛君共和制之爲得策矣。若以此爲應行聯邦制之理由，則吾疑其無理由也」〔註117〕。也就是說，如果國民的德性能夠接受舊朝作爲一邦加入新國家，那麼這種德性仍然能夠支撐國民同意虛君共和政體，而與虛君共和國家相比，舊朝以一邦加入新國家的聯邦國家顯然處於劣勢。在此，我們暫且不評價以上觀點是否正確，只是在事實上，其作爲一種理由已經成爲梁啓超否定舊朝以一聯邦身份加入新國家的根據。在梁啓超看來，即使新國家採取聯邦體制，清王朝也不能作爲一個聯邦加入新國家。

第五，「聯邦與藩疆」。也就是如何恰當解決蒙回藏地區與聯邦國家之間關係的問題。梁啓超曾指出，「聯邦制所最難處置者，則蒙回藏諸藩疆也」〔註118〕，如果它們能分別建成聯邦主動加入新國家，那是最好不過的了。然而，現實狀況卻不容樂觀。蒙回藏地區與中國「本部」之間，「平昔本已閡隔」，近年又受列強介入煽動，這些「藩疆」的「外向」心更加強烈。此時，期盼蒙回藏地區能夠自願加入聯邦國家就顯得幼稚了。現實要求國人運用智慧恰當安排諸藩疆與聯邦國家的關係，使分裂不會發生。梁啓超把此課題向國人提了出來，但卻沒有給出一個明確的解決對策。他只是向國人提出了聯邦與藩疆不容分裂的兩大原由：一是分裂後的諸藩疆和內地地區都將不

局，1989年版，第33頁。

〔註117〕梁啓超：《新中國建設問題》，《飲冰室合集・文集之二十七》，北京：中華書局，1989年版，第33頁。

〔註118〕梁啓超：《新中國建設問題》，《飲冰室合集・文集之二十七》，北京：中華書局，1989年版，第33頁。

能自保，遲早變爲列強的藩屬；二是內地人滿爲患，需要藩疆承接移民之人。

四、梁啟超對中國國家結構的總看法

從上文可知，在梁啟超看來，新中國的國家結構應該有自己的特點。一方面，不同於舊中國的單一體制。舊中國的國家權力自下而上逐漸集中，直至在中央一級全部集聚到皇帝一人，其單一制的最大特徵就是皇帝高度集權。在這種制度下，全國奉爲一人所有，不允許其它人對國家權力有任何分享。而在新中國，皇帝已經被推翻，全國努力建成民主、高效的共和國。新國家的國家結構萬無可能複製舊中國的單一制度。另一方面，不能移植西方國家的聯邦體制。西方國家聯邦制度形式多樣，在其國內實踐效果也很好。但正如梁啟超所分析的，它們都根植於本國的歷史、政治和國民傳統之中，中國不具備這樣的條件，而且嚴峻的世界形勢也不允許中國實行聯邦制。不僅不能移植西方聯邦制，就是他自己百般求全提出的聯邦制度設計，梁啟超也一再對其施行的可能性表達了憂慮。

那麼，新中國應該建設怎樣的國家結構呢？在《省制問題》一文中，梁啟超就當時政府對解決省制問題「所草之案」以及輿論界對此問題的觀點進行了分析，提出兩個重要觀點，而這兩個觀點正可以視爲梁啟超建設新中國國家結構的兩大原則。

原則之一，「不宜以官治自治兩機關對峙」。也就是在同一行政區域，只應設置一個管理機關。梁啟超考察世界各國，發現「凡地方行政區域與地方自治團體同在一地域範圍內者，皆以設一機關兼行兩種事務爲原則」〔註119〕。具體又分兩種類型：一種是以地方自治機關首長兼司地方行政，由市民選舉產生，以英美爲代表；另一種是以地方行政機關首長兼理自治事務，由中央任命產生，以歐洲大陸國家爲代表。〔註120〕在同一地域獨設一機關，可以避免許多弊端，因爲「兩機關同設於一地域中，權限最易生衝突，其敝也，必至互相對抗，而彼此皆一事不能辦。即欲強爲畫清而事實終不可致，何也？

〔註119〕梁啟超：《省制問題》，《飲冰室合集・文集之二十八》，北京：中華書局，1989年版，第32頁。

〔註120〕梁啟超注意到，「惟普國之州，則於一地域中，分設兩機關，各事其事，一由簡任，一由民選，此唯一之例外也」，而且普國體制產生於其特有的歷史沿革，非中國可以做仿。參見梁啟超：《省制問題》，《飲冰室合集・文集之二十八》，北京：中華書局，1989年版，第33頁。

凡辦一事，恆必與他事相附麗相牽涉，欲求絕對的獨立而不可得也」〔註121〕。因此，對於當時國內有關在地方政府同時設置行政機關和民選機關的動議，梁啓超堅持只設置一個機關，而且採取了行政機關兼理自治事務的歐陸派類型。至於自治事務可能廢弛的憂慮，則「有議會以議決之，有參事會以輔助匡救之」〔註122〕，憂慮完全可以打消。

原則之二，「高級地方行政官吏不宜由民選尤不宜限於本籍人」。也就是高級地方行政官吏應由上級政府任命，且不應局限於本籍人。對於不採民選的原因，梁啓超認為，一方面是為國家組織計，一方面則是為地方吏治計。為國家組織計，是指民選可能破壞國家統一。為地方吏治計，則指民選與以下兩種情形正為反對：其一，「凡官吏必須由考試授職，積資推升，始可以舉澄清吏治之實」〔註123〕。近代以來，官吏面臨的行政事務日趨複雜，只有具有「特殊之智識特殊之技術」的專職官吏才能勝任，而專職官吏的智識和技術必須通過統一考試遴選才能確定。其二，以「今日中國情形，凡地方官吏，不宜專用本籍人，不寧惟是，且以能多用他籍人為善」〔註124〕。中國有著濃厚的宗族傳統，「一人宦達，待而舉火者數百，受者若素，而施者以為美談」。因此，明清以來中國即行官吏「迴避省籍之制」，雖非有多少積極作用，但未嘗沒有消極作用。甚且，治理現代國家要求具有專門智識技能的官吏「非能各地方皆有」，只有不限於本籍，才可能選到真正適合的官吏。此外，高級地方行政官吏不宜由民選，還與行政「貴有系統」有莫大關係。行政機關只有上下相維，長官只有能夠賞罰僚屬，才能達到「指臂相使」的效果。

遵循以上兩個原則，梁啓超提出了自己的國家結構觀，那就是：「惟最低級之自治行政，其公吏可由選舉」〔註125〕，推行選舉的區域為市鄉鎮；其它地方行政則宜用任命，如道省的行政長官，皆要由上級政府任命。這種國家

〔註121〕梁啓超：《省制問題》，《飲冰室合集・文集之二十八》，北京：中華書局，1989年版，第33頁。

〔註122〕梁啓超：《省制問題》，《飲冰室合集・文集之二十八》，北京：中華書局，1989年版，第33頁。

〔註123〕梁啓超：《省制問題》，《飲冰室合集・文集之二十八》，北京：中華書局，1989年版，第34頁。

〔註124〕梁啓超：《省制問題》，《飲冰室合集・文集之二十八》，北京：中華書局，1989年版，第36頁。

〔註125〕梁啓超：《省制問題》，《飲冰室合集・文集之二十八》，北京：中華書局，1989年版，第36頁。

結構設計，與梁啓超主張民初應該建設一個強有力政府恰爲相應。在充分實現基層人民自治權利的前提下，有效地完成了政府集權，爲建設強有力政府提供了制度保障。這一國家結構設計，實現了一個現代國家所必須有的集權和分權。「今世完全之國家，無不務行極鞏固之集權制者，同時亦無不務行極縷析之分權制者。……以言夫集，則集之於唯一之中央政府；以言夫分，則分之於無量數之城鎮鄉。兩極端同時駢行，不相妨也，適相濟也。」〔註126〕總之，梁啓超的國家結構設計，與完全單一制、聯邦制都不同，一定意義上可以看作是吸收了聯邦精神的單一制。一方面，其可以充分發揮政府的主導作用，在政府領導下快速推進中國的強國富民計劃，維護國家獨立安全；另一方面，又能充分實現國民的自治要求，使國民在基層自治中養成更加完備的自治習慣和自治能力，爲建設更高程度的現代民主國家準備條件。可見，梁啓超的國家結構觀，就是要利用自上而下和自下而上兩個推動力促進中國的現代國家建設進程。

考慮到民初中國的人才物力狀況，梁啓超對國家結構建設進一步提出，當前「惟有通力合作，酌盈劑虛，建設一健全之中央政府，俟此政府鞏固之後，藉其力以發達各地方，庶幾有濟」〔註127〕。可見，梁啓超對中國國家結構建設，主張採取分步進行的策略，首先集中力量建成一個健全的中央政府，然後「藉其力」向下逐級推進。這樣，現代國家建設就變得「活現」起來，因爲建設不僅是靜態的制度設計，更應是有著具體推進程序的動態過程。不管梁啓超的國家結構觀是否可行，但他依據當時中國國情設計新制度的努力，還是值得今天學習的。

〔註126〕梁啓超：《中國立國大方針》，《飲冰室合集・文集之二十八》，北京：中華書局，1989 年版，第 59 頁。
〔註127〕梁啓超：《中國立國大方針》，《飲冰室合集・文集之二十八》，北京：中華書局，1989 年版，第 53～54 頁。

第三章　梁啓超對現代國家政治主體建設的探索

　　建設現代國家是一項系統工程。中外國家的現代轉型歷程顯示，一國現代化的程度和過程，不僅需要政治建設，而且需要國民建設。發展到當下，人類社會已經建成多種類型的現代國家，比如君主立憲國家、民主共和國家、委員會制國家等，而國民在國家中的政治主體資格和地位得到了共同確認和保護。國民是國家的唯一主人，已經成爲現代國家的普遍共識和最鮮明特徵。在現代國家，具有現代屬性的國民和制度已經渾然成爲一體，不可分割。因此，建設現代國家，國民現代化與政治設施現代化有必要保持一定速度協調發展，任何脫節情況都可能給國家現代轉型帶來損害。近代以來，拉丁美洲、非洲和東南亞等地的國家在現代轉型中產生國家動蕩、政治混亂等現象，就與上面的脫節問題密切相關。在國民尙未現代化的情況下，任何過激的政治體制變革都會異常艱難。中國的現代轉型是一項系統性事業，國家政治設施現代化與國民現代化需要協調進行。

　　民國建立，作爲袁世凱、革命派和立憲派等勢力合力推動的成果，國內形勢變化之快不僅令革命黨人驚訝，而且使梁啓超等改良派也產生難以跟上的不適。〔註1〕對於國家政治制度快速變革，儘管梁啓超在「政體誠能立憲，

〔註 1〕武昌起義後，梁啓超調整先前擬訂的政變部署，制定了「用北軍倒政府，立開國會，挾以撫革黨」的新行動方針。然當清政府頒佈罪己詔和任命袁世凱爲內閣總理大臣組織新內閣，梁啓超又將計劃調整爲「和袁，慰革，逼滿，服漢」，隨後根據政治形勢發展又相繼提出「虛君共和」方案、聯袁擁袁方案等。總之，民國前後，梁啓超政治方案的產生顯得過於急促，與異常快速的

則無論國體爲君主爲共和，無一而不可」〔註2〕原則下採取認同態度，但作爲國家主體的國民能否適應政治變革實現相應現代轉型，梁啓超卻不無隱憂。實行共和政治，尤其是成熟兩黨政治，需要健全國民來判斷和決定政黨勝敗。爲此，倡導「國權主義」和「保育政策」之下，梁啓超呼籲政府、報館等參與到國民啓蒙和教育事業中來，共同推動國民現代化。而且，隨著民國政治各種弊端的湧現，以及參與民國政治的挫折和失望之下，梁啓超重新反思民國現代化歷程，強調國民現代化才是國家現代化的基礎，「近年政治之不良，何容爲諱，然其造因多端，尸咎者實在人而不在法。苟非各界各派之人，咸有覺悟，洗心革面，則雖歲更其國體，而於政治之改良何與者」〔註3〕。他堅信具有現代政治素養的國民才是建成完全現代國家的最堅實基礎。

第一節　政治主體建設的起點：民國前後的國民狀況

　　辛亥革命後，建設共和之聲彌漫全國。梁啓超爲了能夠參與和更好地推動新國家建設，一面向公眾宣佈自己對於新國家政治設施建設主張，一面繼續呼籲要重視新國民建設。面對當時國內一些人宣揚聯邦制的呼聲，梁啓超提醒國人，公選作爲現代國家政治運行的基本形式，在我國驟然施行「使人民全體投票以舉首長，則或失之太冷，徒受運動而盲從；或失之太熱，緣劇爭而釀亂。謂公舉必能得國民所眞好惡，實空想耳」〔註4〕。他以國民素養不能適應公開選舉對施行聯邦制進行了否定。梁啓超認爲，一國政像是其國民思想品格的「反影」，無論在專制政體還是立憲政體皆然，甚至在立憲政體之下尤爲明顯。在專制政體之下，國民的言論行動受諸多限制和束縛，思想品格不能得到盡情展露；而立憲政體下的國民則不僅享有充分自由，且擁有參

　　政治變革之間存在不適。參見李喜所，元青：《梁啓超傳》，北京：人民出版社，2010 年版，第 226～249 頁；胡繩武：《清末民初歷史與社會》，上海：上海人民出版社，2002 年版，第 396～426 頁；董方奎：《梁啓超與護國戰爭》，武漢：華中師範大學出版社，2012 年版，第 7～20 頁；寶成關：《論梁啓超民國初年的政治思想》，《史學集刊》，1983 年第 4 期。

〔註 2〕梁啓超：《盾鼻集》，《飲冰室合集·專集之三十三》，北京：中華書局，1989年版，第 88 頁。

〔註 3〕梁啓超：《反對復辟電》，《飲冰室合集·文集之三十五》，北京：中華書局，1989 年版，第 16 頁。

〔註 4〕梁啓超：《新中國建設問題》，《飲冰室合集·文集之二十七》，北京：中華書局，1989 年版，第 31 頁。

與國家政治的權利，其思想品格狀況將會更加直接地反映在國家政治之上，為天下人共見。〔註5〕因此，梁啓超明確指出：「共和之根柢，實在國民，苟國民程度不適於共和，則政府與政黨，亦何所麗以建設者？」〔註6〕在梁啓超看來，國民與國家息息相關，國民狀況決定國家政治設施的選擇。那麼，在梁啓超眼裏，民國前後我國的國民處於一種怎樣的狀況？這一問題不僅關係梁啓超對於民國政治建設的看法，而且還將直接影響梁啓超建設民國政治的主張。為此，下面就對梁啓超眼中的民國前後國民狀況進行簡要闡述。

一、觀念層面

（一）個人傾向顯著

　　根據國家政像是國民思想品格反映的規律，梁啓超認為，民初國民思想具有明顯個人〔註7〕傾向，即杜威所謂的「為我主義」（Egoism）〔註8〕。在個人傾向下，國人的一切行動皆從增進個人私利出發。梁啓超所說的「未嘗見有國家機關之行動，未嘗見有團體之行動，所見者惟個人行動耳」〔註9〕，就是國人觀念上個人傾向的表現。我們知道，私利與公利有著根本區別，無數私人利益之和不成為公利。由於每個私人都是特殊個體，人與人之間的私利往往各不相同。當眾多個人私利簡單彙聚在一起之時，由於各個私利內容不同，不僅不

〔註5〕梁啓超：《一年來之政象與國民程度之映像》，《飲冰室合集・文集之三十》，北京：中華書局，1989 年版，第 16 頁。

〔註6〕梁啓超：《中國立國大方針》，《飲冰室合集・文集之二十八》，北京：中華書局，1989 年版，第 74 頁。

〔註7〕此處的「個人」具有消極意味，其主要指涉一種以自我為中心的存在，與「私」相對應，為中國傳統思想中特定個體之涵義的延伸。而現代西方意義的「個人」（individual）作為現代性的核心概念，是權利的主體和社會組織的基本單位，含有「公」的意味。因此，二者大為不同。參見金觀濤，劉青峰：《觀念史研究：中國現代重要政治術語的形成》，北京：法律出版社，2009 年版，第 151〜152 頁。

〔註8〕胡適指出，杜威將社會中存在的「個人主義」，劃分為真的和假的兩大類。真的個人主義，就是個性主義（Individuality），具有兩個特性：一是獨立思想，二是對自己思想信仰的結果負完全責任。假的個人主義，就是為我主義（Egoism），其屬性為自私自利，為了自己利益而不惜損害他人利益。杜威本人贊成的是真的個人主義，對於假的個人主義持極力反對意見。參見胡適：《容忍比自由更重要》，北京：九州出版社，2013 年版，第 62 頁。

〔註9〕梁啓超：《一年來之政象與國民程度之映像》，《飲冰室合集・文集之三十》，北京：中華書局，1989 年版，第 16 頁。

能形成一個大家都能滿意的公利，而且還可能由於私利相互矛盾產生衝突。這就類似於盧梭所謂的「眾意」與「公意」，「眾意」終究不能轉化爲「公意」。梁啓超還觀察到，在個人傾向下，近代國人常常會爲了個人私利而損害他人利益和國家公利，或者將國家機關、社會團體和他人變成謀取自我私利的工具。這樣，個人私利發生了扭曲，已經淪爲公利的對立面。沒有公利的社會，凝聚力必然十分低下，「終不免一盤散沙之誚者」〔註10〕，這也就是梁啓超多年呼籲國人要養成合群之德、公德的根本原因。作爲個人傾向的反動，合群之德和公德能夠合理調度個人私利，促進公利誕生，奠定國家建設的基礎。總之，個人傾向下的國民終將不能建成一個眞正意義的現代國家。

觀念上的個人傾向在政治上的一大表現，就是不能產生現代意義的政黨和國家設施。現代政黨和國家設施的基礎是具有獨立、自由屬性的國民。現代政黨作爲人們自由結合的團體，其懸一綱領於眾人，國民根據自己的意願自由選擇政黨加入或不加入，不受任何他力干涉。同樣，現代國家設施作爲全體國民自由意志的體現，其誕生、運轉都不能違背國民意願。然而，尊重和不違背國民自由意志，並不意味著要對每個國民的意志都要滿足。現代政黨和國家設施的目標是保障和增進全體國民的自由和福利，關涉的是國家公共利益。當個人利益與國家整體利益違背時，現代政黨和國家設施恰恰應該不遵循、不執行個人意志。對於某些國民爲了擴大個人私利而侵害國家、政黨和他人利益的行爲，現代政黨和國家設施還應進行必要限制和打擊。因此，以個人私利爲鵠的個人思想，與現代政黨和國家設施在根本精神上存在對立，個人傾向下的國民終究不能建成現代政黨和國家設施。民國初年，國人言論結社自由一經解放，政黨如雨後春筍般大量湧現，一度達到數百個之多。對於當時各政黨爲了壯大勢力而激烈爭奪拉攏的情形，梁啓超曾描述道：「各黨日以拉人入黨爲事，而被拉者拿腔作勢，要求種種條件，此如驕貴之客，以臨存一故舊而示德色也。議員到京，各黨爭爲供張以招待，此周旋生客之禮也。招待稍不周，輒事挑剔，此亦貴客之恒態也。對於黨中，惟思享權利而不思盡義務。凡賓客之臨存人家，本惟有權利可享而別無義務可盡也。其它類此之事項，尚更僕難數」〔註11〕。總之，民初政黨政治的喧囂繁華背後，

〔註10〕 梁啓超：《十種德性相反相成義》，《飲冰室合集・文集之五》，北京：中華書局，1989 年版，第 44 頁。

〔註11〕 梁啓超：《共和黨之地位與其態度》，《飲冰室合集・文集之三十》，北京：中

其實「不是西方憲政體制下的議會政黨政治，而是中國傳統政治文化傳遞下的宗派政治」〔註12〕，即梁啓超所謂的「朋黨」政治。與民初政黨政治相似，民初國家設施建設存在同樣的問題，「故一年以來，只見有個人，不見有團體，不見有國家也」〔註13〕。

觀念上的個人傾向體現在國人行為上，就是「服從強權」。個人思想下，人人只知有個人，不知有團體，人與人的交往常常表現為「弱肉強食」的野蠻狀態。梁啓超曾對這種野蠻狀態描述道：「蓋野蠻之人，紛然殽亂，知有私而不知有公，知有欲而不知有理，人人對抗，不相統屬，人人孤立，不相結合，爭奪相殺，無有已時，惟有雄武強有力者起，挾莫大之權力以鞭撻之，然後屏息斂手，慄慄受命於其指揮之下，而其群始漸能團合」〔註14〕。在野蠻狀態下，人與人對抗，爭奪相殺，惟有對強權才屈膝折服。如同西方社會契約理論下的人類最初狀態，野蠻狀態在現實中不一定真實存在，但數千年君主專制統治下的中國，人人自私自利，服從強權的現象確實隨處可見。梁啓超批評道，君主專制下的中國，國人要不對強權百依百順，要不就以強權盛氣臨人，總是不能逃脫服從強權和施行強權的怪圈。然而，強權必定只是少數人的「遊戲」，絕大多數人只能成為強權的施諸對象。因此，梁啓超多次講國人具有「服從強權」的惡習，還是恰當的。民國初年，剛剛脫離君主專制的國人，身上還帶有濃厚的傳統惡習，「服從強權」就是其中之一。

（二）部落思想盛行

部落思想，即人們在相對固定的地域和人群範圍內行動而逐漸生發形成的一種地域意識、民族意識和群體意識。在梁啓超看來，我國古代時期，「幅員寥廓，交通不便」，人們不自覺中形成了部落思想，儘管專制君主通過強力和「種種制度」實現了形式上的國家一統，但「國家統一之觀念」並未能「深入人心」。〔註15〕只要這種外部強力喪失或變弱，國家立即就會陷入分裂，重

　　華書局，1989 年版，第 25 頁。

〔註12〕柳颯：《論民初議會的宗派鬥爭》，《求索》，2008 年第 3 期。

〔註13〕梁啓超：《一年來之政象與國民程度之映像》，《飲冰室合集·文集之三十》，北京：中華書局，1989 年版，第 17 頁。

〔註14〕梁啓超：《服從釋義》，《飲冰室合集·文集之十四》，北京：中華書局，1989 年版，第 12 頁。

〔註15〕梁啓超：《一年來之政象與國民程度之映像》，《飲冰室合集·文集之三十》，北京：中華書局，1989 年版，第 17 頁。

新回覆到部落時代。民國建立，恰恰提供了回覆部落時代的一個契機。當辛亥革命將專制君主及其制度體系一併衝破盡毀之後，傳統的一統局面破裂了，「人自為政，地自為域」現象開始大量出現，「二千年大一統之國，幾復反於土司政治」。

與「人自為政，地自為域」現象相伴隨的是，部落思想開始盛行。對此，除了受到傳統家族意識等的影響，梁啓超認為，還與「人情對於全國之利害關係，不如一地方之利害關係為密切」，「欲在全國爭權利，又不如在一地方爭權利之較容易」有密切聯繫。〔註 16〕在部落思想主導下，不僅蒙古族、藏族排斥中央統治謀求獨立，就是各省府縣鄉也「皆以排外為唯一之能事」，各自為界，「樹畛域而爭雞蟲」。梁啓超對於這種現象深為憂慮，認為如果任其發展至極，將「惟見亞細亞大陸東部有二十餘部落，各部落中又有其小部落，為數至千數百而未已」，整個中華民國國將不國了。

基於梁啓超對民國初年部落思想形成過程的分析，部落思想得以盛行的原因主要有三：經濟上，農業生產方式佔據主導地位，交通事業落後。儘管 19 世紀後期中國出現了現代工業和運輸部門的較快增長，但其總量還很小，對農業經濟的整體格局沒有根本觸動。廣大農村地區仍然聚集著國內 75%左右的人口，他們出產占全國產出量 65%的農產品，同時操持手工業、小買賣和老式運輸等，「中國經濟甚至到了 20 世紀中葉仍停留在『現代前』時期」。〔註 17〕觀念上，家族意識、鄉土意識等傳統觀念殘餘。「吾國人者，亢宗之念，懷土之情，以校他族，強有加焉」〔註 18〕，數千年傳統社會中，國人深受宗法觀念、儒家思想和鄉土意識等影響，形成了特定人格和行為習慣。人格和習慣的變革是一個相對漫長的過程，其常常落後於政治變革。然而，人格和習慣對人的影響又是深刻和長期的，民初國人必會受到傳統觀念的影響而反映在行為之上。政治上，中央政府控制力有限。武昌起義發生後，革命形勢發展異常迅速，不久各省紛紛宣佈獨立，全國呈現「豆剖瓜分」的分裂局面。儘管在革命黨人、袁世凱為代表的北洋勢力和各省督撫官僚等的推動下，一

〔註 16〕 梁啓超：《一年來之政象與國民程度之映像》，《飲冰室合集·文集之三十》，北京：中華書局，1989 年版，第 17 頁。

〔註 17〕 【美】費正清編：《劍橋中華民國史（1912～1949）》（上），北京：中國社會科學出版社，1994 年版，第 36 頁。

〔註 18〕 梁啓超：《痛定罪言》，《飲冰室合集·文集之三十三》，北京：中華書局，1989 年版，第 5 頁。

個全國意義的中華民國很快誕生，但其產生過程的妥協色彩導致中央政府對各地的控制力明顯不足。大多數省份在革命後完全以自治的姿態出現，無意放棄取得的特權，如指揮省軍隊、稅收和挑選官吏等。與此同時，省級以下地方議會的自信心和影響力也大大增強。在地方主義者看來，自治和統一完全可以熔合在聯邦制的結構之中。早期的民國，變成了「實際上的各省聯盟」。〔註 19〕更有甚者，外蒙古和西藏開始有了完全脫離中國政府的傾向。當地的非漢族名流利用內地革命時機擺脫北京控制，外國列強也抓住這個機會擴大自己勢力範圍。最終，兩地「在 1911 年末、1912 年初取得了成功。……民國初年的歷屆政府所能挽救的，只是對前清帝國的這些邊陲地區保持微弱的宗主權」〔註 20〕。中央政府對地方控制力有限，大大縱容了地方勢力的氣焰，成為部落思想蔓延的「溫床」。

（三）公共觀念薄弱

公共觀念薄弱是梁啓超對民國前後國人觀念狀況的重要判斷之一。兼有攝取中西學說，且對中外國民狀況有切身體會和觀察的梁啓超，在民國初年發表的《歐洲政治革進之原因》一文中，明確講到：「吾國齊民，公共觀念至薄弱，曾不知團體之利害即己身之利害」〔註 21〕。在他看來，國人所以落後西方的一個重要原因就是國人缺乏公共觀念。那麼，公共觀念是怎麼一種觀念呢？有學者指出，公共觀念就是對公共利益的認知，在近代中國的思想發展理路中，公共觀念是作為公德的核心要素被提出來的。〔註 22〕這一觀點從公共觀念的形成視角進行的界定，一定程度上揭示了公共觀念的本質，即公共利益在觀念層面的反映。反觀梁啓超上文對國人公共觀念薄弱狀況的闡述，其落腳點也恰恰在公共利益層面——「曾不知團體之利害即己身之利害」。梁啓超對公共觀念的認知是現代意義上的。

在近代中國話語體系中，公共觀念與公德之間有密切關聯，不僅為我們

〔註 19〕【美】費正清編：《劍橋中華民國史（1912～1949）》（上），北京：中國社會科學出版社，1994 年版，第 237 頁。

〔註 20〕【美】費正清編：《劍橋中華民國史（1912～1949）》（上），北京：中國社會科學出版社，1994 年版，第 235 頁。

〔註 21〕梁啓超：《歐洲政治革進之原因》，《飲冰室合集·文集之三十》，北京：中華書局，1989 年版，第 44 頁。

〔註 22〕曲蓉：《論公德——歷史框架與現代價值》，《江西師範大學學報（哲學社會科學版）》，2011 年第 1 期。

認識當時國人公共觀念狀況提供了視角，同時也是我們理解梁啓超「吾國齊民，公共觀念至薄弱」論斷的可行路徑。通過梁啓超對公德的相關論述，我們可以發現，其所講的公共觀念主要包括國家觀念、權利義務觀念兩大類。

國家觀念。在梁啓超看來，國家觀念是國民得以區別於部民的關鍵。近代國人之所以不能稱爲現代意義的國民，一個重要原因就是缺少國家觀念。梁啓超認爲，可以從四個方面來認識國家觀念〔註23〕：其一，國家觀念是對個人觀念的超越。要形成國家意識，就要把個人言行建立在維護國家利益的基礎之上。國家作爲人類群體生活的高級形式，和平時期人們在國家中合作生產，共享發展，危難之際又可以借助國家凝聚力，共同抵禦侵略。因此，國人需要養成「蓋非利群，則不能利己」的意識，自覺將個人利益與國家利益統一起來，主動維護國家利益。只有突破傳統部民的個人觀念，樹立維護國家利益的意識，才能形成國家觀念。其二，國家觀念與政府觀念根本不同。在傳統中國人的意識裏，政府與國家是一體的，二者沒有區別。梁啓超提醒國人，國家與政府不同，應該正確認識國家與政府的關係。作爲國家的統治機構，政府需要經過正式、合法的程序才能產生。政府與國家的關係更像是「公司之事務所」與「公司」、「村市之會館」與「村市」的關係，「兩者性質不同，而其大小輕重，自不可以相越」。其三，國別意識。國家作爲當今世界範圍內的基本政治單位，世界競爭主要體現爲國與國的競爭。傳統中國的「天下」觀念，一方面塑造了國人觀察世界的整體視角，另一方面卻導致國人在認識世界時模糊國別差異，不能充分認識世界之競爭。中國要生存和發展，國人就必須樹立國別意識，認識到世界競爭的實質是國與國的競爭，自覺將個人利益與國家利益統一起來，以國家力量參與世界競爭。其四，世界意識。要認識國家，就必須超越國家，從世界範圍來觀察國家。只有在國與國的比較中，才能充分認識本國發展的好壞，才能認識本國在世界上的地位，也才能對本國形成完整的認識。在世界範圍內，儘管國家間競爭給一些國家帶來危機和挑戰，但同時國家間的合作和協調也爲一些國家帶來發展機遇和動力。人類文明的發展，很大程度上就是國家間的這種互動的結果。因此，形成國家觀念，需要樹立世界意識。

權利義務觀念。在現代國家，權利和義務是聯繫國民與國家的紐帶。借

〔註23〕梁啓超：《新民說》，《飲冰室合集・專集之四》，北京：中華書局，1989年版，第16～18頁。

助權利〔註24〕，國民從國家那裏依法獲得保護，避免個人利益受到非法侵害；借助義務〔註25〕，國家從國民那裏獲得有序運轉和持續發展的動力，實現國家利益的維護和增進。在國民——國家的關係框架下，權利義務具有公共價值，國民享權利和盡義務都是對公共利益的維護。對於權利義務，梁啓超認為，「義務與權利對待者也，人人生而有應得之權利，即人人生而有應盡之義務，二者其量適相均」〔註26〕。國民的權利與義務相互依存，人人生而有權利，同時負有對等之義務。在此，梁啓超將權利義務上陞到了天賦高度，對權利義務的肯定可謂至極。然而，「吾民自數千年來祖宗之遺傳，即以受人魚肉為天經地義，而權利二字之識想，斷絕於吾人腦質中者固已久矣」〔註27〕，數千年的君主專制統治，使國人只知服從而不知權利義務。

（四）過於關注「當下」

在梁啓超看來，民國前後國人普遍對將來之事不夠關心，惟知當下之事，「幾無一人能為明日計者也」。對於這種過於關注「當下」的現象，梁啓超描述道：政府名字之前加了「臨時」二字，稱為「中華民國臨時政府」；內外大小官吏自認做官時間不會長久，「盡懷五日京兆之心，不求有功，但求無過」，做事敷衍塞責，塗飾政績，苟以自保而已；普通百姓則戰戰兢兢，以為大亂即將來臨，對未來喪失信心，完全不能把握自己命運，只希望當下能夠飽暖富足。〔註28〕整個國家沉浸在消極氛圍之中，從政府到社會、從上層官員到普通百姓，人人只求當下的幸福快樂，至於民族振興、國家進步、社會發展

〔註24〕 「權利」（right）在西方文化中有兩層含義，一層是法律含義，指合法的權利和利益；第二層是價值含義，其將具體權益上陞為自主性，並認為其「正確」或「正當」，帶有強烈的「理應」、「正當」的價值判斷。在權利之下，只要行為不損害他人利益（不違反法律和公共規則），人就有權做這件事。參見金觀濤，劉青峰：《觀念史研究：中國現代重要政治術語的形成》，北京：法律出版社，2009 年版，第 104 頁。

〔註25〕 「義務」（obligation），一般指政治上、法律上和道義上應盡的責任。參見金觀濤，劉青峰：《觀念史研究：中國現代重要政治術語的形成》，北京：法律出版社，2009 年版，第 531 頁。

〔註26〕 梁啓超：《新民說》，《飲冰室合集・專集之四》，北京：中華書局，1989 年版，第 104 頁。

〔註27〕 梁啓超：《新民說》，《飲冰室合集・專集之四》，北京：中華書局，1989 年版，第 35～36 頁。

〔註28〕 梁啓超：《一年來之政象與國民程度之映像》，《飲冰室合集・文集之三十》，北京：中華書局，1989 年版，第 17～18 頁。

等事關國利民福的長期事業，統統不再關注和用心。於是，「國中淫樂之事日盛，而愁慘之象亦日深」〔註29〕。國家處在非正常運轉之中，社會沒有生氣，衰頹之氣彌漫。

過於關注「當下」，對國家發展、國民進步造成巨大損害。「希望」能夠激發人們產生強大力量，推動事業取得成功，已經得到中外思想家的一致肯定。然而，過於關注「當下」，將導致「希望」逐漸喪失，人們缺少了成就宏大事業的心理基礎。在梁啓超看來，國家由民積成，缺少「希望」的國民組成的國家，也必定缺少希望。民初國人過於關注「當下」，已經嚴重影響到國家發展，不僅國家各項進步事業遭受損失，發展阻滯，而且糜爛享受之風盛行下，社會財富快速消耗，人民生活更加困苦。由此，過於關注「當下」之下，國家極可能墮入如下怪圈：一方面，人們對未來不抱希望，在貪圖當下快樂中使社會事業遭受破壞；另一方面，社會事業的退敗導致人們對未來愈加喪失信心，他們會更加瘋狂地抓住現在，急速消耗現有的社會財富，社會事業發展更加乏力。與國家發展受損相伴隨，人道也呈現衰退之勢。

（五）存在諸多錯誤共和觀念

清末民初，「共和」（republicanism）一詞進入中國。〔註30〕作為一個外來概念，在啓蒙思潮和革命洪流的雙重推動下，「共和」在中國獲得空前的傳播。尤其是民國建立前後，共和更是喧囂一時，談論共和、研究共和、建設共和成為當時的時尚。那麼，「共和」的原始涵義是什麼？中世紀時期，西方人講共和國（res publica），意思是公共事情（物），直到17世紀之前通常指涉國家（state）。此後，西方人常用共和（republicanism）來表示有別於世襲君主制的政治理念。這時，共和強調一種區別於君主家庭私事的公共事務，其內涵中除了自治、政治自由、平等、公民等含義外，還包括愛國主義

〔註29〕梁啓超：《一年來之政象與國民程度之映像》，《飲冰室合集・文集之三十》，北京：中華書局，1989年版，第18頁。

〔註30〕據學者研究，中國人用「共和」譯 republicanism 是受日本的影響。早在1879年，黃遵憲的《日本雜事詩》中就出現了具有現代意義的「共和」一詞。當時，他介紹日本明治維新時期的政黨，使用的是「共和黨」一詞。1887年，他在《日本國志》中除了使用「共和黨」，還單獨使用了「共和」：「為守舊之說者曰：以國家二千餘載一姓相承之統緒，苟創為共和，不知將置主上於何地？」此處的「共和」指日本當時主張開國會者的政見，即 republicanism。參見金觀濤、劉青峰：《觀念史研究：中國現代重要政治術語的形成》，北京：法律出版社，2009年版，第267～268頁。

和德行。〔註31〕在西方，共和與民主不同，它們代表了兩種不同的思想脈絡，對應著不同的政治理念。對此，有學者總結了二者的差別：共和較民主更重視公民參與政治事務時的道德，也更強調公領域與私領域的區分。〔註32〕

　　梁啓超對「共和」的倡導較早，其認識較爲接近「共和」的原意。在戊戌政變發生後不久，梁啓超就撰文告訴大家自己的政治理想是「追共和之郅治，臻大同之盛軌」〔註33〕。1902 年，梁啓超在《新民說》中對精英政治的強調和主張公私二分，可以認爲共和主義思想的代表。同年，他在介紹孟德斯鳩學說時，對共和政治闡釋道：「若夫共和政治，則人人皆治人者，人人皆治於人者。蓋各以己意投票選舉，以議行一國之政，故曰，人人皆治人；既選定之司法官，則謹遵其令，而莫或違，故曰，人人皆治於人。」〔註34〕他還特別指出，共和政體的元氣尚德，「而其所謂德者，非如道學家之所恒言，非如宗教家之所勸化，亦曰愛國家尚平等之公德而已」。〔註35〕明確對共和之德與中國的固有道德做了區別，將共和之德劃歸爲公德。此後，他更進一步指明，共和之德在國人身上並不具備，其與中國傳統道德正爲相反，「共和國民應有之資格，我同胞雖一不具，且歷史上遺傳性習，適與彼成反比例」〔註36〕。

　　共和概念進入中國後，受到中西文化的隔閡、中國文化在普通大眾中的強勢地位等影響，在國人中形成了多種錯誤觀念。梁啓超對此甚爲憂慮，在他看來，如果任由這些錯誤觀念蔓延，「勢惟有陷全國於無政府，而更何幸福之能致者」！〔註37〕那麼，當時的錯誤共和觀念有哪些，處於一種怎樣的狀態呢？梁啓超對此描述如下：「其大多數鄉曲之民，視之若一姓鼎革，群雄力

〔註31〕Jeffrey C. Isaac. Republicanism Vs. Liberalism? A Reconsideration. History of Political Thought 9, 1988 (2): 349～377.

〔註32〕Cass R. Sunstein. Beyond the Republican Revival. Yale Law Journal, 1988 (97): 1539～1590.

〔註33〕梁啓超：《戊戌政變記·附錄二「湖南廣東情形」》，《飲冰室合集·專集之一》，北京：中華書局，1989 年版，第 141 頁。

〔註34〕梁啓超：《法理學大家孟德斯鳩之學說》，《飲冰室合集·文集之十三》，北京：中華書局，1989 年版，第 22 頁。

〔註35〕梁啓超：《法理學大家孟德斯鳩之學說》，《飲冰室合集·文集之十三》，北京：中華書局，1989 年版，第 22～23 頁。

〔註36〕梁啓超：《政治學大家伯倫知理之學說》，《飲冰室合集·文集之十三》，北京：中華書局，1989 年版，第 85 頁。

〔註37〕梁啓超：《中國立國大方針》，《飲冰室合集·文集之二十八》，北京：中華書局，1989 年版，第 74 頁。

徵，一切於己無與；其稍耳食一二者，則謂共和既建，無復官吏可以臨我，無復法紀可以範我；即進而觀首事戮力諸賢，亦率謂行共和之政，得絕對的自由平等，而後此幸福遂無涯涘矣」〔註38〕。可見，在民國初年，從普通百姓到通學士人、乃至締造共和的諸位先賢，都普遍對共和存在錯誤認識，而錯誤觀念主要包括：其一，將共和等同於傳統王朝政治，共和成為霸者謀取一己私利的工具；其二，共和就是不受法紀約束，可以任意行事；其三，共和就是絕對自由平等，建立共和就能享有無窮富貴。這些錯誤觀念與共和的本義相差甚遠，倒是與中國傳統文化中的王朝、自由、平等等概念十分接近。這說明，民國初年國人的思想世界中，中國傳統文化仍然佔據統治地位，人們的思想變化沒有與國家政治變革保持同步。

二、能力層面

（一）缺乏自治能力

在梁啓超看來，自治是現代人格的基本內容，具備自治能力是現代人區別於傳統人的一個重要標誌。自治常常被在以下兩個方面使用：一是個人自治，即個人的自主和自制，要求個人能夠自覺地理性規劃和管理人生，在社會生活中實現個體的獨立和自由；二是群體自治，即群體的自決和自主，體現為群體利益的充分實現，而不受任何外力的干涉。在現代社會，個人自治和群體自治相輔相成。只有基於個人自治的群體自治，每個人的意志和力量才能自覺置於群體公意之下，建成盧梭所謂的理想現代社會：「它能以全部共同的力量來衛護和保障每個結合者的人身和財富，並且由於這一結合而使每一個與全體相聯合的個人又只不過是在服從自己本人，並且仍然像以往一樣地自由」〔註39〕。接受了西方自治思想的梁啓超相信，國民自治能力的差異是國家強弱的原因之一。然而，民初國人「究竟猶有統治自國之能力否耶，……固末由禁我使勿懷疑」〔註40〕。

在漫長的君主專制統治下，國人的自主意識已經消磨殆盡，缺乏自治能

〔註38〕 梁啓超：《中國立國大方針》，《飲冰室合集·文集之二十八》，北京：中華書局，1989年版，第74頁。

〔註39〕 【法】盧梭著，何兆武譯：《社會契約論》，北京：商務印書館，1980年版，第24頁。

〔註40〕 梁啓超：《痛定罪言》，《飲冰室合集·文集之三十三》，北京：中華書局，1989年版，第3頁。

力成爲一種常態。具體來說，主要體現爲兩個方面：一是缺乏自律，二是習慣依賴。

　　國人缺乏自律。在《說幼稚》篇中，梁啓超明確指出，「國民之多數不能自律於規則」是國民程度幼稚的「表徵」。〔註41〕不能自律的國民，不能享有自治國民才能參與的民主政治的諸多實效。在梁啓超看來，自治就是「保我自由而亦不侵人自由」，在待人處事之時，「不待勸勉，不待逼迫，而能自置於規矩繩墨之間」。〔註42〕也就是說，自治的國民必然具有自律能力，能夠將個人自由建立在不侵犯他人自由的界限之上。我們知道，眞正的自由不是脫離人類共同體自在存在，而是要在群體內共同規則之下自覺享有「不侵人之自由」的自由。借用福澤諭吉的說法，就是「基於天理，順乎人情，不妨害他人而發揮自己的自由。自由與恣情放蕩的界限也就在於妨害他人與否。譬如花自己的錢，即使耽於酒色，放蕩無忌，似乎是個人的自由，其實絕對不然。由於一個人的放蕩能成爲眾人的榜樣，終至於紊亂世間風俗，有傷教化，因此他所花的雖然是自己的錢，而其罪是不可寬恕的」〔註43〕。自由不是隨心所欲，需要充分遵守自由界限和法律規範。只有人人不躍出個人自由的範圍，不干涉他人實現自由的權利，才可能眞正實現自治。反觀國人的行爲，惟求能夠將個人自由不斷擴充，只要不被其它強力限制，個人行爲就沒有界限。自由等同了恣意放縱，自律被視爲懦弱和無知。

　　國人習慣依賴。長期的君主專制統治，不允許國人參與國家政治，分裂的社會階層不能形成統一的公共意識，依賴性成爲民初國人行爲的普遍特徵，正如「童稚以倚賴爲其根性」〔註44〕。根據梁啓超的相關記述，國人的這種依賴性突出表現在：一是旁觀惡習，二是奴性行爲。梁啓超對國人的旁觀惡習十分憎惡，曾講：「天下最可厭可憎可鄙之人，莫過於旁觀者」〔註45〕。

〔註41〕梁啓超：《說幼稚》，《飲冰室合集‧文集之三十》，北京：中華書局，1989年版，第47頁。
〔註42〕梁啓超：《新民說》，《飲冰室合集‧專集之四》，北京：中華書局，1989年版，第52頁。
〔註43〕【日】福澤諭吉著，群力譯：《勸學篇》，北京：商務印書館，1984年版，第4頁。
〔註44〕梁啓超：《說幼稚》，《飲冰室合集‧文集之三十》，北京：中華書局，1989年版，第50頁。
〔註45〕梁啓超：《呵旁觀者文》，《飲冰室合集‧文集之五》，北京：中華書局，1989年版，第69頁。

在他看來，旁觀是放棄爲人責任的無血性行爲，旁觀者將自己置於客體地位，缺失國家「主人」意識，其結果是「若是乎一國雖大，竟無一主人也。無主人之國，則奴僕從而弄之，盜賊從而奪之，固宜」〔註46〕。梁啓超觀察發現，國人中主要存在六種形式的旁觀者，即「渾沌派」、「爲我派」、「嗚呼派」、「笑罵派」、「暴棄派」和「待時派」，其共同特點就是不能獨立承擔國民責任，將一切推給他人。〔註47〕尤其是「笑罵派」，完全立於旁觀的位置，沒有治世之策卻還對別人嘲諷抨擊，除去笑罵不會別的，盡展現其事後英雄的本色。梁啓超對這派人士描述道：「其常立於人之背後，而以冷言熱語批評人者也。彼輩不惟自爲旁觀者，又欲逼人使不得不爲旁觀者，既罵守舊，亦罵維新，既罵小人，亦罵君子，對老輩則罵其暮氣已深，對青年則罵其躁進喜事，事之成也，則曰豎子成名，事之敗也，則曰吾早料及」〔註48〕。較旁觀惡性，奴性行爲更加將國人的依賴性展現無遺。具有奴性的人，安順服從、相互推諉成爲其行爲的寫照。奴性作爲近代國人的一個「標籤」，從田間市井小民到京城朝廷重臣的身上無不可以看到。梁啓超也曾對國人的奴性行爲有鮮明刻畫：「依賴之外無思想，服從之外無性質，諂媚之外無笑語，奔走之外無事業，伺候之外無精神。呼之不敢不來，麾之不敢不去，命之生不敢不生，命之死亦無敢不死。得主人之一盼，博主人之一笑，則如獲異寶……及攖主人之怒，則俯首屈膝，氣下股慄，雖極其凌蹴踐踏，不敢有分毫牴忤之色」〔註49〕奴性的國人對於朝廷和皇帝百般諂媚服從，不能明白朝廷與國家的區別，混淆忠君與愛國的界限。對此，梁啓超十分擔憂：在國家間競爭日益劇烈的時代，國人不能分清朝廷與國家的區別，極有可能導致「此種自屈辱以倚賴他人之劣根性，今日施諸甲，明日即可以施諸乙，今日施諸室內，明日即可以施諸路人，施諸仇敵」〔註50〕，個人的奴性反成爲國家喪失獨立自由的根源。

〔註46〕梁啓超：《呵旁觀者文》，《飲冰室合集·文集之五》，北京：中華書局，1989年版，第70頁。

〔註47〕梁啓超：《呵旁觀者文》，《飲冰室合集·文集之五》，北京：中華書局，1989年版，第70～74頁。

〔註48〕梁啓超：《呵旁觀者文》，《飲冰室合集·文集之五》，北京：中華書局，1989年版，第72頁。

〔註49〕梁啓超：《中國積弱溯源論》，《飲冰室合集·文集之五》，北京：中華書局，1989年版，第20頁。

〔註50〕梁啓超：《新民說》，《飲冰室合集·專集之四》，北京：中華書局，1989年版，第76頁。

　　總之，國人缺乏自治能力，使梁啓超深爲憂慮。在他看來，國人能夠具備自治能力，事關中國建設現代新國家的成敗。「吾民將來能享民權自由平等之福與否，能行立憲議會分治之制與否，一視其自治力之大小強弱定不定以爲差」〔註51〕，提升國人的自治能力，任重而道遠。

（二）缺乏運用合議機關的能力

　　在梁啓超看來，能夠熟練運用合議機關是現代國家對國民的基本要求。合議機關作爲現代國家政治設施的必要「配置」，近代以來陸續在世界各國建立。儘管各國合議機關的稱呼不同，但學者們通常會認同英國議會的現代合議機關之母地位。英國議會不僅開了世界現代合議機關之先河，而且其基本制度爲世界多數國家移植和倣仿，對現代合議制度在世界的擴展產生了重要影響。在英國，議會在法律上擁有至上地位，憲法賦予議會「卓越的和絕對的權力」。《權利法案》明確規定：未經議會的同意和准許，國王無權廢除法律或實施新的法律，不得以特權爲藉口徵收賦稅供王室使用，不得建立宗教事務機構，更不得在國內徵集軍隊；議員的選舉是自由的，在議會中擁有演說、辯論和議事的自由，在議會外任何地方不得受到彈劾或訊問；等等。以後英國又頒佈許多法案進一步強化了議會的地位和權力。對於英國議會的權力，有學者指出：「議會在法律上是不受任何自然限制的」，「既然在立法上沒有憲法的限制，則任何問題下院在適合的場合都可以加以討論」。〔註52〕除了立法權，英國議會在其它方面還有諸多權力：議會下院是行政權力的最高來源，首相和內閣都產生於下院；議會下院控制著國家的財政命脈，所有財政法案都只能由議會提出；議會可以決定涉及英國地位和主權的事務，等等。〔註53〕總之，英國議會在國內擁

〔註51〕梁啓超：《新民說》，《飲冰室合集‧專集之四》，北京：中華書局，1989年版，第54頁。

〔註52〕【英】詹寧斯著，蓬勃譯：《英國議會》，北京：商務印書館，1959年版，第2，11頁。

〔註53〕正如學者們所觀察到的，19世紀晚期以來，英國議會的權力日益消弱，而行政機關的權力不斷擴大，具體表現有：議會的大部分開會時間和議事內容爲內閣支配；具體法律細則的制定常委託給內閣完成，導致議會的一部分立法權落入內閣手中；議會的財政權受到部分侵蝕；議會對行政的監督權一定程度上被削弱。總之，現代英國議會已經喪失了19世紀70年代之前的至尊地位。然而，我們不能就此認定英國議會制度已經陷入嚴重危機，出現了所謂「內閣專橫」局面。在政治常態上，議會仍然是英國政治體系中不可或缺的組成部分，議會選舉結果仍然是內閣去留的決定力量。19世紀晚期以來英國議會政治的變化，只是表明議會權力相對削弱。參見程漢大：《文化傳統與政

有至高地位。然而，這並不意味著議會可以爲所欲爲，不受約束。由於英國沒有一部成文憲法對議會權力進行確認，其龐大的權力一定意義上僅是習慣的表示，需要國民對它的默認。因此，在實際運行中，英國議會在行使權力時會切實尊重多數選民意志，自覺接受輿論監督，不制定會遭到公眾普遍反對的法律。〔註54〕

受英國議會政治的影響，議會制度已經被世界各國普遍採用。儘管發達國家的議會制度之間在具體規範上存在差異，但基本制度仍具有某些共性，主要體現在：第一，從議會的產生和組成來看，各國議會均是經過法定程序民選出來的國家機關。在當代西方國家，議會由選民選舉的議員組成，具有民意機關和民權機關的性質，議員們代表選民議政和決策。議會作爲社會各個階層、集團代表人物的集聚場所，使其成爲不同社會勢力的發聲和協商之地。爲此，各國對於議會的產生程序進行了嚴格法律規定，特別是對於選舉的組織、投票程序、選舉人資格和當選條件等，均有詳細規範。第二，從議會的性質和地位來看，各國議會均爲法定的立法機關和國家重大事項的決定機關。西方國家的政權組織結構通常按照三權分立原則建立，議會、內閣（或總統）、法院分別掌握國家的立法權、行政權和司法權，三者相互制約和監督。議會享有立法權，但具體權限的大小在各國有所不同。例如英國、日本的議會，有權制定和修改任何事項的法律。而法國議會的立法事項則受到憲法的嚴格規定，規定以外的事項，議會不得行使立法權。聯邦制國家的議會立法權則更是複雜，一般通過三種形式予以規定：一是在憲法上列舉聯邦的立法事項，如美國；二是在憲法上同時列舉聯邦和州的立法事項，如加拿大、澳大利亞；三是同時列舉聯邦和州的各自立法權限及共同立法事項，如德國。除了立法權，發達國家議會還享有某些重大事項的決定權，如財政權、監督權、人事權等。議會的財政權一般指議會審議、批准政府的財政預算和財政決算的權力。在兩院制國家，絕大多數的下院享有審議財政議案的優先權。議會的監督權通常指議會行使財政權之外的對政府和法院的監督權力，主要包括質詢權、倒閣權、調查權和彈劾權等。人事權則指議會在特定公職人員任免上的提名權和批准權。此外，議會享有的權力還有對外宣戰權、批准締

治變革——英國議會制度》，瀋陽：遼寧大學出版社，1996年版，第185～186頁。

〔註54〕劉建飛等：《英國議會》，北京：華夏出版社，2002年版，第18頁。

結國際合約權等。第三，從議會的組織體制上看，各國議會均實行制約和監督原則。主要體現在：一是實行兩院制，議會兩院在職能活動中相互監督和制約。在兩院的權力配置上，通常有些權力是共同行使的，只有兩院同時對審議的議案做出一致決議時，才成為國會決議。否則，或由兩院各派出人數相等的議員組成兩院協商委員會協商解決，直到達成一致；或規定一院擁有優先權，在滿足特定條件時，以一院決議為準。除共同行使的權力，許多國家還規定了兩院各自的一些特殊權力。二是議會的內設機構之間形成制約。除了議員大會，各國議會內部還通常設置有各專門委員會。在法案和議案進入大會程序之前須交各專門委員會審議，由此專門委員會對議員大會形成牽制。此外，各專門委員會之間也存在制約和監督的關係，如日本國會中的各專題委員會審議的議案只有被負責程序審議的運營委員會認可後才能提交大會，然而運營委員會自身卻不享有提出有實體內容議案的權力。三是議會的運行程序貫徹制約和監督原則。如美國國會的各專門委員會在審議絕大多數法案和議案前，都要舉行聽證會，公開聽取政府官員、院外集團、專家學者和有關公民的意見。第四，從議會活動的動力看，政黨對議會組織的運行有重要影響。〔註55〕可見，議會制度有著一套系統的制度設計，要維持其良好運行，需要相當數量熟練掌握現代議會運行技能的議員，需要能夠有效協商、合作的國民。

　　反觀民國前後的國人，在政治運行上熟悉的僅是清代留下的專制模式。在清代，經過順治、康熙、雍正、乾隆等朝，逐漸建成了一套以皇帝為核心的專制集權制度。大體來說，其中央決策的形成主要通過以下幾個渠道：一是呈遞題奏本章。中央各部院和地方督撫、將軍、提鎮等官在處理涉及錢糧、兵丁、刑名、馬匹、地方民務等公務，以及奏聞請旨等事時，要通過題奏本章形式向皇帝報告。大體來說，公事用題本，私事用奏本。二是密摺陳奏。通過密摺，皇帝可以瞭解諸多題奏中無法得知的內容，有助於及時、有效地做出決斷。三是御門聽政。御門聽政作為朝會的一種形式，是皇帝接見臣工、處理政事的一種制度設計，其大致分前後兩段進行。前段主要為皇帝接受各部院的本章，聽取陳奏。此時，皇帝也可能就官員的奏請發表意見，或與引見的官員交流，但主要還是聽政。後段是奏請官員退出乾清門後，皇帝與大學士、學士共同討論題奏之事。四是陛辭請訓。清朝規定，凡外任的省級官

〔註55〕劉春：《發達國家議會制度》，北京：時事出版社，2001年版，第20～31頁。

員，如總督、巡撫、布政使、按察使，以及武職的將軍、都統、提督、總兵等，每當陞轉遷調或任職到達一定期限，均要奏請陛見，向皇帝述職請訓。五是派出欽差大臣。即皇帝選派「在內諸臣」就民生疾苦、詔旨執行等事到各地訪查察究。所派廷臣除得隨時奏請交辦事務進展和提出處理意見外，行前和回朝交差時，都要面見皇帝接受垂詢。六是外出巡視。皇帝親自出去查看民情政情。〔註56〕總之，儘管清代設立有諸多部院寺監等機構，但其運行過程總體呈現一致特徵，那就是都是並列的獨立機構，都單獨對皇帝負責，接受皇帝命令並按所領職權為皇帝辦事。〔註57〕可見，中國傳統政治制度與西方近代議會制度在運行程序上根本不同，中國重集權和獨裁，西方重制約、監督和合議。

　　清末民初時期，儘管中國政治制度發生巨大變革，但傳統政治制度下國人養成的政治認知和習慣仍然影響著他們的行為。因此，當慈禧和袁世凱採取專制手腕強勢理政的時候，清末和民初的政府尚能有一個政治重心，國家還能維持一統格局。兩人去世後，年輕的攝政王（載灃）和段祺瑞由於不具有統一全國的權威，政治失去權力重心，國家進入了風雨飄搖的時代。在梁啓超看來，政治上有著特別勢力存在的民國，將決無容國會政制發達之餘地。不僅統治勢力反對國會政制，就是普通大眾又將「視國會何若」？梁啓超不禁感歎：「國會之有無，在今日政象曾不足為輕重，使吾國民有運用合議機關之能力耶，雖以今之參政院立法院，固饒有迴翔之餘地」。〔註58〕

（三）缺乏實行政黨政治的能力

　　政黨作為議會制度運行的軸心，是現代國家政治的普遍現象。政黨產生以來，其一切活動就是圍繞議會獲得國家政權和維持政治權力。議會成為各個政黨發揮政治職能的首要場所，政黨之間的競爭成為西方國家議會活動的主要推動力。政黨作為議會運作的軸心，主要體現在：第一，議會的立法活動受政黨關係左右。通常，議會中政黨之間的力量對比關係，決定著議會立法活動的形態。當一黨佔據議會的多數席位時，議會的立法活動往往就操縱

〔註56〕郭松義等：《中國政治制度通史・第十卷　清代》，北京：人民出版社，1996年版，第58～74頁。

〔註57〕郭松義等：《中國政治制度通史・第十卷　清代》，北京：人民出版社，1996年版，第140頁。

〔註58〕梁啓超：《政治之基礎與言論家之指針》，《飲冰室合集・文集之三十三》，北京：中華書局，1989年版，第38頁。

在該黨手中，符合本黨政策主張的法案將會優先通過。當多數黨與少數黨的議席數量差距較大，多數黨就擁有議會決策的決定權。而當多數黨與少數黨的議席數量很接近，多數黨就需要與少數党進行協商、合作。多數黨為了使自己的議案得以通過，往往就會對其它政黨做出一定妥協和讓步。第二，政黨是議會中各個機構運作的組織者。議會的運作建立在議會內設機構職能活動的基礎上。議會中最重要的組織——議會黨團，本身兼具議會機構和政黨機構的性質。議會黨團既是各個政黨的本黨議員的指揮部，又是議會職能活動的組織者。除了議會黨團外，議會內的各專門委員會通常也是按照議會內政黨力量比例組成的。由此，政黨之間的紛爭和交易很多情況下是在專門委員會中完成的。在議會內佔據多數席位的政黨通常在專門委員會中也佔據優勢。第三，議會組閣活動受多數黨控制。實行內閣制的國家，內閣通常由佔據議會多數席位的政黨組織。議會組閣，實際上就是多數黨組閣。只有多數黨在議會中只占微弱多數且不能達到法定席位比例時，才同其它政黨組成政黨聯盟，進行聯合執政。〔註59〕政黨與議會的這種密切關係，使組織政黨和實行政黨政治成為現代國民政治能力的基本內容。儘管不必所有國民都能組織政黨和參與議會黨爭，但能夠參與政黨政治確是現代政治對國民的普遍要求。

然而，數千年的中國只有朋黨沒有政黨，民初國人只熟知朋黨的運作，對政黨政治則知之甚少。由此，「疇昔吾國賢士大夫，語及黨之一字，則蹙額掩耳如不欲聽；今雖改序易觀矣，然硜硜自守之老宿，猶抱此思想弗變」〔註60〕。在梁啓超看來，民初國人心中的黨常常指的是朋黨，由於歷史上王朝多以黨爭而取滅亡，國人對黨產生憎惡就不足為奇了。在缺少政黨觀念之下，民初的政治實踐產生了諸多問題，主要體現在：吸收黨員沒有限制，各政黨惟求吸納更多人加入本黨，至於那人有沒信仰、是否信奉和踐行本黨黨義，則全然不問；政黨不曾宣傳造勢開展公開競選活動；政黨內缺少分科研究政務之機關；政黨成為實現自由政治的阻礙，國民的自由意志由於政黨的操縱完全被扭曲了；各政黨惟以蹙滅他黨為能事；政黨的地方色彩過濃；政黨成為人與人對抗爭奪的工具；黨人對政黨有責償之心，索求無度；黨員缺少服從多數之習慣，等等。

〔註59〕劉春：《發達國家議會制度》，北京：時事出版社，2001年版，第31～33頁。

〔註60〕梁啓超：《敬告政黨及政黨員》，《飲冰室合集・文集之三十一》，北京：中華書局，1989年版，第2頁。

〔註 61〕總之，民初國人的政黨活動已經偏離了政黨政治的本義，「今我國所謂政黨，其果爲政黨耶抑實爲朋黨耶，吾不能無疑」〔註 62〕。究其根源，國人缺乏實行政黨政治的能力。

國人缺乏實行政黨政治的能力，也與不能爲「團體分子之資格」〔註 63〕有莫大關係。對於這種團體分子之資格，梁啓超認爲當時絕大多數的國人都不具備，甚至自己及周圍的朋輩也不具備。由這樣的國人組織現代政治團體，顯然不能進行，故「吾國現在之政治社會，決無容政治團體活動之餘地」〔註 64〕。即使強行建立了政治團體，恐怕只會收到兩個結果：一是政治團體的信用逐漸喪失，國人對政治團體的發展前途沮喪而不抱信心；二是大量有爲青年的青春年華被消耗，造成社會人才、智識的浪費，甚至還可能對一些人的品格器量產生惡影響。〔註 65〕因此，在梁啓超看來，組織健全政治團體之前，有必要首先對國人進行國民素質的培養，使多數國人養成團體分子的資格，能夠進行政治團體之活動。

總之，在梁啓超看來，民初國人缺乏「自治力」、「訓練政黨」和「爲秩序之政爭」的能力，而這些能力正是英美等西方國家政治得以有效運行的基礎。梁啓超警告道，如果盲目傚仿英美政治，中國很可能墜入軍閥混戰的深淵。中南美洲國家的政治實踐已經證明了這一點。中南美洲的政治制度與美國相似，實行效果卻相差甚遠。在美國，總統在事實上掌握有行政官員的任命權力，因此每次選舉都會產生激烈的政爭。然美國爲清教徒所建，國民的自治能力較強，儘管政爭激烈，仍能夠不失秩序。與美國相似政治制度的中南美洲諸國，則每次選舉都與暴力相隨，爭執不已，就「惟力是視。卒成爲軍人政治，前後相屠，國家永沈九淵，累劫不能自拔」〔註 66〕。產生這種差

〔註 61〕梁啓超：《敬告政黨及政黨員》，《飲冰室合集・文集之三十一》，北京：中華書局，1989 年版，第 9～13 頁。

〔註 62〕梁啓超：《敬告政黨及政黨員》，《飲冰室合集・文集之三十一》，北京：中華書局，1989 年版，第 8 頁。

〔註 63〕梁啓超：《吾今後所以報國者》，《飲冰室合集・文集之三十三》，北京：中華書局，1989 年版，第 52 頁。

〔註 64〕梁啓超：《吾今後所以報國者》，《飲冰室合集・文集之三十三》，北京：中華書局，1989 年版，第 52 頁。

〔註 65〕梁啓超：《吾今後所以報國者》，《飲冰室合集・文集之三十三》，北京：中華書局，1989 年版，第 52 頁。

〔註 66〕梁啓超：《新中國建設問題》，《飲冰室合集・文集之二十七》，北京：中華書局，1989 年版，第 39 頁。

別的原因，就是中南美洲諸國的國民「乏自治之素養，缺政黨之訓練」﹝註67﹞。中南美洲與中國的國民程度相近，但其一國「大率僅比我一郡」，國民數量也相差懸殊，如果中國傚仿美國進行公選，政爭的激烈程度較中南美諸國必定要超出數倍。在軍政力量還不能統一的民國初年，激烈政爭必定會引發持續的軍閥混戰，「此禍水行滔沒吾神州也」！

　　民國初期，我國國民還具有濃重的臣民意識，能力和行爲都與現代國民差距很大。從短期來看，這種國民狀況不利於民初共和政治的建設；從長遠來看，國民狀況不能很快轉變，國民素養與國家制度的脫節問題產生的種種弊端將大大阻滯我國的現代國家建設進程，嚴重者還可能導致國內分裂和內亂。因此，培育現代國民就成爲亟待推進的一項工作。

第二節　政治主體培育

一、培育內容

（一）興味

　　興味，也就是興趣，梁啓超又多稱作「趣味」。﹝註68﹞作爲人的一種主

﹝註67﹞　梁啓超：《新中國建設問題》，《飲冰室合集・文集之二十七》，北京：中華書局，1989 年版，第 39 頁。

﹝註68﹞　學界對梁啓超的趣味主義研究較多，本文在此處用「興味」，是因爲在 1911～1915 年這段時期內，梁啓超多使用「興味」一詞，對「趣味」則幾乎未曾提及。在梁啓超那裏，興味與趣味的內涵是基本一致的。對於興味與趣味的關係，方紅梅曾做過分析，她認爲，「梁啓超對『趣味』、『興味』兩範疇的運用微有不同：『趣味』往往被提升成『趣味主義』，用以倡導包涵『責任心』與『興味心』、『敬業』與『樂業』、『無所爲』與不倦『爲』等諸多張力平衡的人生樣態，『興味』則往往被作爲與『責任』並列的一個小範疇而使用。『興味』雖只是達成『趣味』人生的一個義項，卻代表著『趣味』的主體內涵和根本特色，所以梁啓超也經常把『趣味』和『興味』呼喚著使用」。其實，梁啓超對於「趣味」（或「趣味心」）、「興味」（或「興味心」）與「責任心」三者的使用，並沒有清晰的同屬或並列關係：有時將責任心與興味並列，如「凡欲我就一事業者，必須責任心與興味心兩者具備」（《初歸國演說辭》）；有時又將責任心與趣味並列，如「我生平最受用的有兩句話，一是『責任心』，二是『趣味』」（《敬業與樂業》）。對於它們，梁啓超主張採取調和的態度。參見方紅梅：《梁啓超趣味論研究》，武漢：武漢大學博士學位論文，2008 年，第81 頁注釋；梁啓超：《初歸國演說辭》，《飲冰室合集・文集之二十九》，北京：中華書局，1989 年版，第 7 頁；梁啓超：《敬業與樂業》，《飲冰室合集・文集

體性需求，興味常常表現爲主體對某種事物或現象的渴望、支持、喜歡等積極態度。德國著名哲學家哈貝馬斯認爲，興趣作爲「既不等於我們所說的本能，又不能完全脫離生活過程的客觀聯繫」，是一種「與人類再生產的可能性以及與人類自身形成的既定條件——勞動和相互作用——相聯繫的基本導向」。〔註69〕由於興味對行爲的嚮導作用，梁啓超將其視爲人類活動的原動力，認爲人們之所以做出某種行爲，「全在各人自己心理作用——對於自己所活動的對境感覺趣味」。〔註70〕當興味主導人的行爲後，無論在生活中收穫成功和喜悅，還是遭遇挫折和失敗，都將能夠保持積極心態樂觀應對，珍愛生命，熱愛生活。正如梁啓超對親身體驗的總結：「鄙人自問生平無他異人處，惟對於一切事，皆覺興味濃摯，求學有然，治事亦有然。凡有可以勞吾心勞吾力者，則當其服勞之時與既勞之後，皆覺有無限之愉快，至於其勤勞所得之報酬如何，則不暇問也。以故亦永無失望沮喪之時」〔註71〕。反之，倘若人們失掉興味，「老實說，便是生活得不耐煩，那人雖然勉強留在世間，也不過行尸走肉。倘若全個社會如此，那社會便是癆病的社會，早已被醫生宣告死刑」〔註72〕。因此，梁啓超勸誡國人一定要養成興味心，「所欲爲諸公進一解者，則興味心而已」〔註73〕。

　　梁啓超關於興味的言論主要是結合「做事」、「生活」、「職業」等詞彙展開的，其實踐意義不僅關涉個人處世和進步，而且已經與國家前途和福利相伴隨。趣味作爲一種由內及外的自覺、自動趨力，突破了作爲生命力的內在勃發狀態，具有驅動力和表現性，在向外的形式化過程中完成內外環境的溝通。正由於此，梁啓超談論興味，其立意點並不在使生命退入主觀的內在隱秘之域，而是由內及外、由心及事，把興味視爲人們積極做事的原初動力。興味是內心之好、之

之三十九》，北京：中華書局，1989年版，第28頁。

〔註69〕【德】尤爾根・哈貝馬斯著，郭官義，李黎譯：《認識與興趣》，上海：學林出版社，1999年版，譯者前言。

〔註70〕梁啓超：《教育家的自家田地》，《飲冰室合集・文集之三十九》，北京：中華書局，1989年版，第10頁。

〔註71〕梁啓超：《初歸國演說辭》，《飲冰室合集・文集之二十九》，北京：中華書局，1989年版，第7頁。

〔註72〕梁啓超：《趣味教育與教育趣味》，《飲冰室合集・文集之三十八》，北京：中華書局，1989年版，第13頁。

〔註73〕梁啓超：《初歸國演說辭》，《飲冰室合集・文集之二十九》，北京：中華書局，1989年版，第7頁。

愛，依照興味做事，內心自然獲得愉悅，做事的動力也更足。梁啓超指出，「好之愛之」的興味能從根本上消除對做事的厭倦心理。在《教育家的自家田地》演講中，他指出，不厭倦是做人的第一要件。然而，厭倦作爲一種心理現象，往往不是自己能夠主導的。根本的救治方法，就是要從自己的勞作中看到快樂。〔註74〕在國內彌漫頹喪、消極之氣的民國初年，梁啓超希望以興味說振奮國人精神，由個人精神最終彙聚爲建設國家的強大動力：「吾輩，無論欲爲何事，必先有興味，然後有精神，必自有精神，然後能引起他人之精神，精神貫注，何事不成，若仁人志士，嗒然厭世，則乾坤或幾乎息矣，吾國今日，實處於極艱窘之地位，吾儕愛國之士，亦隨之而處於極艱窘之地位，故吾願以興味之說進，願諸君以今日歡迎鄙人興味歡迎中國前途，則國家之福也」〔註75〕。

興味作爲一種心理作用，本沒有好壞之說，然而其指向的「對境」卻有著性質差異，因此不同對境的興味就形成了不同性質的興味。在梁啓超看來，「趣味的性質，不見得都是好的」〔註76〕。對於「好」的標準，梁啓超認爲，不必拿嚴酷的道德論作標準，「既已主張趣味，便要求趣味的貫徹」，不能自始至終貫徹的趣味，就不是好的趣味。譬如好嫖好賭，何嘗不是一種趣味，但其不能長久地作爲人們的趣味而存在，「以有趣始以沒趣終」，「趣味主義的精神，算完全崩落了」，故其不能稱作是好的趣味。由此，梁啓超特別對「下等趣味」做了區別。這種趣味，常是要「瞞人的，或是拿別人的苦痛換自己的快樂，或是快樂和煩惱相間相續」，發展的結果終究是給人們帶來「敗興」、「沒興」。在梁啓超看來，「下等趣味」根本不成爲趣味。〔註77〕眞正的趣味主義，是要造成一種能夠終身受用的趣味。每個人都能奉行趣味主義，全社會將會「整個永久是有趣的」。

社會的各個領域都需要興味，梁啓超對此也是贊成的，但面對民初亟待團結全國心力建設現代新中國的時代任務，他發現國人的政治興味卻「索然意盡」，「其無識者，謂可酣臥以待太平；其有識者，則惟咨嗟於來日之難，

〔註74〕梁啓超：《教育家的自家田地》，《飲冰室合集・文集之三十九》，北京：中華書局，1989 年版，第 10 頁。

〔註75〕梁啓超：《初歸國演說辭》，《飲冰室合集・文集之二十九》，北京：中華書局，1989 年版，第 7～8 頁。

〔註76〕梁啓超：《趣味教育與教育趣味》，《飲冰室合集・文集之三十八》，北京：中華書局，1989 年版，第 13 頁。

〔註77〕梁啓超：《趣味教育與教育趣味》，《飲冰室合集・文集之三十八》，北京：中華書局，1989 年版，第 13～14 頁。

若無所爲計」〔註78〕。革命之時的那種激昂鬥爭精神、對政治的強烈興味消失了，代之而起的是瀰漫全國的消沉暮氣。對抱定興味是人類活動原動力的梁啟超來說，培育國人政治興味就成爲一項急迫的事業。爲此，在《中國立國大方針》中，他明確提出，牖進國民程度的重要內容之一就是「引起國民政治興味」〔註79〕。他分析到，國人奮勇從事革命的目的是要推翻「毒我」的惡政府，革命勝利只意味著舊的惡政府已除，並不表示新建立政府就一定是良政府。反之，如果國人不能認識國民與國家之間的密切關係，眞正樹立起「政治之良惡，其樞紐全繫於吾身」的觀念，以極大的政治興味參與到國家的政治建設中來，那麼惡政府恐怕還會在無聲無息中建立起來，人類還得承受再次革命的創傷，革命相續的怪圈還會循環下去。爲此，梁啟超提出，應該對責任心與興味採取調和態度，使國人對政治產生責任意識過程中，收到增進政治興味的效果。

（二）品性

民國前後，梁啟超十分強調品性對國民程度的影響作用。在他看來，品性狀況直接決定國民程度的高低。其相關言論有：

> 所謂人民程度者，其界說抑又當有辨。聞之，一國所以能立於大地而日進無疆者，非恃其國民之智識也，而恃其品性。〔註80〕

> 論政而歸本於人民程度，固是矣。論人民程度而以智力爲標準，其去治本則猶遠也。吾嘗考歐洲諸國政治進化之軌跡，確信爲政在人之義，爲中外古今所莫能易。彼諸國政象所以獲有今日，實諸國國民之品性能自造之。〔註81〕

> 孟德斯鳩有言：專制國所恃以維繫者在威力，立憲國所恃以維繫者在名譽，共和國所恃以維繫者在道德。斯言諒矣！〔註82〕

〔註78〕梁啟超：《中國立國大方針》，《飲冰室合集・文集之二十八》，北京：中華書局，1989年版，第75頁。

〔註79〕梁啟超：《中國立國大方針》，《飲冰室合集・文集之二十八》，北京：中華書局，1989年版，第75頁。

〔註80〕梁啟超：《歐洲政治革進之原因》，《飲冰室合集・文集之三十》，北京：中華書局，1989年版，第39頁。

〔註81〕梁啟超：《歐洲政治革進之原因》，《飲冰室合集・文集之三十》，北京：中華書局，1989年版，第40頁。

〔註82〕梁啟超：《中國立國大方針》，《飲冰室合集・文集之二十八》，北京：中華書

在梁啓超有關現代國民必備品性的論述中，我們可以大致劃分爲兩類：一類是個體品性，即個體人格在國民道德品質上的投射，主要包括獨立、自由和毅力等；一類是群體品性，即國家群體人格對國民道德品質的要求，主要體現爲國民公德。兩類品性彼此關聯，不可分離。〔註83〕

獨立作爲個體品性的基本內容，梁啓超認爲其是文明人區別於野蠻人的根本，也是國家保持獨立的前提。何謂獨立？「不倚賴他力，而常昂然獨往獨來於世界者也。中庸所謂中立而不倚，是其義也」〔註84〕。由於中國傳統文化對「大我」、「忘我」的推崇，樹立獨立品性，首先就要突破傳統的束縛。在意識形態化的傳統文化中，重視人倫的「道德人格」強調實現「大我」，爲此必須剋制「小我」，乃至「忘我」、「棄我」。在道德層面，個人對自我的強調被認爲是德性低下，處於被貶斥的地位。在「大我」觀下，個體自身失去了自我主宰，整個社會充滿虛浮的道德迷霧。與之形成鮮明對比的是，宗法的人身依附關係和綱常倫理使人們趨向於依附君、臣、父、兄等特定身份人群，個體人格淹沒在人倫關係之中，依附性、奴隸性成爲個體品性的重要標識。爲此，梁啓超從文明進化論的角度提出，「善治國者必先進化其民」〔註85〕，「欲求國之自尊，必先自國民人人自尊始」〔註86〕。也就是說，建設新國家，首先要培育具有自尊品性的文明國民。

與福澤諭吉的觀點相似，梁啓超將自尊視爲獨立人格的首要標誌。在他看來，人必自尊，然後才能得他人尊重，「自尊者本人道最不可缺之德」〔註87〕。對於個人，「只有自尊，才能自愛，才能自強，才能發奮向上，才有生機」〔註88〕。從小接受儒家文化薰染的梁啓超甚至提出，自尊具有先於自由的地位。他認爲，自由與自尊雖然同爲人所不可缺的品性，但兩相比較，自尊具

　　　局，1989 年版，第 75 頁。

〔註83〕譬如自治品性，在梁啓超看來，自治包括個人自治和群體自治，一定意義上，群體自治是個人自治的擴大。故個體品性與群體品性相互關聯。

〔註84〕梁啓超：《十種德性相反相成義》，《飲冰室合集‧文集之五》，北京：中華書局，1989 年版，第 43 頁。

〔註85〕梁啓超：《自由書》，《飲冰室合集‧專集之二》，北京：中華書局，1989 年版，第 9 頁。

〔註86〕梁啓超：《新民說》，《飲冰室合集‧專集之四》，北京：中華書局，1989 年版，第 70 頁。

〔註87〕梁啓超：《新民說》，《飲冰室合集‧專集之四》，北京：中華書局，1989 年版，第 75 頁。

〔註88〕李喜所，元青：《梁啓超傳》，北京：人民出版社，2010 年版，第 164 頁。

有更爲重要的意義。失去自由，人會哀傷思變；但如果沒有自尊，則會變得恬不知恥。在自尊的基礎上，梁啓超進一步把自治作爲獨立人格的重要條件，「我國人誠欲獨立，則不可不先謀自治。……內力完固，他力自不足以相侵，如是則獨立之資格既完，而獨立之威嚴可保。否則雖有獨立之精神，恐無以持久而善其後也」〔註89〕。何爲自治呢？「概發於人人心中良知所同然，以爲必如是乃適於人道，乃足保我自由而亦不侵人自由，故不待勸勉，不待逼迫，而能自置於規矩繩墨之間。若是者，謂之自治」〔註90〕。自治作爲一種生發於自身的自我約束力，要求個體自覺地以理性規則來規範和管理人生，在保持自主和自決中實現個體獨立，其實質是個人行爲的理性化。在梁啓超看來，自治是個人進入文明形態的重要標誌，國民自治能力的差異是造成國家強弱的原因之一。

自由也是個體品性的內容之一。「自由者，天下之公理，人生之要具，無往而不適用者也」〔註91〕。根據梁啓超的相關論述，主要可從兩個方面來理解。一是自由與奴隸相對。「自由者，奴隸之對待也」〔註92〕。人類生活就是一個不斷減少奴役、擴大自由的過程。近代以來，自由作爲各國人民追求對象，成爲人類文明進步的動力，推動世界不斷發展。梁啓超認爲，人類至今爭得的自由主要有四：「一曰政治上之自由」，即國民對於政府爭得的自由。具體來說，普通平民從貴族手中爭得自由，實現全民平等，所有公民平等地享有一切權利，社會不存在任何特權；國民只要達到法定年齡，就享有參與國家政治的權利，任何組織和個人都不得任意干涉；被殖民國民爭得建立新政府的自由，實現自治。「二曰宗教上之自由」，即教徒對於教會保有自由。國民的信仰不受政府干涉，國民能夠自由選擇宗教，不受國教束縛。「三曰民族上之自由」，即本國對於他國保有自由。國家主權不被侵犯，內政不容他族干涉。「四曰生計上之自由」，即經濟自由，也就是經濟活動中勞資雙方彼此保有自由。經濟生活中，勞力者自食其力，不受土地主、資本家任意

〔註89〕 梁啓超：《論獨立》，《飲冰室合集・文集之十四》，北京：中華書局，1989年版，第9頁。

〔註90〕 梁啓超：《新民說》，《飲冰室合集・專集之四》，北京：中華書局，1989年版，第51～52頁。

〔註91〕 梁啓超：《新民說》，《飲冰室合集・專集之四》，北京：中華書局，1989年版，第40頁。

〔註92〕 梁啓超：《新民說》，《飲冰室合集・專集之四》，北京：中華書局，1989年版，第40頁。

侵犯。〔註93〕二是自由的核心是精神自由。梁啓超認爲，自我具有兩面——昂昂七尺之軀的物質形態的自我和瑩瑩靈性的精神形態的自我。物質自我爲小，精神自我爲大，「小不奪大」，精神自由才是更高的自由形態，是人類自由的核心。總之，自由能夠產生強大的精神力量，推動政治、社會、經濟等國家事業的發展，「今日欲救精神界之中國，捨自由美德外，其道無由」〔註94〕。

　　梁啓超還特別強調了毅力的作用。毅力作爲國民素質的必要內容，其有無強弱關係到中國的現代國家建設進程，「吾公民既有智識，以判斷其是非，尤不可不備強毅之志氣，於判斷之後，進而實現其所信。蓋但有智識而無此志氣，決不能作共和國之中流砥柱也」〔註95〕。毅力是個人實現人生目標、國家實現振興的關鍵。目標愈高遠，事業愈宏大，成功的阻力也就愈大，需要的奮鬥時日也就愈長，缺少毅力必將會一事無成。因此，梁啓超指出，人的才氣往往不是決定成敗的最重要因素，有無堅強的毅力才是成功的關鍵，「志不足恃，氣不足恃，才不足恃，惟毅力者足恃」〔註96〕。毅力分兩種：一種是竭力戰勝失敗的「剛毅」，另一種是獻身天職不言放棄的「沉毅」。〔註97〕尤其是「沉毅」，爲國民最急需得到培養的。在梁啓超看來，任何事務都是前後聯繫的，做事半途而廢將不會有任何進步。惟有用「沉毅」堅定做事的信念，才能最終獲得成功。然而，「剛毅」與「沉毅」並不存在高低貴賤之分，它們相輔相成，都是現代國民品性的必要內容。

　　群體品性集中體現爲國民公德。梁啓超提出，「夫所謂公德云者，就其本體言之，謂一團體中人公共之德性也；就其構成此本體之作用言之，謂個人對於本團體公共觀念所發之德性也」〔註98〕。簡言之，公德就是合群之德，是群體的靈魂和國家的元氣。在梁啓超看來，只有具備公德的國民才會自覺

〔註93〕梁啓超：《新民說》，《飲冰室合集・專集之四》，北京：中華書局，1989 年版，第 40 頁。

〔註94〕梁啓超：《十種德性相反相成義》，《飲冰室合集・文集之五》，北京：中華書局，1989 年版，第 46 頁。

〔註95〕梁啓超：《初歸國演説辭》，《飲冰室合集・文集之二十九》，北京：中華書局，1989 年版，第 31 頁。

〔註96〕梁啓超：《新民說》，《飲冰室合集・專集之四》，北京：中華書局，1989 年版，第 97 頁。

〔註97〕梁啓超：《新民說》，《飲冰室合集・專集之四》，北京：中華書局，1989 年版，第 101 頁。

〔註98〕梁啓超：《新民說》，《飲冰室合集・專集之四》，北京：中華書局，1989 年版，第 119 頁。

維護國家利益。一個沒有公德的社會，人人只知享權利而不知盡義務，人數雖多，不僅不能爲群增利，反成爲群之所累，由此社會必然走向衰落。建設現代國家，需要具有公德品性的國民。然而，中國傳統倫理中「公德殆闕如」。先秦政治思想家荀子就已指出，人們不能脫離群體生活，群體生活的準則是「分」，「分」的實行要靠「義」：「人何以能群？曰：分。分何以能行？曰：義」〔註99〕。有了等級名分的分別，人們才能結合成群，而等級名分得以貫徹的關鍵是禮義的執行。以實現等級分野爲目的的禮義成爲群體倫理的依據。我們知道，在傳統社會的等級劃分中，君主佔據最高位置。這樣，荀子最終將群體倫理引向了對君權的辯護和論證。他在《富國》中明確提出：「有分者，天下之本利也；而人君者，所以管分之樞要也」。可見，中國群體倫理重在保障君主統治和等級制度，其完全不具有公德的屬性和意義。數千年傳統倫理薰染下，國人以「束身寡過主義」爲德育的中心，對維護群體利益的公德完全不能理解和認識。由此，儘管中國歷代都不缺少愛國思想和民族觀念，但其很大程度上被作爲一種高尚道德來宣揚，不可能眞正紮根於人們的自覺認知當中。一種生發於個人且能夠溝通個人與群體利益的公德，在普通大眾心理中缺失了。基於此，梁啓超大聲呼籲：「吾人其有偉大國民之欲望乎？則亦培養公德，磨厲政才，剪劣下之根性，涵遠大之思想，自克自修，以蘄合於人格」〔註100〕。

（三）智識

建設現代國家，要求國民具備相應的智識，尤其是政治智識。君主專制政體下，國事主要操縱在少數特權人物手裏，普通大眾對於國家的關係不是很密切。建設現代共和政體，則是一項全民事業，國家大政要依據國民公意來決，國民必須承擔國家建設主體的責任。梁啓超認爲，國民承擔這份責任，「第一應求關於國家及世界大勢之智識」。並指出：「日本歐美地方團體，常開種種講演會，以開發人民智識，此事雖甚難，然欲鞏固共和之基礎，不可因其難而恝置之也，所謂求智識者如是」。〔註101〕智識對於現代國民具有非常

〔註99〕安小蘭譯注：《荀子》，北京：中華書局，2007年版，第90頁。
〔註100〕梁啓超：《論中國國民之品格》，《飲冰室合集·文集之十四》，北京：中華書局，1989年版，第5頁。
〔註101〕梁啓超：《初歸國演說辭》，《飲冰室合集·文集之二十九》，北京：中華書局，1989年版，第31頁。

重要的作用，關係國民能否承擔起建設國家的責任。在一個缺少現代智識，尤其是現代國家政治智識的國度，國人有必要在智識上做出努力。根據梁啓超的相關論述，可以發現，民國初年的他十分看重政治常識、政治信條和國民信仰三者的作用，認爲此三者是當時國民最爲亟需的智識。下面就分別做出闡釋。

政治常識。常識，也叫普通知識、日常知識，指人們應該瞭解的基本知識。政治常識，就是全體國民應該瞭解的政治方面的基本知識。梁啓超認爲，民初國人極度缺乏現代政治智識，不僅是絕大多數的普通大眾，就是爲數很少的「號稱通學解事之士君子，其有眞知灼見者，慮亦罕耳」。要改變這種狀況，「使全國民稍具共和國民之資格，使其優異者能自效於共和之建設」，就「且勿責以精粹之學識與卓絕之技能」，只能將基本政治常識「強聒於國民之側，使之浸淫領會」。否則，即使有「一二英傑」，建設一個偌大的現代國家，「亦誰與共此國者」？〔註102〕可見，在民初國人普遍缺乏政治智識的情況下，梁啓超主張首先對國民進行政治常識的普及，使國人具備建設現代國家的知識基礎，形成建設國家的基本政治能力。那麼，這些政治常識包括哪些內容呢？梁啓超列舉到，諸如國家性質、國家作用、國民與國家的關係、國民責任、共和政府的形態、共和與專制的區別、世界大勢、中國當下所處地位、國家將來地位等，都應成爲對國民普及的政治常識之列。政治常識涵蓋廣泛，依靠列舉很難做到完全，但梁啓超的以上列舉啓示我們，有關世界、國家、政府和國民的基本知識及其相互關係，是民初普及於國民的政治常識的重點。

政治信條。「政治信條者，由政治習慣涵養而成」，但其「影響之及於政治者，效力更強於憲法」。〔註103〕梁啓超認爲，無論什麼類型的國家，皆有相應的政治信條。專制國家有專制的政治信條，共和國家有共和的政治信條。民國初建，中國國體由專制一躍變爲共和，而「舊信條橫亙胸中，新信條未嘗薰受」。欲求新國家能夠「圓滿發達」，就必須使國民樹立新信條。〔註104〕新信條不一端，梁啓超著重對中國建設政黨內閣需要的政治信條做了闡述。

〔註102〕梁啓超：《中國立國大方針》，《飲冰室合集・文集之二十八》，北京：中華書局，1989年版，第74頁。

〔註103〕梁啓超：《中國立國大方針》，《飲冰室合集・文集之二十八》，北京：中華書局，1989年版，第70頁。

〔註104〕梁啓超：《中國立國大方針》，《飲冰室合集・文集之二十八》，北京：中華書局，1989年版，第70頁。

在他看來，建設政黨內閣，「最重要而爲我國人所最易犯」的政治信條有四：其一，「內閣必須以政見相同之人組織之」。政黨內閣政治中，內閣作爲國家行政事務的合議機關，閣員之間負有連帶責任。因此，同一內閣的閣員政見應該是相同的，否則內閣將不能成爲一個整體，甚至可能發生分裂。由於完全政黨內閣和準政黨內閣的差別，同一內閣的閣員可能來自一個政黨，也可能來自多個政黨。但是，閣員的政見卻不容有任何差別。其二，「政府所提議案不能通過於國會之時，及國會彈劾政府或爲不信任投票之時，則或解散國會，或政府辭職，二者必居一」。無論哪種類型的政黨內閣，都可能與議會產生不合。當二者矛盾不能調和之時，或者解散國會，或者內閣辭職，總之要通過制度手段避免流血革命，實現立憲政治。其三，「選舉須嚴尊公式」。政黨內閣政治以選舉制度爲基礎，政黨要獲得組閣權，就必須在選舉中獲勝。故只有眞選舉，才可能有眞政黨內閣。然而，中國缺少選舉慣例，人們對如何進行眞選舉甚爲不解，貿然推行選舉，必然弊端叢生。再加上中國固有秘密政治和專制政治的傳統，國民如果不能盡快樹立選舉政治信條，「則國家一切公職，全委諸少數桀夫壬人，私相授受，變爲寡人專制政治」的危險就極可能發生。其四，「會議須禁用武力」。共和初建，民國國家意志和行爲「什九皆由會議決定之」。正是在會議中，人們得以自由表達意見，得以自由地「審擇表決」。在少數服從多數的原則下，會議將人們的意志以和平方式集中起來變成「民意」。而「共和精神在是，政黨內閣之根本觀念亦在是」。故建設政黨內閣，必須樹立起「會議須禁用武力」的政治信條。總之，只有國民樹立起立憲政治信條，「視之若宗教上之信條，神聖不可侵犯，其有侵犯，得與天下共擊之。我國民能如是，則共和基礎庶粗立矣」。〔註 105〕

國民信仰。信仰是人們對生活所持的某些長期的和必須加以捍衛的根本信念，常常用來指代對某種主張、主義、宗教，甚至某人的極度尊敬和相信，並以此作爲自己的行動指南或榜樣。國民信仰，作爲國民智識的基本內容之一，是國民的精神支柱和行爲坐標，對國民的政治行爲具有指示作用。國民信仰的重要作用，梁啓超闡釋道：「凡群治所以維繫於不敝者，必其群中有一信仰之府焉。……信仰一破，則其政體遂不能以自存」〔註 106〕。任何國家都

〔註 105〕梁啓超：《中國立國大方針》，《飲冰室合集・文集之二十八》，北京：中華書局，1989 年版，第 70～72 頁。

〔註 106〕梁啓超：《國會之自殺》，《飲冰室合集・文集之三十》，北京：中華書局，1989

有信仰，只是政體不同的國家，其國民信仰的對象不同，「神權政治之有教會也，君主政治之有君主也，共和政治之有議會也，皆全國信仰中心之所攸集也」〔註107〕。有了相應國民信仰的支撐，國家政治才能保持穩定。民國前後，國家處於政治制度和國民心理轉變過渡時期。確立正確國民信仰，不僅事關民初政治秩序的恢復和穩定，而且對建設現代國家將會起到巨大促進作用。「質而言之，我國數千年信仰中心之機關，厥惟君主，而在今日，斷無君主復活之餘地（就令讓數步謂萬一復活，而其爲信仰中心之資格亦已全失）。故固有信仰中心已失墜，無復留影。苟使國家無信仰中心之機關而可以自立，吾更何言？若其不然，苟非有新者以承其乏，國將不能一日以立於大地。夫欲求承乏，則捨國會外，更何機關足以當之者？更質言之，則國民之信仰國會，必使之如英人之視其巴力門，如我國前此人民之視皇帝，夫然後政可以行而國可以立」。在此，梁啓超明確提出，確立國人對議會的信仰，是國民信仰建設的核心內容。

二、培育方式

（一）政府的保育

民國前後，梁啓超主張實行保育政策。他認爲，以政府治理爲核心的保育政策，是當時國內外狀況的現實要求。〔註108〕具體來說：一是國人的素質要求政府推行保育政策。在梁啓超看來，當時國人素質低下，完全不能適應現代政治的要求。他以一篇《說幼稚》，盡列幼稚國民的種種特點，就是要讓國人能夠深察自身素質的不足及其危險，警示國人做出相應改變。在文章最後，梁啓超寫道：「幼稚之性，其缺點之繁多，固若是矣。然而有最大之優點二焉，一曰易教導，二曰易部勒。幼稚之所以能進爲成人，恃此二美德也。故愛童稚者，宜利用此二美而玉成之；童稚之自愛者，必葆此二美而莫敢越

年版，第 11 頁。

〔註107〕梁啓超：《國會之自殺》，《飲冰室合集・文集之三十》，北京：中華書局，1989年版，第 11 頁。

〔註108〕對於推行保育政策的主體，梁啓超明確講道：「行國家導掖之天職者厥惟政府」，就是說，政府才是推行保育政策的主體。不過，此處的政府不是廣義的政府，僅指議會（或國會）之外的國家機關，主要包括行政機關和司法機關。在梁啓超那裏，廣義的政府，即「政治之府也，必合閣會然後成完全政府」。注：以上的「閣會」指内閣和國會。參見梁啓超：《憲法之三大精神》，《飲冰室合集・文集之二十九》，北京：中華書局，1989 年版，第 109 頁。

也。其在幼稚之國民,則亦假途此二美以漸進於高明。其具維何?吾字之曰保育政策,世或稱爲開明專制、保育的開明專制,實幼稚國民惟一之要求也。當世諸國,未有不經此階級而能成立能盛大者也。」〔註109〕也就是說,幼稚特徵下的國人具有「易教導」和「易部勒」的屬性,要提升國人素質使進爲完全國民,只有依靠保育政策才能收到成效。否則,以政府臨「浮動桀驚」的國民,只會如「朽索馭六馬,刹那刹那,可以顛頓,民亦狎而玩之,而日益以難治也」。〔註110〕二是國外的壓力要求政府推行保育政策。民國前後,中國所處的國際環境異常嚴峻,「強鄰四逼,所與處皆長蛇封豕」。爲此,國家需要進行嚴密的外交規劃,制定詳細應對策略。然而,對於程度幼稚的國人,顯然這些「應付之策畫,非可以播於眾也,且難於與民慮始也」。〔註111〕不僅不能將外交規劃解釋給國人,而且政府還要對國人進行「教導」和「部勒」,因爲國人的「易教導易部勒之二美德」,「國家而不自用之,則且有他人起而代用之者」。〔註112〕從維護國家主權和獨立的角度來看,也要求政府推行保育政策。總之,當保育政策成爲國家政策的選擇時,培育現代國民就應納入保育政策體系,政府要承擔起培育國民的主體責任。

實現政府的保育,需要具備一些條件。根據梁啓超的相關論述,以下兩個方面值得重視。從政府外部來看,要有一部完善、適宜的憲法。民初時期,梁啓超積極倡導應該首先頒佈一部具有現代政治設計的、適宜中國國情的憲法。他認爲,只有通過憲法的明文規定對國家制度和運行進行規範,國家建設才可能走上正軌。尤其是要建設一個強有力的良善政府,需要憲法對國家機構體系及其內部權力關係做出恰當的配置和規定。爲此,梁啓超提出:「國家而有梏窒之憲法,則或政府不盡此天職而莫之能監察也(坐此不能得善良政府),或政府雖欲盡此天職而末由自展也(坐此不能得強固政府)。吾願他日制憲者,當常念國會之設,實藉以爲求得善強政府之一手段。」〔註113〕從

〔註109〕 梁啓超:《說幼稚》,《飲冰室合集・文集之三十》,北京:中華書局,1989年版,第51頁。

〔註110〕 梁啓超:《憲法之三大精神》,《飲冰室合集・文集之二十九》,北京:中華書局,1989年版,第108頁。

〔註111〕 梁啓超:《憲法之三大精神》,《飲冰室合集・文集之二十九》,北京:中華書局,1989年版,第108頁。

〔註112〕 梁啓超:《說幼稚》,《飲冰室合集・文集之三十》,北京:中華書局,1989年版,第51頁。

〔註113〕 梁啓超:《憲法之三大精神》,《飲冰室合集・文集之二十九》,北京:中華書

政府內部來看，要完善體制機制，嚴格督促執行。政府作為保育政策的執行機關，首先應該完善自身內部的各項制度設計，建立科學的決策、執行和監督體系，嚴肅綱紀，督促各部門切實執行各項政策。譬如司法部門，肩負「整飭紀綱，齊肅民俗」的重要職責，是國家「最要之樞機」之一，「立憲國必以司法獨立為第一要件」。然而，「我國之行此制，亦既經年，乃頌聲不聞，而怨籲紛起」，應對之策，需要國家「嚴定法官考試甄別懲戒諸法，以杜濫竽而肅官紀」。〔註114〕

政府官員要承擔起施行保育政策的主體責任。政府作為推行保育政策的機關，最終要落實在每個政府人員的工作行為之中。尤其是各部門的長官，應該承擔起施行保育政策的主體責任。對此，梁啓超多次強調：「今之中國非實行保育政策，無以進國民於高明，而舉共和之實績，無論行政司法官吏，皆當時時以父母師保之心，導吾民於在鏜從繩之路，法官親民，等於州縣，心力稍盡分毫，程效捷於影響，要當寓教育於裁判之中，乃能以法律濟政治之美，各該廳長官等宜善體此意，董率所屬，福國利民，豈異人任」〔註115〕；「夫欲進國民於法治，非使法律觀念普及於群眾，不能有功也，而導愚氓以瞭解法律，其職責實在長官」〔註116〕；「正風化而清本源，責在長官而已」〔註117〕。

發揮現代民主制度的規範作用。美國新制度經濟學派代表人物道格拉斯·C·諾斯曾指出，制度是社會的基本遊戲規則，決定了人們的相互關係，構造了人們在經濟、政治和社會方面發生交換的激勵結構，應該成為「人們發生相互關係的指南」。〔註118〕民國前後，梁啓超特別重視制度對國民人格和行為的塑造作用。在他看來，實現現代國民的培育，一個重要路徑就是對舊制度進行民主變革，消除法律、政治上的不平等，促進「身份社

局，1989 年版，第 109 頁。

〔註114〕梁啓超：《政府大政方針宣言書》，《飲冰室合集·文集之二十九》，北京：中華書局，1989 年版，第 121 頁。

〔註115〕梁啓超：《令高等審檢廳長》，《飲冰室合集·文集之三十一》，北京：中華書局，1989 年版，第 21 頁。

〔註116〕梁啓超：《令高等審檢廳長》，《飲冰室合集·文集之三十一》，北京：中華書局，1989 年版，第 20 頁。

〔註117〕梁啓超：《政府大政方針宣言書》，《飲冰室合集·文集之二十九》，北京：中華書局，1989 年版，第 122 頁。

〔註118〕【美】道格拉斯·C·諾斯著，劉守英譯：《制度、制度變遷與經濟績效》，上海：三聯書店，1994 年版，第 3~4 頁。

會」向「契約社會」的轉型。在現代民主制度下，個人的自主空間得到保護，個人自由的放縱得到遏制，權力的施行受到監督，國民的自治能力和參政能力也將得到培育。政府作爲國家的重要機構，既是制度的產物，也在不斷創造著制度。正是在政府的組織和保障下，國民可以充分運用民主制度維護自己的權利、自由不被非法侵犯，人們的政治能力得到訓練，最終促進國民的現代轉型。

（二）教育的陶鑄

教育作爲培育現代國民的一種重要方式，得到各國思想家的認同和重視。梁啓超也不例外，一定意義上說，發展教育培育現代國民是梁啓超一生的追求。他認爲，中國要立國、強國，就必須「用教育來厚植國家之根柢，養蓄人民之大器」，只有中國國民接受了良好教育，才能擔「無數量艱巨之業」，與「世界爲競」。梁啓超的教育思想，內容豐富而系統，對於教育的宗旨、作用、內容、制度與方法，對於國民教育〔註119〕、師範教育、女子教育和兒童教育，都有精闢的論述。其視野開闊，許多見解具有開創性。他不但有大量的理論建樹，而且長期投入教育實踐，創辦或就教於各級各類學校，還致力於社會教育〔註120〕和學校教育的結合。民國前後，梁啓超圍繞培育現代國民這一中心，對教育有不少全新的闡釋。這時期，他提倡發展廣義的教育〔註121〕，主張社會各個部門、群體都要參與，以培育國民的現代品格、智識、能力爲目標，倡導學校教育、社會教育同時發展。與其強調政治常識普及任務在民初的重要地位相適應，對於教育的效果，他提出：「社會之抽象的教育最重，而學校之具體的教育次之」〔註122〕。對於學校教育與社會教育的

〔註119〕「國民教育」是一個西方舶來品，約在 19 世紀末傳入，但得到推行是中華民國成立以後了。對於「國民教育」的內涵和外延，近代中國大致存在兩種理解：一是將國民教育僅限於學校教育系統中的國民義務教育，一則還包括針對一般國民的社會教育。參見宋仁主編：《梁啓超教育思想研究》，瀋陽：遼寧教育出版社，1993 年版，第 172 頁。

〔註120〕「社會教育」約在 20 世紀初由日本傳入中國，對近代中國教育事業的發展產生重要影響。參見王雷：《「社會教育」傳入中國考略》，《河北師範大學學報（教育科學版）》，2000 年第 4 期。

〔註121〕民國前後，梁啓超主張的廣義教育，涵蓋廣泛，甚至認爲「凡一切政治及從政者之公私言論行動」由於對國民能夠產生莫大的影響，也應劃入廣義教育的範圍。參見梁啓超：《罪言》，《飲冰室合集・文集之二十九》，北京：中華書局，1989 年版，第 90 頁。

〔註122〕梁啓超：《政府大政方針宣言書》，《飲冰室合集・文集之二十九》，北京：中

論述，成為這一時期梁啓超教育思想的一大特色。

在不同的場合和時間，梁啓超對學校教育的劃分存在一些差異。在北京大學召開的歡迎會上，梁啓超在演說中將學校教育劃分為大學校教育、普通學校教育和專門學校教育，並進行了區分和介紹。他指出，大學校教育的目的有二：一是將學生養成健全的人格，使他們具備在生活上生存發展的能力。這也是全教育系統的普遍精神，故可以成為「普通目的」。二是研究高深學理，發揮本國文明，貢獻於世界文明，又可稱為特別目的。而普通學校教育和專門學校教育，則僅僅存有普通目的。由於教育目的的不同，普通學校教育和專門學校教育「所授之智識，為人類生活上社會上日用所必具之智識，所訓練之能力，為人類生活上社會上日用所必具之能力，如是而已」；大學校教育則不僅要教授基本的社會生活智識和能力，還要使學生瞭解世間一切現象背後的法則，「所謂科學者是焉」。由於當時社會中一些人將專門學校誤視為「具體而微」的大學校，梁啓超對大學校教育與專門學校教育進行了詳細區分：「專門學校之目的，在養成社會上技術之士；而大學之目的，則在養成學問之士。故專門學校之所授，雖多科學之原理，而所重者在術，不過因學以致用；大學校之所授，雖亦有技術之智識，而所重者在學，不過因術以明學」。大學校教育與專門學校教育的教授內容，一為「學」，一為「術」，二者存在根本不同：「蓋所謂學者，推究一切現象之原理原則，以說明一切之現象，於推究原理原則說明現象之外，別不另設方途以求致用；而所謂術者，則應用學理之方法，技能而已，與推究原理原則以說明現象之學，實判然不能相同者也」。總之，專門學校教育的精神在於「實際之應用」，而大學校教育的精神則在「研究與發明」。正是由於大學校教育內容和精神的高層次性、高水平性，使其成為各個國家高等教育的「總機關」，是各國「學問生命之所在」、「文明幸福之根源」。〔註123〕在代熊希齡內閣草擬的《政府大政方針宣言書》中，梁啓超又把學校教育劃分為培育一般國民的國民教育和培育高級人才的人才教育兩大類。國民教育的目的是使國民養成「水平線以上之智慧」，具備社會生活的基本智識和能力，與普通學校教育和專門學校教育的目的相似。人才教育的目的則重在培養「國家社會之棟幹」。但是，此處的人才教育與大學校教育存在

華書局，1989年版，第122頁。

〔註123〕梁啓超：《初歸國演說辭》，《飲冰室合集·文集之二十九》，北京：中華書局，1989年版，第39～41頁。

較大區別。梁啟超提出，當時的人才教育應該以「注重實業爲主」。〔註124〕其鮮明的社會實用目的，與專門學校教育十分相似，與大學校教育主要探究自然、人類、社會現象則相距較遠。因此，很難將人才教育與大學校教育做簡單對應。

　　面對當時全國學風不佳的狀況，梁啟超從國民培育高度就學風問題進行了闡述。他認爲，學校教育應該重點養成以下三種學風：一是服從。「德之未修，學之未成」的學生進入學校，惟有謹守服從之德才可能德行有進，學業有成。對於當時學生中不服從師長訓導、動起風潮的現象，梁啟超歎息道：「我可敬可愛之青年學生，幾成爲可鄙可賤之無業遊民」。作爲一國精華的青年學生，如果不能表率成爲合格共和國民，則國家將永無建成共和之時了。因此，梁啟超講到：「誠以共和之國，人人有自由，即當人人能服從。不然，勢成人人相抗之象，秩序危殆，國將不國。而欲養成此服從之德，在共和之國，捨教育以外，殊無他途可言。……而共和國之學生，設不於其受教育之日，訓練其能守服從之德，則國基危殆，害莫勝言矣」。形成服從的學風，對於學生未來享有共和國民的自由，承擔起建設國家的重任，具有積極促進作用。二是樸素。梁啟超觀察各國學生，困苦艱難的學生生活幾乎完全相同。一方面由於多年的學生生活花銷巨大，另一方面也與刻苦學習始能卒業有莫大聯繫。爲了使「奢侈放縱」之風不再損害學生的德性和學業，梁啟超認爲應該在學生中養成「力倡樸素之風」，尊尚樸素之德。三是靜穆。梁啟超崇尚具有「發揚蹈厲之精神」的國民，在他看來，議會的運行、國民對政治的參與等，非有這樣的國民不能運轉。然而，「發揚蹈厲之精神，當用之於做事之時，不能用之於求學之時」。學生求學時代，惟有抱持靜穆之風，善養發揚蹈厲之精神，才可能在未來學成以後，發揮此種精神於社會。何況，學生求學增進學業，非有冷靜的頭腦不能得益，而這同樣需要靜穆之風。「天下惟有學問有修養之士，乃能眞有發揚蹈厲之精神；無學問無修養者，僅能謂之狂躁，謂之輕率」，「狂躁」、「輕率」之徒顯然不能承擔起建設國家的重任。〔註125〕故學生時代以靜穆之風修業進德，才能眞正養成發揚蹈厲之精神，在將來成長爲

〔註124〕梁啟超：《政府大政方針宣言書》，《飲冰室合集·文集之二十九》，北京：中華書局，1989年版，第122頁。

〔註125〕梁啟超：《初歸國演說辭》，《飲冰室合集·文集之二十九》，北京：中華書局，1989年版，第41～43頁。

合格的共和國民。

　　此外，學校教育還是養成國民各種資格的重要場所。司法部門作爲現代國家政治體系的重要組成部分，各國都非常重視對其人才的培養。民初時期，中國司法人才缺乏，對此，梁啓超曾講到：「今日司法之不滿人意，由法制之不適者半，由人才之不給者亦半」。而養成司法人才的途徑，「其根本在於學校」。〔註126〕梁啓超認爲，師範教育在國民教育中佔據基礎地位。他指出，「國民教育，以培養師範爲先」，而「今日大患，在國中才智之士，罕肯從事教育。故師範愈隳，而學基愈壞」。師範教育的不振已經嚴重影響到國民教育的發展。尤其是「城鎮鄉之自治事業，其什之八九宜集中於教育，而尤以養成單級教授之師範爲下手第一著」。〔註127〕梁啓超將師範教育與國民自治事業相聯繫，重要性可見一斑。而興味作爲個人生活的原動力，是人主體性的一種表現。基於此，梁啓超倡導國人要形成「趣味主義」人生觀，他期望能夠通過趣味教育培養國人形成積極進取的人格和蓬勃向上的生命力。學校教育作爲培育人才的重要部門，就要「趁兒童或青年趣味正濃而方向未決定的時候，給他們一種可以終身受用的趣味」，如果辦得圓滿，將會「令全社會整個永久是有趣」，使全體國民受益。〔註128〕

　　社會教育作爲培養現代國民的一條路徑，甚至被梁啓超冠以「教育之效果」爲「最重」的美譽。梁啓超認爲，區別於專責教育部的學校教育，社會教育是一項「內務部與教育部會同設施」的事業，其發揮作用的方式就是對國中「固有遺傳之國民性，而增美釋回焉耳」。〔註129〕由於我國二千年來的社會，以「孔子教義」爲結合中心，因此面對民初有人質疑「國體既變而共和，即孔子遂亦無庸尊尚」的現象，他一方面表示「是非惟不知孔子，抑亦不知共和也」〔註130〕，「今後社會教育之方針，必仍當以孔子教義爲中堅，然後能

〔註126〕梁啓超：《辭司法總長職呈文》，《飲冰室合集‧文集之三十一》，北京：中華書局，1989 年版，第 31 頁。

〔註127〕梁啓超：《政府大政方針宣言書》，《飲冰室合集‧文集之二十九》，北京：中華書局，1989 年版，第 122 頁。

〔註128〕梁啓超：《趣味教育與教育趣味》，《飲冰室合集‧文集之三十八》，北京：中華書局，1989 年版，第 14 頁。

〔註129〕梁啓超：《政府大政方針宣言書》，《飲冰室合集‧文集之二十九》，北京：中華書局，1989 年版，第 122 頁。

〔註130〕梁啓超：《政府大政方針宣言書》，《飲冰室合集‧文集之二十九》，北京：中華書局，1989 年版，第 122 頁。

普及而有力」〔註131〕，一方面對孔子教義中能夠用於今天社會教育的內容及方式進行了闡釋。梁啓超認為，孔子教義大致包括三類內容：一是「言天人相與之際」，即在哲學範圍講授「性與天道」的抽象理論；二是「言治國平天下之大法」，即在政治學社會學範圍講授治國平天下的理論及其節文禮儀制度；三是「言各人立身處世之道」，即在倫理學教育學範圍講授為人之道和待人之道。對於前兩類內容，梁啓超認為其主體為孔子及其先人對當時的時代認知和經驗總結，由於時空環境的變化，已經不適宜作為今天國人心理行為的規範，故只能用於專家學者的研究，絕不可通過社會教育向全體國人「普教」。孔子教義，其實際裨益於今日國民的，僅在第三類所謂言各人立身處世之道。在梁啓超看來，所有文明智識的第一要理在養成人們健全的人格，而孔子教義的第三類內容恰恰具有豐富的人格學說，其倡導的「君子」之義與近世英國的理想人格 Gentleman 正相對應。由於「教育之職務，原在導發人之本能，而使之自立自達」，將孔子教義的君子之說運用於社會教育，對於國人養成一種健全人格，對於推進現代國家建設，必有極大的益處。故梁啓超講到：「吾深信吾國所謂君子者，其模範永足為國人所踐履。真踐履焉，則足使吾國人能自立自達以見重於天下」。〔註132〕

　　推行國民教育要注重學識的培養。對於民初國人多注重經驗施行，梁啓超認為其弊端較多，必須盡快加以改變。由此，他專門區別了「俗識」和「學識」，並就民初國民教育的要旨進行了闡述。所謂俗識，梁啓超採孟子的良知之說，指不學而盡人能知的知識。而學識則指學後而知的知識。對於二者的產生，梁啓超區別道：「俗識者，恃直覺與經驗之兩種作用而得之者也；學識者，恃概括分析與推定之三種作用而得之者也」。俗識與學識，一為經驗的知識，一為抽象的知識，二者存在巨大差別。由於二者的產生路徑和性質不同，其功用也存在差別。相較之下，學識能夠看到「俗眼所認為絕不相蒙之現象」，能在萬事萬物中尋得「比較聯絡之關係」，故「天下古今之大事業，往往即自茲出」。學識的可貴之處即在於此。面對民初國人「遵俗識而蔑學識」的現象，梁啓超明確提出：「大抵一國之中流以上之人士，必須有水準線以上之學識，

〔註131〕梁啓超：《孔子教義實際裨益於今日國民者何在欲昌明之其道何由》，《飲冰室合集・文集之三十三》，北京：中華書局，1989年版，第60頁。
〔註132〕梁啓超：《孔子教義實際裨益於今日國民者何在欲昌明之其道何由》，《飲冰室合集・文集之三十三》，北京：中華書局，1989年版，第63～67頁。

然後其國乃能自立於天地。今世國民教育之要旨，此其一端也」。〔註133〕教育
對國民智識能力的陶鑄，離不開學識的支持。

（三）輿論的薰染

在《鄙人對於言論界之過去及將來》中，梁啓超明確講到，其在輿論界
的「立言之宗旨」是：「濬牖民智，薰陶民德，發揚民力，務使養成共和法治
國國民之資格」。〔註134〕這一觀點可以看作是他對輿論宗旨的總看法。梁啓超
一生對中國輿論界發展貢獻卓著，從創辦《中外紀聞》開始，創辦、參辦、
指導、擔任董事或主筆，以及撰寫稿件的報刊雜誌，數量不下幾十種，前後
時間長達 27 年。據學者統計，梁啓超親手創辦和主持的報刊有 11 種，得到他
支持和指導的報刊也有 6 種。從個人來說，梁啓超經手辦的報刊在近代中國
為數最多。〔註135〕一定意義上說，梁啓超的辦報經歷和主張展現了近代中國
報刊業的發生、成長歷程。其倡導的報刊輿論思想中，輿論通過向社會傳遞
國家、政府、議會、政體等現代政治智識和理論，能夠使國人具備基本的現
代政治常識，瞭解世界發展之大勢和中國所處之地位；通過譴責國民劣根性
和讚譽新國民品行，促使國人接受獨立、自由、平等、責任等現代價值，形
成全新的國民道德和行為體系。總之，梁啓超希望用其帶有情感的文字，使
國人養成共和法治國民的資格。

在梁啓超看來，報館對輿論的促進作用最大。他提出，「輿論之所自出，
雖不一途，而報館，則其造之之機關之最有力者也」〔註136〕。梁啓超對報館
的價值和功用有詳細的論述。針對傳統中國社會廣大民眾「智慧未開、公德
缺乏」，且守一先生之言而「思想束縛於一點，不能自開生面」的現象，梁啓
超主張開辦報館，以此作為增進國人智識的陣地：「報館者，實薈萃全國人之
思想言論，或大或小，或精或粗，或莊或諧，或激或隨，而一一介紹之於國
民。故報館者，能納一切，能吐一切，能生一切，能滅一切。……報館者，

〔註133〕梁啓超：《良知（俗識）與學識之調和》，《飲冰室合集·文集之三十二》，北京：中華書局，1989 年版，第 32～33 頁。
〔註134〕梁啓超：《初歸國演說辭》，《飲冰室合集·文集之二十九》，北京：中華書局，1989 年版，第 4 頁。
〔註135〕鍾珍維，萬發雲：《梁啓超思想研究》，海口：海南人民出版社，1986 年版，第 176 頁。
〔註136〕梁啓超：《國風報敘例》，《飲冰室合集·文集之二十五（上）》，北京：中華書局，1989 年版，第 21 頁。

國家之耳目也，喉舌也，人群之鏡也，文壇之王也，將來之燈也，現在之糧也」。〔註137〕在言論自由理念下，梁啓超認爲：「報館有兩大天職，一曰，對於政府而爲其監督者；二曰，對於國民而爲其嚮導者」〔註138〕。所謂「監督政府」，就是通過報刊言論對政府大政方針進行輿論監督，擔負「摧陷專制之戈矛，防衛國民之甲冑」的責任。所謂「嚮導國民」，就是發揮報館對於輿論的自覺引導功用，使報刊成爲「鑒既往，示將來，導國民以進化之途徑」。能夠「嚮導國民」的，不只有報館，學校和書局同樣具有這種功能。然而，在梁啓超看來，報館具有其它兩機構無法代替的特殊功效：「報館之所以嚮導國民也，與學校異，與著書亦異。學校者築智識之基礎，養具體之人物者也；報館者作世界之動力，養普通之人物者也；著書者規久遠明全義者也，報館者救一時明一義者也」〔註139〕。報館發揮作用的方向重點是普遍增進國人智識，引導國人成爲推動世界發展的動力。故報館對於國民，在態度上「當如孝子之事兩親，不忘幾諫，委曲焉，遷就焉，而務所以喻親於道」。〔註140〕總之，報館有著巨大的價值和功用。

報館發揮價值和功用，要借助一些具體方法。梁啓超認爲，「欲盡報館之天職者，當具八德」。這裏所講的「八德」分別是：忠告、嚮導、浸潤、強聒、見大、主一、旁通和下逮。「八德」的產生，是梁啓超辦報經驗的總結，其分別針對不同的對象，具有不同的功效。「忠告」主要針對政府和國民的一些偏離正軌、不適合時勢的行爲，報館以言論對其進行規勸和扶正。報館的忠告，既不能有所袒護，也應避免純粹的嬉笑怒罵。發揮報館的「嚮導」作用，應該按照循序漸進的方式，逐漸導民於至善。「浸潤」與煽動相對，二者均對鼓吹有力。但煽動收效快，失效也快，且往往不能爲鼓吹者控制；浸潤則能夠在潛移默化中收到功效，效果也常常超出鼓吹者的預料。「強聒」要求報館有反覆宣傳的準備和行動，在一次次的宣傳中扭轉人們的陳舊固執偏見。「見大」要求報館在宣傳中分清先後主從，選取最緊要的進行報導，實現綱舉目張之

〔註137〕梁啓超：《清議報一百冊祝辭並論報館之責任及本館之經歷》，《飲冰室合集·文集之六》，北京：中華書局，1989 年版，第 49 頁。

〔註138〕梁啓超：《敬告我同業諸君》，《飲冰室合集·文集之十一》，北京：中華書局，1989 年版，第 36 頁。

〔註139〕梁啓超：《敬告我同業諸君》，《飲冰室合集·文集之十一》，北京：中華書局，1989 年版，第 38 頁。

〔註140〕梁啓超：《敬告我同業諸君》，《飲冰室合集·文集之十一》，北京：中華書局，1989 年版，第 36～40 頁。

效。「主一」就是堅持宗旨，一以貫之。「旁通」強調報館應當收集各種資料給國人進行常識的普及，使讀者獲得思考、行爲的依據。「下逮」要求宣傳適應讀者的知識水平，不能高談學理，廣列異聞，自炫其博。〔註141〕總之，在梁啓超看來，只要綜合運用以上八種宣傳方法，報館的輿論功效將會得到最大發揮。

報館對於塑造新國民如此重要，那麼辦好報刊的原則有哪些呢？在《清議報一百冊祝辭並論報館之責任及本館之經歷》中，梁啓超提出了判斷報刊「良否」的四條標準，實際上也就是辦好報刊的四個原則：「一曰宗旨定而高，二曰思想新而正，三曰材料富而當，四曰報事確而速」。〔註142〕具體來說，所謂「宗旨定而高」，是指辦報必須要有一個明確而高遠的宗旨。只有宗旨明確，辦報才能集中力量有的放矢。宗旨的選定不能過於隨意。儘管報刊需要盈利，但絕不應以牟利、媚悅權貴和大眾爲宗旨，作爲一項服務公共利益的事業，其應該「以國民最多數之公益爲目的」，這樣才能形成眞正良善之宗旨。所謂「思想新而正」，是指報館的報章要立意新穎正派，努力實現以語言文字開將來之世界的效果。如果報刊所講的盡是人人皆知的舊知識、舊文化、舊思想，那麼不僅不能促進新世界的到來，而且會逐漸失去自身的優勢，使人產生厭惡之感。處於轉型之中的中國，各種新思想紛繁混列，只有「校本國之歷史，察國民之原質，審今後之時勢，而知以何種思想爲最有利而無病，而後以全力鼓吹之，是之謂正」。當然，向讀者宣揚新而正的思想時，有必要將錯誤的舊思想「摧陷廓清」。所謂「材料富而當」，就是報刊選取的素材要內容豐富且不失當。選取報刊素材要視野廣闊，有關政治、法律、哲學、宗教、教育、軍事、理財、農工商諸業，乃至小說、文藝、圖畫等，無一不載。但素材的刊登又要嚴格，使讀者閱一字即得一字之益，儘量免去遺漏和錯誤。所謂「報事確而速」，就是報刊所登之事不僅內容確切且時效性強。報刊登載的內容多樣，但使人「知今爲最要」。所報導的消息，既要眞實確有其事，又不失報導迅速，在最短時間內刊登最新消息。故各國報館「不徒重主筆也，而更重時事，或訪問、或通信、或電報，費重貲以求一新事，不惜焉」。〔註143〕

〔註141〕梁啓超：《國風報敘例》，《飲冰室合集・文集之二十五（上）》，北京：中華書局，1989 年版，第 21～23 頁。

〔註142〕梁啓超：《清議報一百冊祝辭並論報館之責任及本館之經歷》，《飲冰室合集・文集之六》，北京：中華書局，1989 年版，第 50 頁。

〔註143〕梁啓超：《清議報一百冊祝辭並論報館之責任及本館之經歷》，《飲冰室合集・

　　爲了更好發揮輿論培育國民的作用，梁啓超對輿論工作者提出了一些要求。在他看來，輿論工作者必須達到以下兩個基本要求：第一，要努力造成健全的輿論。梁啓超認爲，無論哪個時代都需要輿論，只是專制時代輿論處於輔助地位，而立憲時代輿論處於主動地位。在立憲時代，輿論與政治不可分離，健全的輿論對於政治的良好運行關係重大，故梁啓超將立憲政治視爲「輿論政治」。作爲一個輿論工作者，造成健全的輿論是其肩負的責任。那麼，如何能夠稱爲健全的輿論呢？「夫健全輿論云者，多數人之意思結合，而有統一性繼續性者也。非多數意思結合，不足以名輿論，非統一繼續，不足以名健全。」〔註144〕實現健全輿論，輿論工作者必須努力達到以下五項基本要求：「一曰常識」，必須具有人人都應知道的常識，包括自然、社會現象的原理，本國和世界歷史上的重大事實等；「二曰眞誠」，要以國家利益爲重，切忌爲少數人利益而煽動輿論；「三曰直道」，具有不侮鰥寡、不畏強權的精神，能夠爲國家求福禦患、爲國民伸張正義；「四曰公心」，不以自己的好惡評判是非，不懷挾黨派思想而對非黨的言論行動一律排斥，不自命袒護國民而一概反對政府設施；「五曰節制」，避免感情和淺薄主導自己的思想而產生偏激的言論。〔註145〕總之，梁啓超認爲以上五項要求是輿論的「五本」，輿論工作者必須加以注意和自勉。第二，要加強自身修養。輿論作爲國民的嚮導，是「政本之本，而教師之師也」〔註146〕。正人先正己，輿論工作者必須首先不斷加強自身修養。正如梁啓超所言：「爲嚮導者，必先自識途至熟，擇途至精，然後有以導人」。爲了達到上述健全輿論的五項基本要求，梁啓超明確表示：「欲使輿論之性質具此五者，亦曰造輿論之人先以此五者自勉而更以之勉國人而已矣」！〔註147〕

　　　　文集之六》，北京：中華書局，1989 年版，第 50～51 頁。

〔註144〕梁啓超：《國風報敘例》，《飲冰室合集・文集之二十五（上）》，北京：中華書局，1989 年版，第 20～21 頁。

〔註145〕梁啓超：《國風報敘例》，《飲冰室合集・文集之二十五（上）》，北京：中華書局，1989 年版，第 19～20 頁。

〔註146〕梁啓超：《清議報一百冊祝辭並論報館之責任及本館之經歷》，《飲冰室合集・文集之六》，北京：中華書局，1989 年版，第 50 頁。

〔註147〕梁啓超：《國風報敘例》，《飲冰室合集・文集之二十五（上）》，北京：中華書局，1989 年版，第 21 頁。

第四章　梁啟超的現代國家建設方案分析

第一節　建設現代國家的動力：精英與平民共同推動

一、智識階級的引領與改造

（一）一國之氣運恒在少數人士

民國前後，梁啟超認為，「宰制一國之氣運而禍福之者，恒在極少數人士」，這些「少數人士」，即所謂國家精英。對於這一觀點，他還曾多次表達：

> 然則為國家計，為政黨計，捨訓練國民何以哉？此真政客之偉大責任也。〔註1〕

> 民之為性也，其多數平善者，恒受少數秀異者所指導而與為推移。故無論何時何國，其宰制一國之氣運而禍福之者，恒在極少數人士。〔註2〕

> 從來國家之興衰，世運之隆替，皆由少數人以笈其樞耳。〔註3〕

〔註1〕梁啟超：《中國立國大方針》，《飲冰室合集・文集之二十八》，北京：中華書局，1989 年版，第 74 頁。

〔註2〕梁啟超：《中國立國大方針》，《飲冰室合集・文集之二十八》，北京：中華書局，1989 年版，第 76 頁。

〔註3〕梁啟超：《初歸國演說辭》，《飲冰室合集・文集之二十九》，北京：中華書局，1989 年版，第 7 頁。

國中須有中堅之階級。所謂階級者，非必如印度之喀私德，如埃及之毗盧，嚴辨等威，溝絕而不相通也。要之，必有少數優異名貴之輩，常爲多數國民所敬仰所矜式，然後其言足以爲重於天下，而有力之輿論出焉。夫有力之輿論，實多數政治成立之大原也。……理論上之多數政治，謂以多數而宰制少數也；事實上之多數政治，實仍以少數宰制多數。夫絕對的理論上之多數政治，非可不可之問題，乃能不能之問題也。〔註4〕

夫治道無古今中外，一而已。以智治愚以賢治不肖，則其世治，反是則其世亂。無論何時何國，皆賢智者少而愚不肖者多，此事實之無可逃避也。〔註5〕

凡一國之所以與立者，必以少數之上流社會爲之中堅。〔註6〕

在梁啓超看來，任何國家的國民皆可大致分類兩類，一類是智識才能皆爲上品的優秀分子，他們數量很少，卻執掌著國家的樞機，爲一國的「中堅」〔註7〕；另一類是智識才能皆不足，但數量很大，爲一國的被治階級。只有少數智識階級統治多數「愚不肖者」，國家才得以存立，反之，國家將面臨危亡。我們知道，各國政治運行中，由少數人掌握權力進行治理，是普遍現象。梁啓超在此強調少數統治多數，完全是對古今中外政治現象的一種客觀描述，並不存在對數量上處於絕對多數的廣大普通民眾的歧視。

前現代國家是少數統治多數的「極軌」。前現代國家的重要特徵之一，就是國家中的某一階級在法律或習俗上掌握著統治國家的特權。他們宣稱國家

〔註4〕梁啓超：《多數政治之試驗》，《飲冰室合集‧文集之三十》，北京：中華書局，1989年版，第35～36頁。

〔註5〕梁啓超：《多數政治之試驗》，《飲冰室合集‧文集之三十》，北京：中華書局，1989年版，第37頁。

〔註6〕梁啓超：《歐洲政治革進之原因》，《飲冰室合集‧文集之三十》，北京：中華書局，1989年版，第40頁。

〔註7〕張朋園對梁啓超所謂的「中堅階級」有過闡釋，他也認爲，中堅階級並非純爲門第族姓之謂，而是指少數優秀人才形成的無形團體。他們的獨特屬性決定了在社會中的特殊資格，由他們「董率多數國民」，然後才能得到真正的多數政治。而中堅階級群體，「細察任公的思想，大有非士紳階級莫屬之概」。參見張朋園：《梁啓超與民國政治》，長春：吉林出版集團有限責任公司，2007年版，第18～19頁；P'eng-yuan Chang. Political Participation and Political Elites in Early Republican China, Journal of Asian Studies 37: 2 (February 1978), PP.293～313。

利益與自身階級利益是一致的，要求廣大民眾絕對服從其階級統治。故前現代國家又可稱爲獨裁國家。尤其是傳統君主專制國家，一國之樞機掌握於君主爲首的特權階級手中，「必有良君主乃能有良政府，必有良政府乃能有良政治，所謂一正君而國定」〔註8〕。在君主專制國家，君主的良莠將直接關係國家政治的穩定和發展。在這種體制下，與權力集中相伴隨的是極大的政治風險。一切政治繫於君主一身，國家欲清其政本，就惟要用力於君主。然而，君主施政卻面臨諸多障礙：君主身居宮中，對國政民情不能親身體悟，惟有借助身邊的宮奴和大臣，造成宦官、權臣專權的危險；君主居廟堂之高，民眾聞之戰慄，責其陳善，甚爲困難；養尊處優的生活，使君主易於接受邪僻臆說，對於治道之法則不易養成；等等。從君主德行的養成，到治道的實施，諸多困難影響著政治能否良性運行。由此，在君主專制國家，「國有詒辟，惟賴天幸，而人事所得翼進者，什無一二」。當國家治理良否要聽從天命，國家也就要面臨巨大危險了。正如梁啓超對歷史的觀察，「得良政治之時少，得惡政府之時多，而國之亂日亦多於治日」。〔註9〕在君主專制之國，實現善治是如此不易，這也正是梁啓超選擇共和立憲的重要原因。

現代國家也是少數人笠其樞機的。前現代國家的政治，由於君主爲代表的少數特權階級的獨裁統治面臨巨大風險，應該得到批判和否定，那麼，現代國家的政治是否就是多數人統治，甚至所有人統治呢？答案顯然是否定的。從事實上看，世界上沒有一個現代國家的政治是由多數人或者全體國民施行統治的。儘管在國家法理設計和制度運行上，全體國民的權利和利益是得到承認，並不斷得到更好的保護，但直接掌握和運用國家權力的卻仍然是少數的政治精英。正如學者對美國政治的觀察：「權力精英由這樣一些人組成——他們的地位可以使他們超越普通人所處的普通環境；他們的地位可以使他們做出具有重要後果的決定。相對於他們所佔據的關鍵位置而言，他們是否做出如此決定並不重要。行動未果，或決策失敗，其行爲本身就比作出決策更具影響力。因爲他們主宰了現代社會的主要等級制度和組織結構」〔註10〕。從理論上看，施行

〔註 8〕 梁啓超：《多數政治之試驗》，《飲冰室合集・文集之三十》，北京：中華書局，
　　　　 1989 年版，第 34 頁。

〔註 9〕 梁啓超：《多數政治之試驗》，《飲冰室合集・文集之三十》，北京：中華書局，
　　　　 1989 年版，第 34 頁。

〔註10〕 【美】米爾斯著，王崑，許榮譯：《權力精英》，南京：南京大學出版社，2004
　　　　 年版，第 4 頁。

多數統治或者全民統治，具有諸多不可逾越的困難。每個人的智識能力各不相同，要一國所有人或多數人按照統一規則進行直接統治，就不得不解決地域大小、協作困境等諸多問題。然而，現代國家的地域範圍動輒幾十萬上百萬平方公里，人口幾百萬幾千萬乃至幾億十幾億，要地域範圍如此之廣、數量如此之多的人進行直接統治，既面臨著操作技術上的巨大困難，也需要解決集體協作的諸多困境。如給予每個人直接參與決策的權利，決策的出臺往往會半途夭折。由此，當今世界上的現代國家無一不是通過少數精英來進行治理。至於精英的產生方式，或者通過直接普選，或者通過普選基礎上的任命。「彼號稱多數政治之國，其多數勢力之發動，豈非在議會耶？豈非在政黨耶？其形式之現於外者，則多數之結集也，多數之表決也。夷考其實，則無論何國之議會，何國之政黨，其主持而指揮之者，為多數人耶？為少數人耶？不待問而知其必為少數人也已矣」〔註11〕。總之，現代國家儘管在理論上是多數政治，但在實際施行過程中，則「仍以少數宰制多數」。

根據梁啓超的論述，其所講的一國之少數人士，並不僅僅指政治精英，其範圍較為寬泛，涉及政治、經濟、文化等各個領域。對於何為「中堅階級」，他解釋道：「吾所謂中堅階級者，非必門第族姓之謂。要之，國中必須有少數優秀名貴之輩，成為無形之一團體」〔註12〕。為一國少數人士的中堅階級，就是一國中各行各業的優秀分子。這些優秀分子可以在政界、商界、輿論界等各個領域，只要其在本界別處於少數的、優秀的行列。正如梁啓超對民初政府提出的一個期盼——「獎勵工商諸學」，培養能夠引領工商業發展的優秀分子，是民初國家「當務之急也」。〔註13〕這些各領域的優秀分子，正是民初中國發展的核心動力，也是新國家建設的引領力量。可見，在梁啓超那裏，一國之少數人士是一個包含價值判斷的特定群體，這一群體的特點不僅在於數量上的少數，尤其在於對國家各個領域的發展具有引領促進作用，是一國優秀分子的集合體。這樣，我們有必要將梁啓超的所謂少數之人士與現實中各領域的在高位者做出區分，因為在高位的不一定就是本領域的優秀分子，

〔註11〕 梁啓超：《多數政治之試驗》，《飲冰室合集·文集之三十》，北京：中華書局，1989 年版，第 36 頁。

〔註12〕 梁啓超：《多數政治之試驗》，《飲冰室合集·文集之三十》，北京：中華書局，1989 年版，第 37 頁。

〔註13〕 梁啓超：《政府大政方針宣言書》，《飲冰室合集·文集之二十九》，北京：中華書局，1989 年版，第 122 頁。

優秀分子也不一定就必在高位。可以發現，梁啓超對少數人士的推崇，在理論上並不具有任何保守色彩，反之，對當時國家諸領域多被姦邪之人控制的局面構成尖銳的批評，進步意義十分明顯。

（二）少數人士應當具備的品行

正如上文所言，在梁啓超那裏，一國之少數人士就是一國中各領域優秀分子的集合體。那麼，什麼樣的人才能稱為是優秀分子呢？從梁啓超的相關論述中，我們可以得到一些答案。這些論述包括：

> 此極少數人士，果能以國家為前提，具備政治家之資格，而常根據極強毅的政治責任心與極濃摯的政治興味，黽勉進行，則雖至危之局，未有不能維持，雖至遠之塗，未有不能至止者也。〔註14〕

> 然則為國家計，為政黨計，捨訓練國民何以哉？此真政客之偉大責任也。……然若何而能使此種常識廣被於多數人，則政治家之責任也。〔註15〕

> 惟為大政治家者，須有道德氣魄，身命名譽皆可犧牲，獨主張不可犧牲。因主張之不可犧牲，故不可不有犧牲之精神，而忍受苦痛。〔註16〕

> 少數能任政務官或政黨首領之人，其器量學識才能譽望，皆優越而為國人所矜式。……凡為政治活動者，皆有水平線以上之道德，不至擲棄其良心之主張而無所惜。〔註17〕

> ……

可見，民國前後的梁啓超對一國優秀分子應當具備的品行還是十分重視的。既然一國樞機握於少數人士之手，那麼這部分人士的品行狀況將直接關乎國家治理大局。一切設施和規劃，最終都要落實到具體每個人的行為之中，不具備相應品行的人掌握國家各業各部門樞機，其危害必將至遠至深。以上

〔註14〕梁啓超：《中國立國大方針》，《飲冰室合集·文集之二十八》，北京：中華書局，1989年版，第76頁。

〔註15〕梁啓超：《中國立國大方針》，《飲冰室合集·文集之二十八》，北京：中華書局，1989年版，第74頁。

〔註16〕梁啓超：《初歸國演說辭》，《飲冰室合集·文集之二十九》，北京：中華書局，1989年版，第20頁。

〔註17〕梁啓超：《政治之基礎與言論家之指針》，《飲冰室合集·文集之三十三》，北京：中華書局，1989年版，第39頁。

梁啟超對少數人士品行的相關論述，其焦點主要集中在政治家和政黨首領等政治人物身上，但由此並不能認定這些品行在其它各業精英身上不能存在。其實，梁啟超對政治領域精英品行的重視，恰恰是其這一時期國家建設思想的主要觀點的反映。民國前後，梁啟超認為，開展國家建設要以政治建設為先導，以政府或政治家的引領作用及其國家的保育政策為源動力，方能取得成功。因此，對於政治家、政黨首領等政治精英的強調，也就成為這一時期梁啟超言論的一大特色。但是，我們就此不能否定梁啟超精英觀的廣闊視野，其對一國少數人士的界定從來沒有僅僅局限在政治領域，而是體現在政治、經濟、文化、社會等各個領域的各行各業之中。根據梁啟超的相關論述，少數人士作為一國之優秀分子，應當具備的品行主要體現在以下五個方面：

第一，有優秀的品質。具體包括：一是有相當的器量。器量，又稱氣量、度量，指人接納他人或他物的能力。器量對於一個人的重要，正如有人指出的：「一個人即使再怎麼獨自努力，也僅限於一個人的經驗和知識而已。於是，與不同人生觀、社會觀、企業觀、人類觀、國家觀的人交往，就成為很重要的事了。聽聽他們的意見，遠比過兩三次的人生還要值得」〔註18〕。作為一國精英的少數人士，更應該具有相當的器量。二是有堅強的毅力。在梁啟超看來，毅力是一個民族自強的基礎，也是新國民應當具備的基本品質。「志不足恃，氣不足恃，才不足恃，惟毅力者足恃」〔註19〕，毅力作為實現目標的關鍵因素，那些目標愈遠、事業愈宏的精英人士，必須具備堅強的毅力，才可能應對來自各方的巨大阻力，愈挫愈勇，最終實現引領現代國家建設的重任。三是有濃摯的興味。梁啟超對於興味的推崇，在前文已經有所述及。作為一國的精英，非有濃摯的興味，必將缺少做事的基本動力和心理保障。在梁啟超看來，興味能夠實現對生活諸因素的多重雙向整合：事功與超越的兼備，工作與休閒的一體，活動與意願的合拍，義務與情趣的統一，物質與精神的調和，個體與群體的駢進，等等。濃摯的興味，不僅能夠激發做事時的創新精神，而且有助於在遭遇挫折時保持不頹喪、樂觀有為的心態。四是極強的責任心。責任心是現代國民應當具備的基本素養，是健全人格的基礎。

〔註18〕 邑井操：《做個出色人物——培養超人一等的器量》，臺灣：上硯出版社，1991年版，第156頁。

〔註19〕 梁啟超：《新民說》，《飲冰室合集·專集之四》，北京：中華書局，1989年版，第97頁。

一國的少數優秀人士，作爲國家振興民族興旺的中堅，只有眞正意識到其肩負的重要責任，樹立強烈的責任意識，才可能對於社會、對於國家有所貢獻，也才不愧一國精英的名號。尤其是掌握一國政治運行的政治家，必須具有「極強毅的政治責任心」，才可能使國家「雖至危之局，未有不能維持」。

第二，有出眾的學識。作爲國家精英，在引領大眾建設現代國家過程中，必須具備相當的知識素養和經驗，在本行業、本領域達到較高的水平。而這都需要出眾的學識作保障。近代以來，科學的產生和發展推動人類知識增長不斷加速，無論是數量上還是速度上都呈現爆炸式增長。梁啓超對於科學的倡導和推崇，在近代中國具有引領作用。他希望國人能夠眞正認識科學對於推動國家發展、社會進步的巨大作用，自覺加強學識的積累。尤其是天資聰穎、具有優越受教育條件的少數社會精英，應該更加刻苦學習，相互切磋，爲服務國家建設積累相應學識。爲此，梁啓超主張發展新式教育，在學校教育中增加西學課程的設置，倡導用科學教育方法，實現對知識精英的培養。

第三，有良好的譽望。譽望，即名譽聲望。一國的少數人士，其地位、身份往往處於社會的中上層，掌握有龐大的社會資源。良好的社會譽望，不僅有助於他們更好地運用掌握的社會資源，而且還有助於提升對社會資源的利用效率，更好地完成對社會各項事業的引領作用。社會生活中，一個人對社會影響力的大小通常由兩種力量決定，一種是個人自身能力的硬實力，一種是個人社會譽望的軟實力。而且，後者的影響往往會更大。作爲一國精英，如果能夠很好地培育和使用自身譽望，將會得到社會大眾的信任和擁戴，其周圍集聚的力量會越來越大，對社會的影響和貢獻也會更大。反之，不能很好培育和使用譽望的人，即使擁有較高權位，喪失民力民心的支持後，失敗結局將是注定的。即使其對社會發生作用，多半只會是消極影響，對於國家的進步反倒起到阻礙作用。

第四，崇高的道德。梁啓超一生對道德的重視是人所共知的，儘管各個時期的側重點不同，但對新民首要新德的主張，成爲其一貫的堅持。在其道德思想體系中，私德和公德作爲新民必備的兩類道德，得到強調和闡釋。簡要而言，私德重在個人的獨立和自主，公德重在國家意識和公共觀念。作爲一國的少數人士，具備私德和公德只能是對其的基本要求。在梁啓超看來，由於他們肩負有更大社會責任，應該具有超出普通大眾的更高道德，即有「水

平線以上之道德」。具體來看，少數人士應當具備的道德主要體現爲——以國家利益爲先的犧牲精神。處於各行各業引領地位的少數人士，在帶領大眾發展事業建設國家的過程中，只有以國家利益爲先，才能避免狹隘的個人思想對其事業的侵蝕，產生最大效益。尤其是當個人利益與國家利益衝突時，社會精英只有以國家利益爲先，才能獲得良好社會譽望，獲得大眾的支持。爲此，社會精英必須具有犧牲精神。爲了事業發展和國家進步，尤其是面對建設現代國家的重任，一國的少數人士必須樹立「身命名譽皆可犧牲，獨主張不可犧牲」的信念，以國家利益爲先，以大局爲重。

（三）政黨為社會精英結合的重要形式

在現代國家政治運行中，政黨幾乎無一例外地處於核心地位。對此，梁啓超有清醒的認識，他曾明確指出：「共和國政治之運用，全賴政黨」〔註20〕。從各國政治來看，政黨與議會（或國會）、內閣等部門常常建立有緊密聯繫，對後者的運行和決策發生重要影響。政黨在現代社會中是一種具有合理性的善的存在。政黨的這種地位，從中外學者有關政黨與宗派的辨析中可以清晰看到：「政黨不是宗派。……對這一區別的感性認識在許多語言當然包括在平常的用法上仍然得到保留。政黨經常受到批評，但是從定義上講它們並不是一種邪惡。宗派，至少是在通常的用語中，則是一個壞名字，宗派是一種邪惡。人們通常說政黨是一種必需。宗派不是一種必需，它們僅僅是存在」〔註21〕。政黨在現代政治中作爲一種必需的善的存在，對社會精英，尤其是政治精英的吸收，成爲一大特色。社會精英與政黨的這種結合關係，一方面是政黨的政治團體屬性決定的，另一方面也與缺少政黨支持的社會精英很難登上政治權力高峰的現實困境有關。在政黨內部的運行規則下，政治精英的成長具有了更多便利條件，一種依附於政黨的政治精英產生模式出現了。由此，在政黨與政治精英之間的互動中，存在一種雙向關係：政治精英的進入和結合促進了政黨發展，同時政黨也在培育和塑造新的政治精英。儘管梁啓超認爲只有政黨成員完全以國家利益爲重才能建成成熟政黨，並認爲這是政黨存在和發展的正途，但政黨自身對其成員的培育作用，一定程度上彌補了

〔註20〕梁啓超：《初歸國演說辭》，《飲冰室合集‧文集之二十九》，北京：中華書局，1989 年版，第 14 頁。

〔註21〕【意】薩托利著，王明進譯：《政黨與政黨體制》，北京：商務印書館，2006 年版，第 52 頁。

現實中政黨的缺陷，使政黨具有了較強的自我修復和成長能力，對於政黨與現代政治之間關係的維繫產生促進作用。正如學者們對現實政黨運行的觀察，「政黨成員不是利他主義者，政黨的存在根本不會消除自私和無恥的動機。政客們尋求權力的動機仍然常在。所不同的是加在這些動機上的程序和約束。即使是政黨政客完全爲赤裸裸的私利所驅使，他的行爲也要和他的動機相分離，如果體制的約束機制運作良好的話」〔註22〕。

　　政黨作爲人民利益的重要表達渠道，需要社會精英加入和參與管理。現代政治的重要標誌之一，就是應當且能夠對廣大民眾的利益做出表達。無論議會、內閣和政黨設施，皆在承擔著表達民意的作用。尤其是政黨，通常借助其成員和運行機制與廣大民眾保持著密切聯繫。在這種聯繫和交流中，政黨集中體現爲民眾利益的一種表達手段，政黨「是工具，是代理機構，通過表達人民的要求而代表他們。在整個 19 世紀和 20 世紀很長的時間裏，政黨在發展，但它們的發展並不是向人民表達當權者的期望，而是向當權者表達人民的願望」〔註23〕。不過，這種表達不僅僅是一種簡單的「傳達聲音」功用，更準確地說，政黨「是執行表達功能的表達工具」〔註24〕。如果僅僅發揮「傳達聲音」功用，各種民意測驗、民意普查、調查，尤其是與計算機和網絡的結合，民意表達既迅捷又直接，政黨根本無法與這些手段相媲美。但是，政黨之所以必要和能夠對現代政治發揮如此重要的作用，完全是政黨提供了其它民意表達渠道不能提供的東西：「它們傳達得到壓力支持的要求」。政黨能夠對其認爲必須反映的民眾要求向有關國家機構施加影響，將大眾的利益需求轉化爲最終的公共政策。政黨對民眾利益表達的這一特點，使其必須吸收熟悉民意收集和國家政治運行規則的社會精英。只有通過精英的加入和參與管理，才可能完成民意的收集、整理、轉達、施壓等諸多複雜環節。

　　政黨能夠發達與否，往往掌握在少數主持政黨之人的手中。梁啓超明確指出：「以吾所逆計，則中國建設事業能成與否，惟繫於政黨，政黨能健全發

〔註22〕【意】薩托利著，王明進譯：《政黨與政黨體制》，北京：商務印書館，2006
　　　　年版，第 52 頁。

〔註23〕【意】薩托利著，王明進譯：《政黨與政黨體制》，北京：商務印書館，2006
　　　　年版，第 56 頁。

〔註24〕【意】薩托利著，王明進譯：《政黨與政黨體制》，北京：商務印書館，2006
　　　　年版，第 57 頁。

達與否，惟繫於少數主持政黨之人。此少數人者，若不負責任，興會嗒然，
則國家雖永茲沉淪可也。」〔註 25〕在梁啓超看來，少數主持政黨之人就猶如
一個人的大腦、一支軍隊的司令部，起著主宰政黨行動的樞機作用，其決定
和號令在政黨必須得到貫徹。爲此，賢良優秀的主持之人，就成爲政黨興旺
發達的關鍵。通過觀察美英日等國的政黨運行，梁啓超發現，政黨要形成強
大的行動力量，就必須具有整肅齊一的精神和望重天下的人才。尤其是像中
國這樣的國民還缺乏自治能力的國家，政黨更要有學識才能優異之士立於中
心地位，「若大將之於三軍，統率黨員」，否則「機關雖多，行動不一，黨雖
大而實則渙散耳」。〔註 26〕可見，梁啓超對於政黨建設，十分強調少數主持之
人的作用，甚至認爲「必要有一中心人物」〔註 27〕才能得以集中全黨力量。
這種對中心人物的強調，成爲梁啓超民初政黨觀的重要特色。

（四）國內士大夫亟待自新

在梁啓超那裏，士大夫有著特定的涵義，指「全國上中等社會之人」〔註 28〕，
與上文所謂少數人士的外延基本重合。士大夫在社會中佔據優越地位，能夠
掌握「一國之命運」，無論是「國家一切機關奉公職之人」，還是社會其它領
域的「凡百要津」，皆產生於其範圍之內。如果一國士大夫能夠賢良優容精
誠合作，對於國家將是莫大之幸。對於中國近鄰日本能夠在明治短短幾十年
間一舉成爲世界新興現代強國，梁啓超認爲一個重要原因就是其國內的「少
數之士大夫，能精白其心術，而鍊磨其藝能」，士大夫以群體進步之力，收
「其舉措能直演波瀾，即其性習亦立成風氣」之效果，推動國家實現快速發
展。〔註 29〕日本在近代的成功，給梁啓超很大震動，他希望中國能夠倣仿日
本進行同樣的政治試驗。然而，反觀中國士大夫，他看到的卻是「什九皆其
不善良者」。士大夫們不思進取，甚至將「種更惡之因以貽諸方來」，中國的

〔註 25〕 梁啓超：《中國立國大方針》，《飲冰室合集・文集之二十八》，北京：中華書
　　　　局，1989 年版，第 78 頁。
〔註 26〕 梁啓超：《初歸國演說辭》，《飲冰室合集・文集之二十九》，北京：中華書局，
　　　　1989 年版，第 18 頁。
〔註 27〕 梁啓超：《初歸國演說辭》，《飲冰室合集・文集之二十九》，北京：中華書局，
　　　　1989 年版，第 18 頁。
〔註 28〕 梁啓超：《痛定罪言》，《飲冰室合集・文集之三十三》，北京：中華書局，1989
　　　　年版，第 8 頁。
〔註 29〕 梁啓超：《痛定罪言》，《飲冰室合集・文集之三十三》，北京：中華書局，1989
　　　　年版，第 8 頁。

現代國家建設面臨巨大危險。

民國前後，士大夫群體在很大程度上已經成爲危害社會的蠹蟲。「社會凡百事業，非士大夫則末由壟斷；社會凡百事業，經士大夫而無不摧殘」〔註30〕。對於民初士大夫們的惡行，梁啓超深惡痛絕，時常口誅筆伐。這種對士大夫的憎惡之情，從時人的一些記載中也能夠明顯感覺到：「自從鼎革以來，多得這班大的、老的、少的軍閥，整天在國內造些災孽，爭權奪利，你打我，我打你，打得一塌糊塗，大好河山，已無一片乾淨土，生民塗炭，實在沒有甚於此時的了；小百姓們處於專制政體之下的雖然不免受點氣，然而衣食總不致危險。現在把一個專制皇帝攆跑了，反換來一班如狼似虎的專制軍閥，小民的慘處，比前更甚得多！」〔註31〕掌握軍權的軍閥們是你爭我奪，打鬥不已，對於百姓的生活則漠不關心。那麼，民國政府的官員們又怎樣呢？「愛國二字，十年以來，朝野上下，共相習以爲口頭禪，事無公私，皆曰爲國家起見，人無賢不肖皆曰以國家爲前提，實則當國家利害與私人利害稍不相容之時，則國更何有者？」〔註32〕官員們慣於標榜和粉飾，幾乎都是爲了個人私利。政治領域若是，那麼其它領域又如何呢？在民初商人中，常可見到「買辦之販賣軍火，助長內亂，依仗勢力，破壞金融……生活奢侈，敗壞社會風氣；過於遷就現實，妨礙政治進步；賄賂公行，破壞政府威信；走私漏稅，阻撓鹽務改革；享受特權，製造社會不平與激情；部份奸商，串通洋商，破壞華商專利；或崇洋媚外，干涉中外交涉，喪失民族自尊等」，總之，商人們「一般傾向奢侈，尤其是中等以上商人」。〔註33〕民初士大夫的暴虐和腐朽，令當時的有識之士十分憂慮和憤怒，因此他們的記述不免存在以偏概全和過度指責之謬。梁啓超在上文中對民初官僚群體的批評，即爲其痛定思痛之後的激憤之言，帶有明顯的悲觀色彩。因此，我們不能對民初士大夫群體進行完全否定的判斷。譬如當時的商人群體，對於當時的經濟、政治、社會和文教等方面，還是發揮了一定積極功效。他們十分注意維持地方治安與和諧，

〔註30〕 梁啓超：《痛定罪言》，《飲冰室合集・文集之三十三》，北京：中華書局，1989年版，第9頁。

〔註31〕 羅友蓬：《鳴呼，一般舊官僚的頭腦》，《晨報副刊》，1924年9月22日。轉自李爲，齊思：《民國名報擷珍 社會聚焦》，天津：天津人民出版社，1998年版，第75頁。

〔註32〕 梁啓超：《痛定罪言》，《飲冰室合集・文集之三十三》，北京：中華書局，1989年版，第3頁。

〔註33〕 蘇雲峰：《民初之商人，1912～1928》，《近代史研究所集刊》，第11期。

會創設一些諸如善堂、孤兒院、賑災會等社會救濟機構等。〔註34〕

　　士大夫成爲國家進步的阻礙。民初時期，國家各項事務百廢待興，建設現代民主政治、發展現代市場經濟、興辦新式教育等都亟需得到開展。然而，在士大夫的主持下，「凡東西各國一切良法美意，一入吾國而無不爲萬弊之叢」〔註35〕。國家建設面臨種種困難，國家振興遙遙無期。由此，一向視士大夫爲社會進步之源的梁啓超不免悲觀喪氣，他指出：「中國將來一線之希望，孰維繫之，則至劬瘁至質直之老百姓即其人也；而此一線之希望孰斷送之，則如我輩之號稱士大夫者即其人也」〔註36〕，士大夫和普通民眾的地位、作用發生了顛倒，士大夫不僅無助於國家建設，反而成爲國家進步的阻礙。梁啓超對當時士大夫的這個判斷正確與否，暫且勿論。但士大夫作爲一國智識之源，相較於普通大眾在治國理政、發展經濟等方面還是具有相當的優勢。任何一國的發展，無不是以這些智識階級爲中堅的。只有士大夫的振作和奮進，國家才能眞正實現發展和振興。民初國家進步緩慢，社會風俗甚至一度遜於前朝，但不容否定的是，處於國家現代轉型的過渡階段，一方面士大夫身上帶有種種傳統時代留下的惡習，甚至由於現代體制尚未建立而自由過渡泛濫導致其惡劣程度超過前朝，但另一方面他們在一定意義上促成歷史的演進。「民初商人，知識稍增，而較能關心全國性之市場，並能改變過去的土地及官僚取向，而投資於新式工商業，如獲利潤，亦願從事於企業之再投資，以增加生產規模」〔註37〕。商人具有了更多的現代屬性。政治同樣在發生變化，如張玉法對民初政黨的觀察，「民初國民黨與進步黨的對抗，歷史的意義大於社會的意義，人的因素大於黨義的因素」〔註38〕，歷史的演進是複雜的、曲折的。然而，民初士大夫群體暴露的問題反映出，中國國家建設要快速、穩妥的推進，這一階層就有必要做出較大的改變。

　　面對現代國家建設的歷史使命，梁啓超認爲民初士大夫必須順應時局發展，在群體進步中承擔起歷史重任。那麼，實現的動力在哪裏呢？經過仔細分

〔註34〕 蘇雲峰：《民初之商人，1912～1928》，《近代史研究所集刊》，第 11 期。

〔註35〕 梁啓超：《痛定罪言》，《飲冰室合集·文集之三十三》，北京：中華書局，1989年版，第 9 頁。

〔註36〕 梁啓超：《痛定罪言》，《飲冰室合集·文集之三十三》，北京：中華書局，1989年版，第 8 頁。

〔註37〕 蘇雲峰：《民初之商人，1912～1928》，《近代史研究所集刊》，第 11 期。

〔註38〕 張玉法：《民國初年的政黨》，長沙：嶽麓書社，2004年版，第 445 頁。

析，梁啓超最終選擇了從人自身來尋找，明確提出了「自新」的觀點。一向重視人的精神力量和習慣從人的主體性思考問題解決途徑的梁啓超，對於士大夫實現群體進步選擇了同樣的路徑，他希望士大夫能夠眞正認識自身問題，從自身內在尋找問題根源，依靠自我的提升最終實現群體進步。這一解決路徑的重點在士大夫群體中的具體每一個人，都要有「我勿問他人，問我而已」的意識和勇氣。正如梁啓超所言，「今欲國恥之一灑，其在我輩之自新。我輩革面，然後國事始有所寄，然後可以語於事之得失與其緩急先後之序，然後可以寧於內而謀禦於外。而不然者，豈必外患，我終亦魚爛而亡已耳」〔註39〕。

（五）須對中流以上人士加強教育

面對民初的眾多問題，梁啓超明確提出，須對中流以上人士加強教育。中流以上人士的範圍較廣，但顯然其核心群體是國內的士大夫，即一國之少數人士。梁啓超的用意，就是要通過一種外在的塑造機制——教育，爲國家發展提供基本的人才保障和智識準備。他指出：

> 大抵一國之中流以上之人士，必須有水準線以上之學識，然後其國乃能自立於天地。今世國民教育之要旨，此其一端也。〔註40〕

> 大抵欲運用現代的政治，其必要之條件：（一）有少數能任政務官或政黨首領之人，其器量學識才能譽望，皆優越而爲國人所矜式（所謂少數者，非單數也，勿誤會）；（二）有次多數能任事務官之人，分門別類，各有專長，執行一政，決無隕越……未具而欲期其漸具，則捨社會教育外，更有何途可致者？〔註41〕

對於中流以上人士的教育，涉及國民教育、社會教育等多種教育類型，教育內容包括學識教育、道德教育、技能教育等。根據梁啓超的相關教育理論，對於中流以上人士的教育大致可以劃分爲兩類，即學校教育和社會教育。而學校教育又包括大學校教育、普通學校教育和專門學校教育，相當於今天的高等教育。

〔註39〕梁啓超：《痛定罪言》，《飲冰室合集·文集之三十三》，北京：中華書局，1989年版，第9頁。

〔註40〕梁啓超：《良知（俗識）與學識之調和》，《飲冰室合集·文集之三十二》，北京：中華書局，1989年版，第33頁。

〔註41〕梁啓超：《政治之基礎與言論家之指針》，《飲冰室合集·文集之三十三》，北京：中華書局，1989年版，第39頁。

　　近代以來，高等教育的發展經歷了一個明顯的演變過程。起初，高等教育的對象常常只限於少數的學術精英，只有能夠學習較複雜課程的人得以進入高等學校，故這一時期的高等教育又可稱爲英才教育，與梁啓超的大學校教育相似。20 世紀以來，更多的學生開始進入高等學校，結果出現了課程適應學生而不是以往的學生適應課程的發展趨勢。於是，「高等學校這一過去一直是選擇少數學術精英的機構，現在還在起分配職業階梯上的等級和社會結構中的位置的作用」，高等教育成爲培育社會中流以上人士的「搖籃」。〔註 42〕這一時期，高等教育與梁啓超的學校教育就十分接近了，其成爲一個包括普通教育、專門教育和英才教育的體系。梁啓超正是要通過學校教育，實現對社會中流以上人士的塑造，使他們具備建設國家的智識、能力和技能。

　　梁啓超對於教育的探討範圍較爲寬泛，除了學校教育（高等教育）之外，他還十分強調社會教育。從現代教育觀點來看，社會上的一切具有宣傳教育功能的機構、設施、場所、媒體和手段等，如報刊、書籍、電視、廣播、網絡等，均可視爲與學校教育發揮有相似功能的「平行學校」。雖然在梁啓超所處時代，具有教育功能的社會機構的類別和功能，與今日相去甚遠，且梁啓超也不可能產生像今日這樣的明確認識和概念，但其諸多著作和論述表明了，他已經看到這一類社會「學校」的功能和威力，並在有意識、有目的地利用這種社會「學校」形式，對各種層次的國民進行培育。他將這種教育形式稱爲「社會教育」。縱觀梁啓超的一生，在社會教育方面傾注的心血精力，遠比學校教育要多、要廣，影響也更爲深遠。〔註 43〕在梁啓超看來，社會教育具有諸多優勢，其中之一就是能夠在潛移默化中對人產生深遠影響，即「孟子所謂猶七年之病，求三年之艾，苟爲不蓄，終身不得」。他明確指出，在民國初期國家較爲安定之際，有必要「合全國聰智勇毅之士，共戮力於社會事業，或遂能樹若干之基礎。他日雖有意外之變亂，猶足以支」〔註 44〕。發展社會教育，培育具有水平線以上的現代國民，對國家安定和發展有重要作用。

　　培育中流以上人士，應該重視社會教育。中流以上人士一般具有專門的

〔註42〕【美】布魯貝克著，鄭繼偉等選譯：《高等教育哲學》，杭州：浙江教育出版社，2001 年版，第 65～66 頁。

〔註43〕宋仁主編：《梁啓超教育思想研究》，瀋陽：遼寧教育出版社，1993 年版，第188 頁。

〔註44〕梁啓超：《政治之基礎與言論家之指針》，《飲冰室合集‧文集之三十三》，北京：中華書局，1989 年版，第 40 頁。

知識和較高素養，受過高等教育，在各行各業中處於中層以上位置，爲其所在部門的管理者或技術骨幹。對於這些優秀人士，難道還有必要對其進行社會教育嗎？「其實無論受過任何高等專門教育的人，只是對於某方面有精深的研究，他不能自說具有萬有的知識。而他們需要其所專門以外的知識及技能者，其數不少。」〔註45〕近代以來，人類知識的增長速度非以往時代可比，學者們習慣稱現代爲「知識爆炸」的時代，柏拉圖、亞里士多德式的百科全書式人物幾乎不能出現。即使一國精英，其熟悉的也只是某一領域或幾個領域的知識。其要在社會發揮作用，就不得不與其它人展開密切的溝通和合作。譬如一個電氣專家，對於電氣方面的知識可謂無所不精，但當其幫工廠解決某一技術難題時，就需要與工廠工人進行協作。這時，他需要瞭解工廠運行知識、青年心理知識等，而這些在其接受的學校教育中是沒有涉及的，是需要以社會教育作爲補充的。更進一步言之，社會在不斷進步中，新的領域、新的知識層出不窮，即使擁有專門知識，但不進則退，仍然有必要繼續學習，成爲社會教育的對象。梁啓超正是看到了社會教育對人的全面塑造功能，期望通過社會教育實現對中流以上人士的持續培育。

二、普通大眾的參與和推動

現代國家建設是一項全民工程，其建設的主體是國家每一個國民。只有政治精英、經濟精英等少數人士的奮鬥，新國家也不能建成。對此，梁啓超有著清醒的認識：

> 非日強聒於國民之側，使之浸淫領會，則雖有一二英傑，亦誰與共此國者？〔註46〕

> 夫欲進國民於法治，非使法律觀念普及於群眾，不能有功也。〔註47〕

> 政治社會以外之人人，各有其相當之實力，既能爲政治家之後援，亦能使政治家嚴憚。〔註48〕

〔註45〕馬宗榮：《社會教育綱要》，上海：商務印書館，1947年版，第42頁。

〔註46〕梁啓超：《中國立國大方針》，《飲冰室合集·文集之二十八》，北京：中華書局，1989年版，第74頁。

〔註47〕梁啓超：《令高等審檢廳長》，《飲冰室合集·文集之三十一》，北京：中華書局，1989年版，第20頁。

〔註48〕梁啓超：《政治之基礎與言論家之指針》，《飲冰室合集·文集之三十三》，北

（一）普通大眾參與現代國家建設的理論基礎

現代國家是民主國家，國家制度的構建主要反映的是國家與國民、政府與社會的關係。現代國家的統治合法性要求國家必須建立於充分的民意基礎上，即國家權力的取得和形式要體現人民意志。主權在民原則的創立者盧梭，提出以「公意」（即「人民意志」）作為國家合法性的來源，要求按照合法性確定國家權力的歸屬、配置和行使主體及邊界。受到盧梭學說影響的梁啓超，對於公意的這種地位和作用十分贊成，視國民為國家一切權力的根本來源，要求國家目的服務於全體國民利益。

正是出於人民意志這一合法性基礎，現代國家在構造其政治體系過程中，遵循民主原則，並以法律形式確立下來。其特徵主要包括：在權力的歸屬上，堅持權力屬民原則；在權力的配置上，普遍實行代議制和分權原則，通過選舉產生的人民代表行使國家權力，而公共權力又按其功能分由不同機構和人員來掌握，形成合作制衡關係；在權力的行使上，遵循法治原則，明確一切權力依法運行，不允許任何人超越於法律之上。〔註 49〕由於人民意志與現代國家之間的密切關係，保護公民權利，促進國民的政治參與，就成為現代國家建設的基本方向。

在梁啓超看來，國家產生、生長於社會之中，現代國家的建設需要具有現代素養的國民。現代國民對於現代國家的重要性，主要體現在兩個方面：一是現代國民是現代國家的建設者。現代國家以人民主權原則為基礎，人民作為現代國家的主體，承擔有建設國家的責任和義務。二是現代國民是現代國家的監督者。國家權力作為一種公共權力，壟斷了暴力使用。由於權力具有天然的自我膨脹屬性，如果缺少監督，現代國家不僅不能有效維護和增進國民權益，反而有可能使用壟斷暴力來侵害和妨礙國民權益。因此，現代國家的制度設計，將通過維護國民權利實現對國家公權力的監督，用國民監督限制國家權力的濫用。

同樣，現代國家對於現代國民也產生深遠影響。沒有現代國家，國民權利就不可能在國家法律層面被確認，國民權利也將不能得到國家力量的保護。「關於國家對社會的作用，還不可忽視的是始終貫穿於國家諸多歷史使命中的一條重要線索，即國家對個人所實施的教育職能，即社會化，並且借助

京：中華書局，1989 年版，第 39 頁。
〔註 49〕徐勇：《「回歸國家」與現代國家的建構》，《東南學術》，2006 年第 4 期。

於此，使生物意義上的個體發展爲具有社會和政治屬性的社會成員。」〔註50〕國家對於國民具有政治塑造功能，即政治社會化過程。在政治社會化過程中，國家對國民的影響主要有二：其一，國家是國民從事政治實踐的最主要活動領域。國民政治認知的取得首先來自政治實踐過程。人們在國家的特定社會政治條件下認識和把握政治現象，從國家制度、運行體系，到國家機構設置和功能，現存的政治條件規定了人們政治社會化的具體內容。通常情況下，人們是在政治生活和政治實踐中獲得政治知識的，也正是在政治社會化過程中，人們才可能通過自身的政治實踐獲得第一手政治知識，也可能通過接受國民教育獲得他人總結的政治經驗和知識。由於政治實踐處於一個動態過程，人們的政治認知將會隨著政治實踐的深入而不斷深化，從而獲得對國家更深的認識。此外，人們的政治認知往往通過政治實踐的檢驗而得到調整、強化和堅持。其二，人們在政治社會化過程中成長爲合格的國民。國家對於國民的影響，在政治社會化的動因、內容和後果等方面產生作用。從政治社會化的動因來看，人們爲了實現自身利益，爲了適應、參加，甚至改變國家生活而從事政治學習的。由於國家的作用波及整個社會，影響到每個社會成員的切身利益和長遠發展，因而社會成員都在自覺或不自覺地進行著政治學習。從內容來看，人們在政治社會化中將會獲得對於國家的認知和參與國家生活的技能；從結果來看，人們在政治社會化中瞭解了現有國家政治體系，熟悉了國家生活準則，形成了獨立的國家認知，進而實現了由「自然人」向「政治人」的轉變，成爲國家政治生活的主動參與者和實踐者。總之，在國家之內，人們從國家獲得政治認知、取得政治經驗、完成政治實踐，最終成長爲合格的國民。在人類的漫長發展中，國家經歷了不同的階段和形態。現代國家作爲近代以來的主流國家形態，以其優越的制度架構和運行模式，在世界各地不斷擴展和建立。民國前後，中國面臨建設現代國家的重要契機，梁啓超希望國家制度、設施和架構的建設，能夠推動現代國民的成長，從而促進一個完全的現代國家的形成。這也正是梁啓超在民國初期提出保育政策學說的重要根源和內在邏輯。

（二）普通大眾對國家事務的政治參與

現代國家建立在人民權利學說之上，人民政治權利成爲國民參與現代國家

〔註50〕趙宇峰：《現代國家與公民社會的辯證關係》，《深圳大學學報（人文社會科學版）》，2006 年第 6 期。

政治的法理基礎。國民的政治參與構成現代國家的顯著特徵。根據各國的政治實踐經驗，全體國民，尤其是普通大眾的政治參與，成爲現代國家持續發展的重要動力。在現代國家，國民的政治參與呈現以下幾個基本特徵〔註51〕：其一，從參與的主體來看，政治參與主要體現爲普通大眾的政治行爲。現代國家對於公民權利的規定和保障，涉及每一個國民，故政治參與的主體理應爲全體國民。然而，由於對普通大眾權利的規定是現代國家區別於以往國家形態的重要特點之一，也爲了將國民政治參與行爲與執行國家政治職能或職業政治活動家的政治行爲相區別，本文認爲政治參與主要體現爲普通大眾的政治行爲。在此，需要強調的是，只有國民才能成爲政治參與的主體。在傳統君主專制統治下的國人，即梁啓超所謂舊中國的臣民，是不具有參與政治的資格和權利的，也就不能成爲政治參與的主體。其二，從參與的內容來看，政治參與是國民對於公共利益的主張行爲。國民要實現有效的政治參與，就需要與國家機關、政治團體乃至個人就某一共同問題展開對話，政治參與的內容必然涉及公共利益，國民的政治參與體現爲國民對於公共利益的主張行爲。由於國民對公共利益的主張會涉及社會政治生活的各個方面，故國民政治參與的內容也將涉及社會政治生活的幾乎所有過程。其三，從參與的法定關係來看，政治參與是國民對於公共事務的政治權利、義務和責任關係。現代國家實行民主政治，遵循主權在民原則。國民在政治生活中不僅有服從義務，而且有參與權利。一方面，政治參與表現爲國民行使以普選權爲核心的政治權利的過程。國民參與政治權利的實現，實際上就是民主政治的實踐。另一方面，政治參與也是國民承擔政治義務的過程。對於作爲政治參與主體的國民來說，參與政治是建立在其對民主價值和規則的承諾基礎之上的，是他對國家公共權力忠誠的表現。對於國家權力主體和其它國民來說，承認特定國民的政治參與，就是承認該國民的政治參與權利，就具有尊重這種權利及其行使的義務。其四，從參與的外延來看，政治參與通常限於合法的範圍，而不包括非法的行爲。在現代國家，一系列民主制度爲國民提供了表達利益的合法正常渠道。在這些合法渠道搭建的活動空間中，國民只要進行正常的政治參與，公開、合理表達利益需求，就能影響或控制政治權力的運行。需要注意的是，政治參與決不意味著每個國民都能親自成爲政治管理的主體，

〔註51〕王浦劬等：《政治學基礎》，北京：北京大學出版社，2006年版，第166～168頁。

由於政治過程的專業性和複雜性，政治管理終究只能由少數國民掌握和使用。故在現代國家之中，任何非法的行爲都將會對民主政治產生危害，最終威脅國民自身利益。其五，從參與的目標和對象來看，應該包括與國家機關（除外交部門）相關的所有政治生活。國家通過其所屬機關的管理，對國民生活和利益發生影響。爲了實現對國家機關權力的監督和完成自身利益的有效表達，國民能夠參與所有國家機關的相關政治生活就成爲國家合法性的應有內容。不過，由於外交部門主要處理的是對外事務以及其事務的機密屬性，國民的政治參與在此領域應該受到限制。總之，全體國民，尤其是普通大眾的政治參與，能夠對現代國家的運行和成長產生巨大作用。

在現代國家建設過程中，普通大眾對國家事務的參與大致可以劃分爲三種類型：自動參與、動員參與和消極參與。所謂自動參與，就是國民基於自身利益或政治自覺而主動參與國家事務的行爲；動員參與是指國民因受政府號召或他人鼓動而參與國家事務的行爲；消極參與則指國民出於自覺或不自覺而對國家事務漠不關心，以及採取消極應對的行爲。在現實社會中，以上三種類型往往以混沌的狀態同時出現，所不同的是三種類型在不同條件下的作用範圍和結合方式經常會出現差異。一般情況下，成熟現代國家的國民自動參與的比例較高，而現代化程度低的國家，國民的動員參與和消極參與比例較高。尤其是前現代國家，國民對於國家事務的參與，消極參與佔據非常大的比例。三種參與類型之間呈現爲一種動態關係。當受到政府或他人的勸說和誘導之後，消極參與會轉變爲動員參與，乃至自動參與。民國初期，梁啓超對於政府的保育政策、報刊輿論的宣傳、學校的國民教育等的倡導，一個重要目的就是要通過對普通大眾政治意識的啓迪，使國人養成自動參與的良好習慣，從而扭轉普遍的消極參與態勢。

國民政治參與的途徑，一般可以劃分爲六種類型，即政治投票、政治選舉、政治表達、政治結社、政治接觸和政治冷漠等。〔註 52〕政治結社作爲國民結成持久性集團組織參與政治活動的行爲，其組織形態通常包括政黨和政治社團。由於其內部組織的嚴密性和政策研究職能的複雜性，在梁啓超看來，能夠施行政治結社的只能是具有相當政治常識和政治熱情的國民，也就是說其並不適用於大多數的普通國民。政治接觸作爲國民解決個別政治問題，謀

〔註 52〕王浦劬等：《政治學基礎》，北京：北京大學出版社，2006 年版，第 171～175
　　　頁。

求個人或小部分人利益而接觸有關議員或政府官員的行為，其活動領域和範圍相對狹窄，並不適用於普通國民。例如美國的院外集團和院外接觸活動，通常是由某一財團雇傭說客專門就某種政策目標展開的活動。對於此種國民政治參與類型，民國前後的梁啓超並沒有提及。而政治冷漠則完全為梁啓超反對，在他看來，政治冷漠不是成熟現代國民應當具有的政治行為，其充滿弊病，正是國人要著意轉變和預防的。由此，在梁啓超看來，普通大眾參與政治集中體現在政治投票、政治選舉和政治表達三大路徑。

（三）普施義務教育

梁啓超一生倡導國民教育，對於近代中國教育事業的發展做出了重要貢獻。其中，對所有適齡兒童普施義務教育，成為其教育思想的一大特色。梁啓超希望，通過普施義務教育，培養一代「有自立獨立之氣，磅礴於國中」的健全國民，為中國建設現代國家準備主體基礎。較其它教育，義務教育的顯著特徵在於具有強制性。觀察 1911 年到 1915 年間的梁啓超言行，儘管有關國民義務教育的言論並不多，但在這段時間的前後，他卻時常論及並用力呼籲。民國建立前後，國家政治事務繁雜，尤其是現代國家政治制度建設任務緊迫，梁啓超在這一時期不能專門就國民義務教育展開論述，是完全可以理解的。不過，其國民義務教育思想卻是持續的，未曾中斷的。作為培育現代國民的途徑之一，梁啓超認定義務教育具有不可替代的作用。

具體來說，梁啓超的國民義務教育思想，大體包括以下三個方面：

第一，政府依法承擔推進義務教育的責任。義務教育的最終目的，在於造就健全合格的國民，故必須「舉全國之子弟而悉教之」。根據東西各國的實踐，推進義務教育的通則是「無不以國家之力干涉之」，否則「必不能普及也」。〔註 53〕梁啓超認為，中國「不欲興學則已，苟欲興學，則必自以政府干涉之力強行小學制度始」〔註 54〕。他一再申明，義務教育是「及年者皆不可逃之」的，「及年不學，罪其父母」。〔註 55〕在此，「義務」有兩層含義：一是「及年之子弟，皆有不得不入學之義務也」；二是「團體之市民，皆有不得不擔任學

〔註 53〕 梁啓超：《教育政策私議》，《飲冰室合集・文集之九》，北京：中華書局，1989年版，第 36 頁。

〔註 54〕 梁啓超：《教育政策私議》，《飲冰室合集・文集之九》，北京：中華書局，1989年版，第 33 頁。

〔註 55〕 梁啓超：《教育政策私議》，《飲冰室合集・文集之九》，北京：中華書局，1989年版，第 36，39 頁。

費之義務也」。〔註56〕各級政府不僅要保證適齡兒童能夠入學接受義務教育，而且應該承擔起提供必要教育經費的責任〔註57〕。政府對於推進義務教育的責任之重大，根本就在於義務教育是一國教育之基，國民品行之養成和國家富強之源泉皆與義務教育具有莫大關係，故「不先利用國家之強制力，以實行一切行政法規，則教育斷無普及之。……以未受教育之人民，蜂屯蟻聚，向未識規律制裁為何物，而欲以一二豪傑之力拔諸九淵之下，而驟登諸九天之上，靡論其人未必豪傑也，即使豪傑，其力幾何？而曰吾能破壞之能建設之，直欺人自欺之言耳！」〔註58〕

　　第二，遵循「程進有序」原則逐級推進。實施義務教育，梁啓超認為應該按照學程「次第」推進，決「不可以躐等進」。根據各國的通例和當時中國國力，發展義務教育應該從初等教育（小學教育）開始，待若干年普及之後，再逐步延長教育年限，擴展到中等教育階段。只有這樣，才可能收到教育之功。針對當時一些人不識蒙學和小學教育、專言興辦大學的錯誤言論，以及各省各地在小學、中學尚未實設的情況下，紛紛擬辦大學的做法，梁啓超明確指出，其言論做法猶如登樓，「不經初階，而欲飛升絕頂」，沒有中途不遇挫折失敗的。他觀察清末留學日本的學生，「其始亦往往志高意急，驟入其高等學專門學大學等」，然基礎知識不足，對於高深學問多不能理解，「卒不得不降心以就學於其與中學相當之功課」。〔註59〕只有遵循「程進有序」原則，義務教育才能夠取得成效，國民也才有可能接受更為高等的教育。

　　第三，師範教育為義務教育之基。興學的關鍵在於發展師範教育，這已成為世界各國發展教育的共同經驗。梁啓超重視教師的作用，他指出：「師也者，人才之大原也。故救天下之道，莫急於講學，講學之道，莫要於得師。」〔註60〕近代中國教育的落後，以及教師素養的參差不齊，使梁啓超感到發展

〔註56〕梁啓超：《教育政策私議》，《飲冰室合集・文集之九》，北京：中華書局，1989年版，第 36 頁。

〔註57〕義務教育經費的具體來源和承擔情況，參見梁啓超：《教育政策私議》，《飲冰室合集・文集之九》，北京：中華書局，1989 年版，第 37～38 頁。

〔註58〕梁啓超：《答某報第四號對於新民叢報之駁論》，《飲冰室合集・文集之十八》，北京：中華書局，1989 年版，第 94～95 頁。

〔註59〕梁啓超：《教育政策私議》，《飲冰室合集・文集之九》，北京：中華書局，1989年版，第 33 頁。

〔註60〕梁啓超：《復劉古愚山長書》，《飲冰室合集・文集之三》，北京：中華書局，1989 年版，第 12 頁。

師範教育的急迫。他提出：「欲救天下，自學究始」，「非盡取天下之學究而再教之不可」。〔註61〕培養具有現代教育知識的教師，成爲發展教育的首要工作。他明確講到：「欲革舊習、興智學，必以立師範學堂爲第一義」，「師範學校立，而群學之基悉定」。〔註62〕他建議：京師和各省府州縣皆設小學和師範學堂，以師範學堂的「生徒」充當小學的教習，通過小學堂的教學成績即可驗師範學堂生徒的成績。三年以後，將那些可爲教習的人選集中起來進行「大試」，「擇其尤異者爲大學堂中學堂總教習，其稍次者爲分教習，或小學堂教習」。如此，必能鼓舞天下之士咸來從事師範教育，爲國家教育發展奠定人才基礎。〔註63〕民國建立以後，梁啓超對教育的論述重點逐漸轉向了社會教育，但他仍不忘發展學校教育，尤其是師範教育。他強調，「國民教育，以培養師範爲先」，並針對「國中才智之士，罕肯從事教育」的現狀和「師範愈墮，而學基愈壞」的危險，提出「城鎮鄉之自治事業，其什之八九宜集中於教育，而尤以養成單級教授之師範爲下手第一著」。〔註64〕他甚至還曾設計了一個「教育制度表」，其中單列師範教育，具體包括：尋常（普通）師範學校（相當於中學校，三年或四年），高等師範學校（相當於大學校，四年），師範大學（與大學院同，自由研究，不拘年限）。

（四）發展社會教育

民國前後，梁啓超分外推崇社會教育。他認爲，社會教育的重要性不僅僅在對國民進行一般的宣傳教育，而是能夠「增美釋回」國人之遺傳國民性，塑造具有現代品行的「完全之國民」。社會教育對於國人的現代轉型，尤其是絕大多數的普通大眾實現向現代國民的過渡，顯得緊迫而必要。在梁啓超那裏，廣義的社會教育，可謂包羅萬象：最初步的國民啓蒙教育；文化科學常識的普及，基本技能的培養；擴大學術視野，瞭解科學發展動態，等等。儘管「社會教育」一詞在我國的正式使用，大約是在 1912 年臨時政府的教育部

〔註61〕 梁啓超：《變法通議》，《飲冰室合集·文集之一》，北京：中華書局，1989 年版，第 45，50 頁。

〔註62〕 梁啓超：《變法通議》，《飲冰室合集·文集之一》，北京：中華書局，1989 年版，第 34，37 頁。

〔註63〕 梁啓超：《變法通議》，《飲冰室合集·文集之一》，北京：中華書局，1989 年版，第 37 頁。

〔註64〕 梁啓超：《政府大政方針宣言書》，《飲冰室合集·文集之二十九》，北京：中華書局，1989 年版，第 122 頁。

設立專門社會教育司之後了，但梁啓超的社會教育思想的形成和相關論述顯然是在這之前。民國前後，梁啓超大力倡導發展輿論事業，主張通過所有可能的宣傳途徑、機構和設施對國人進行廣泛靈活的啓蒙教育，即是這種社會教育的表現。

　　與國民教育一樣，社會教育的對象爲全體國民。包括政府官員、軍隊將領、企業經理、士人學子、農民、手工業者等各類人群。由於人數上在全體國民中的絕對優勢，普通大眾理所當然成爲接受社會教育的主體。對於近代國人素質的狀況，梁啓超認爲與西方發達國家的國民相去甚遠。他曾描述道：爲官的「一人宦途，則無不與書卷長別」，既不敢言新政，也「不知修道養兵爲何政」，惟「因循積弊」，若「行尸走肉」；帶兵的將領，多爲「悍夫勇士」，不「讀史知兵」，不懂現代戰術，也不掌握「測天繪地」的知識和技術；士兵則多爲村民鄉夫，兼有「垂老乞丐」，幾乎不能「識字、繪圖、測表、燃炮」；從事舊商業的小業主，對現代經濟的管理和經營可謂一概不懂，即使是購進國外設備開辦近代企業的廠長和董事們，十之八九不是「老官場便是老買辦，一點新知識也沒有」；在西方發達國家已是孩童必讀、常人盡知的常識，中國的學界卻知之甚少、甚淺薄。總之，國人還不具備現代國民的基本素養。民國成立後，鑒於國中大多數人仍然缺乏政治知識和政治能力，梁啓超明確提出，「非從社會教育痛下工夫，國勢將不可救」〔註65〕。

　　梁啓超主張，發展社會教育應該充分利用各種平臺和形式，要形成適應不同環境條件不同人群的教育方法。他善於運用各種教育形式的特點和功能，主張社會教育要與學校教育實現共同發展。具體來說，社會教育的路徑主要包括：

　　第一，發展報業，嚮導國民。梁啓超的一生與報業結緣甚深，其主編的報刊有《時務報》、《湘報》、《清議報》、《新民叢報》、《政論》、《庸言》、《國風報》等。1912年10月22日，梁啓超在北京報界歡迎會上演說中指出，辦報的宗旨當是「瀹牖民智、薰陶民德、發揚民心，務使養成共和法治國國民之資格」〔註66〕。他提出，「閱報愈多者，其人愈智；報館愈多者，其國愈強」

〔註65〕梁啓超：《國體戰爭躬歷談》，《飲冰室合集·專集之三十三》，北京：中華書局，1989年版，第147頁。

〔註66〕梁啓超：《初歸國演說辭》，《飲冰室合集·文集之二十九》，北京：中華書局，1989年版，第4頁。

〔註67〕，希望通過發展報業，使國人「去塞求通」，培育新民，成爲建設現代新國家的導端。民國前後，梁啓超曾擔任《國風報》總撰稿人。他申明該報的宗旨和使命是：「忠告政府，指導國民，灌輸世界之常識，造成健全之輿論」。在該報上，梁啓超發表了著名的《新中國建設問題》等文章。在其提名的《庸言》（The Justice）〔註68〕上發表《國性篇》、《政策與政治機關》、《省制問題》、《中國立國大方針》、《中國道德之大原》、《箴立法家》、《憲法之三大精神》、《歐洲政治革進之原因》、《同意權與解散權》、《論審計院》、《政治上之對抗力》、《專設憲法案起草機關議》、《暗殺之罪惡》、《進步黨政務部特設憲法問題討論會通告書》、《革命相續之原理及其惡果》、《述歸國後一年來所感》等35 篇文字。〔註69〕1915 年 1 月，梁啓超應新創立的中華書局之約，刊行《大中華》（The Great Chung Hwa Magazine）雜誌，任「總撰述之事」。該刊的主旨爲：「養成國民世界知識，增進國民人格，研究事理眞相，以爲朝野上下之南針」。在「發刊辭」中，梁啓超針對國內發展社會教育的緊迫性講到：「吾以爲中國今日膏肓之疾，乃在舉全國聰明才智之士，悉輳集於政治之一途，……而以舉國聰明才智之士，悉輳集於政治，故社會事業一方面，虛無人焉，既未嘗以從社會方面，培養適於今世政務之人才，則政治雖歷十年百年，終無根本改良之望」〔註70〕。《大中華》雜誌注重社會教育，不僅報導評論世界大事，分析中國將來之地位和國民天職，而且登載有國際知名人士的傳記文章，對於日本動向亦非常重視。梁啓超在《大中華》上發表文字 34 篇，主要包括：《吾今後所以報國者》、《政治之基礎與言論家之指針》、《中日最近交涉平議》、《作官與謀生》、《中國與土耳其之異》、《痛定罪言》、《復古思潮平議》、《異哉所謂國體問題者》、《憲法起草問題答客問》、《良心麻木之國民》

〔註67〕 梁啓超：《論報館有益於國事》，《飲冰室合集・文集之一》，北京：中華書局，1989 年版，第 101 頁。

〔註68〕 《庸言》，1912 年 12 月 1 日開始出版，地址在天津日租界旭街（今和平路）17 號。報紙爲半月刊（後改月刊），每期約 10 萬字，發行最多時可達 1.5 萬份。所謂「庸言」，乃據《易・乾・文言》中「庸言之信，庸行之謹」。梁啓超提名「庸言」，蘊含該刊所載內容公正、信實之意，也體現了他「獨立不倚」的辦報精神。參見劉佐亮：《梁啓超在天津創辦〈庸言〉報》。郭長久主編：《梁啓超與飲冰室》，天津：天津古籍出版社，2002 年版，第 81～82 頁。

〔註69〕 梁啓超在《庸言》上的 35 篇文字的類別及篇目，詳見張朋園：《梁啓超與民國政治》，長春：吉林出版集團有限責任公司，2007 年版，第 236 頁。

〔註70〕 梁啓超：《大中華髮刊辭》，《飲冰室合集・文集之三十三》，北京：中華書局，1989 年版，第 89～90 頁。

等。〔註71〕梁啓超發表在報刊上的著作和文章，被譽爲能夠產生「振聾發聵」、「驚天下」、「泣鬼神」的效果，他以「筆端常帶感情」的文字不僅開啓了中國一代新風氣的先河，而且啓蒙、激勵了當時和後世的諸多知識分子、政府官員和普通大眾，對中國的現代轉型產生積極促進作用。

　　第二，發表演說，啓迪國民。梁啓超很重視演說對於國民的宣傳教育作用。他認爲，當時中國的報刊數量不足，能夠識字的國民亦爲少數，再加社會上「於學校報紙之利益，多有知之者。於演說之利益，則知者極鮮」〔註72〕的狀況，發展和利用演說這一形式，就具有積極意義。在梁啓超看來，演說具有通俗易懂、別具吸引力的特點，對於開啓民智、形成風氣、傳播文明和推動國家進步必能產生實際的功效。他一生充分利用各種機會和場合發表演說，宣傳政見和學見指導國民，產生重要的社會影響。其演說活動，主要集中在兩個時期：一是 1912 年歸國之初。在抵達天津、北京後，受到社會各界的熱烈歡迎，盛況空前，「幾於舉國若狂」。一時各省「歡迎電報亦絡繹不絕」，「日所赴集合，平均三處」。對於當日的演說情形，梁啓超曾記述道：「吾在京旬日，無一日不演說，吾素不善演說，然在中國內，人人幾以爲聞所未聞，咸推我爲雄辯家，……吾每演說一次，則增一次效力，吾黨之熱心，達於沸度矣」〔註73〕。另一時期是 1920 年歐遊歸國後。梁啓超應聘在南開大學、清華學校、東南大學等校講授歷史、中國文化史、政治思想史等十數門課程。除在大學講臺上的講授、報告、講座和演說外，還於 1921 年 10 月至 12 月間在北京、天津兩地的一些學校和學社，先後演說七八次。1922 年到 1923 年間又先後在北京、濟南、南京、上海、南通、蘇州、長沙、武昌等地巡迴講演，共計 50 多次。在 1912 年歸國之初，梁啓超懷抱建設新中國的理想和主張，在各種歡迎會、茶話會上演說陳述自己的觀感。〔註74〕他向報界回顧了報刊

〔註71〕具體篇目分類及所處期號，參見張朋園：《梁啓超與民國政治》，長春：吉林出版集團有限責任公司，2007 年版，第 239～240 頁。

〔註72〕梁啓超：《自由書》，《飲冰室合集·專集之二》，北京：中華書局，1989 年版，第 41 頁。

〔註73〕丁文江，趙豐田：《梁啓超年譜長編》，上海：上海人民出版社，2009 年版，第 426 頁。

〔註74〕這些演說涉及輿論界、政界、商界、宗教界、學界等各類界別，完全可謂爲一場盛大的國民社會教育活動。演說經過整理編在《飲冰室文集》中的有：《鄙人對於言論界之過去及將來》、《到京第一次歡迎會演說辭》、《蒞共和黨歡迎會演說辭》、《蒞民主黨歡迎會演說辭》、《蒞同學歡迎會演說辭》、《蒞廣東同

的發展歷史，闡明辦報的天職在於「立言」，而立言的宗旨則在「濬牖民智、薰陶民德、發揚民心，務使養成共和法治國國民之資格」〔註75〕。他與政界代表相勉勵，務求備有對國家的責任心和興味心，對於民主黨爲代表的政黨界則激勵他們要有公共之目的、奮鬥之決心、整肅之號令、公正之手段、犧牲之精神和優容之氣量〔註76〕。對商界闡明今日世界之大勢，提出一國存亡之所繫在於經濟之戰爭，明確指出：「今日之戰爭，則戰鬥員爲商爲工，戰鬥之器具爲機械，爲各種貨物」，只要「能精練此等戰鬥員，修明此等戰鬥器具者，即足爲世界第一等強國」。〔註77〕對於大學生則勸勉他們要「爲中國之學問爭光榮」，要「研究高深之學理，發揮本國之文明，以貢獻於世界之文明」〔註78〕。總之，通過演說，梁啓超在歸國之初不啻對國內各界開展了一場深刻的啓蒙教育，社會教育意義深遠。

第三，廣開學會，提升智識。學會作爲群眾性的專業組織，在傳播文化知識和培植專業人才方面能夠發生特殊作用。在西方國家的發展中，由於政府「精神有限，不能事事研精」，就借助民間力量發展科學技術、聚攏人才，從而形成「有一學即有一會」的局面。其學會涉足領域之廣，梁啓超記述到，「有農學會、有礦學會、有商學會、有工學會、有法學會、有天學會、有地學會、有算學會、有化學會、有電學會、有聲學會、有光學會、有重學會、有力學會、有水學會、有熱學會、有醫學會、有動植兩學會、有教務會，乃至於照相丹青浴堂之瑣碎，莫不有會」，可謂有業即有學會。參加學會之人，「上自后妃王公，下及一命布衣」，學會已經與人們的生產生活融爲一體，不可分離。〔註79〕梁啓超認爲，學會能夠如此受到西方國家歡迎，重要原因之

鄉茶話會演說辭》、《莅北京商會歡迎會演說辭》、《莅北京公民會八旗生計會聯合歡迎會演說辭》、《莅佛教總會歡迎會演說辭》、《莅山西票商歡迎會演說辭》、《莅北京大學校歡迎會演說辭》、《答禮茶話會演說辭》等。

〔註75〕梁啓超：《初歸國演說辭》，《飲冰室合集·文集之二十九》，北京：中華書局，1989 年版，第 4 頁。

〔註76〕梁啓超：《初歸國演說辭》，《飲冰室合集·文集之二十九》，北京：中華書局，1989 年版，第 14～21 頁。

〔註77〕梁啓超：《初歸國演說辭》，《飲冰室合集·文集之二十九》，北京：中華書局，1989 年版，第 25 頁。

〔註78〕梁啓超：《初歸國演說辭》，《飲冰室合集·文集之二十九》，北京：中華書局，1989 年版，第 39 頁。

〔註79〕梁啓超：《變法通議》，《飲冰室合集·文集之一》，北京：中華書局，1989 年版，第 33 頁。

一就在於其可以「群心智」、「集眾力」，正所謂「道莫善於群，莫不善於獨。獨故塞，塞故愚，愚故弱；群故通，通故智，智故強」。〔註80〕經過多年演變，西方國家逐漸形成而行之的有三種類型群組織：「國群曰議院，商群曰公司，士群曰學會」。由於「議院公司，其識論業藝，罔不由學，故學會者，又二者之母也」。〔註81〕在學會中可「有書以便翻閱，有器以便試驗，有報以便布知新藝，有師友以便講求疑義。故學無不成，術無不精，新法日出，……人才日眾。」〔註82〕學會成為西方國家強盛的動因之一。西方國家的經驗，使梁啓超深感在中國發展學會的必要。他一方面大力倡導廣開學會，一方面開始了組織學會的實踐。在其帶領下，一時間，名目繁多的政治性的、專業性的學會在各地紛紛成立。繼強學會後，有粵學會、蜀學會、浙學會、陝學會，以及農學會、聖學會、醫學善會、知心學會、蒙學鄉會、譯書公會、戒鴉片煙會等。1920 年 4 月，剛歐遊回來不久的梁啓超即與友人商議組織共學社。其宗旨為「培養新人才，宣傳新文化，開拓新政治」。同年 9 月，梁啓超又發起組織講學社，邀請西方學者、名流來華講學，對中國思想界、學術界產生深遠影響。

第二節　建設方案的實踐狀況：民初政治與實踐困境

一、共和終究是招牌

民初時期，中國先後存在兩個政府：南京臨時政府和北京政府。前者的存在時間儘管短暫，但對民初制度的形成和演變影響巨大。辛亥革命後，南京臨時政府根據《中華民國臨時政府組織大綱》確定了國家的組織原則：採用美國式總統制，通過選舉產生臨時大總統；通過了《中華民國臨時約法》，以憲法形式肯定共和制度，遵循三權分立原則確立國家政權組織形式和權力運行方式；以革命黨人為主體，根據「總長取名次長取實」的原則，組建民國第一屆中央政府；確立主權在民原則，肯定人民基本權利。一定意義上說，

〔註80〕梁啓超：《變法通議》，《飲冰室合集‧文集之一》，北京：中華書局，1989 年版，第 31 頁。

〔註81〕梁啓超：《變法通議》，《飲冰室合集‧文集之一》，北京：中華書局，1989 年版，第 31 頁。

〔註82〕梁啓超：《變法通議》，《飲冰室合集‧文集之一》，北京：中華書局，1989 年版，第 33 頁。

南京臨時政府就是同盟會主導下的革命政府，革命黨人建立民主共和制度的理想初步得到實現。然而，南京臨時政府作爲當時國內各種勢力的妥協產物，其組織成分複雜，運行存在諸多不暢。南京臨時政府由各獨立省份的都督府代表會議選舉產生，不能形成有效統一的全國政權體系，各省保有相當大的獨立性。舊軍官、舊官僚和傳統士紳在政府中擔任要職，與革命黨人形成力量角逐。迫於黨內外巨大壓力，就任臨時大總統的孫中山不得不做出妥協，在宣誓就職時即致電袁世凱，表達對大總統職務「雖暫時承允，而虛位以待之心」的態度。從 1912 年 1 月 1 日成立，至當年 3 月 12 日消亡，南京臨時政府僅存在將近兩個半月，但其在中國歷史上第一次實踐民主共和制度，具有劃時代意義。

　　繼南京臨時政府之後，以袁世凱爲核心的北京政府建立。在此之前，參議院匆匆修改臨時約法，將總統制改爲內閣制，規定「國務院輔佐臨時總統負其責任」，「國務院於臨時總統提出的法律案及發佈命令時須副署之」，提升內閣權力。革命黨人要以國務院負責、對法令有副署權，實現對袁世凱權力的制約。此後，革命黨人與袁世凱的鬥爭焦點就轉到了組建第一屆內閣上面。

　　按照政黨內閣制的慣例，內閣總理當由多數黨領袖擔任，執政黨的權力主要體現爲對內閣人選的確立上。爲了實現獨裁統治，袁世凱希望掌控內閣總理的人選，決不允許同盟會的人擔任總理。幾經周折，各派勢力難以達成共識。此時，傾向於袁世凱的立憲黨人提議由北洋親信唐紹儀擔任總理，而條件是唐宣佈加入同盟會。這樣，同盟會得到了一個名義上的內閣總理。在其它閣員名額分配中，袁世凱同樣占得優勢。陸軍部、海軍部、內政部、財政部和外交部等重要部門的總長，不是袁世凱的親信，就是他的擁戴者，同盟會僅得到幾個閒曹閣部。但令袁世凱未能預料的是，民國第一任內閣成立後，曾留學美國受過多年西方教育的唐紹儀「倚黨人自重」，在裁軍、財政、任人和國務院權限等問題上不肯完全順從其意願。而且，在宋教仁、蔡元培等人協助下，新內閣提出了一系列有利於鞏固共和制度的措施。袁世凱希望唐紹儀作其實行獨裁統治的總管的算盤打空。隨著袁唐矛盾日益積累，最終在直隸總督人選和國外借款問題上因政見不合引發政潮。不久，唐紹儀請辭出走。袁世凱又使用軍警強迫參議院通過陸徵祥組閣，然陸毫無政見，很快即遭參議院彈劾，遂稱病不出。袁世凱就勢又以親信趙秉鈞出任代總理〔註83〕，終於實現對內閣的控制。革命

───────────────

〔註83〕對於趙秉鈞的組閣，最初國民黨人極力抵制，但當袁世凱令趙內閣全體閣員

黨人以內閣制限制袁世凱的設想徹底落空。

　　根據臨時約法第 53 條規定，約法實施 10 個月要組織正式國會選舉。1912 年底至 1913 年初，民國第一屆國會選舉。各派別紛紛組織政黨，參加國會選舉。選舉的結果是，由同盟會改組的國民黨取得巨大勝利，在眾議院和參議院中得票均超半數。當時主持黨務工作的宋教仁〔註 84〕非常興奮，認為國民黨必能組閣，他也將會成為內閣總理。可是，一場針對宋的刺殺行動打亂了政治演變進程。1913 年 3 月 20 日晚 10 時，宋在上海滬寧車站遭刺殺，於 22 日不治身亡。緝捕兇手的過程中，上海租界巡捕房尋得兇手，同時搜出其與國務總理趙秉鈞之間的來往電報。〔註 85〕由於趙秉鈞與袁世凱的密切聯繫，一時革命黨人聲稱袁乃暗殺背後的策動者。從當時的政局來看，袁世凱確實是宋案的最大受益者，推行獨裁統治的道路更加通暢了。

　　宋案發生後，時任中國鐵路總公司總裁的孫中山立即中斷在日本的訪問，返回中國，主張以武力討伐袁世凱。但國民黨內意見不一，部分領導人（如黃興）認為「武力不足」因而信心不足，傾向使用和平手段，在不破壞臨時約法之下以法律方法抗爭。而一些剛剛當上議員的國民黨人為了保住議席，對武力反袁也不熱心。正當國民黨內爭論如何倒袁的時候，袁世凱北洋政府與英德法俄日五國銀行團簽訂借款合約。國民黨人聲稱借款未經國會批准屬於非法。5 月初，國民黨員江西都督李烈鈞、安徽都督柏文蔚、廣東都督胡漢民通電反對貸款。袁世凱以武力為後盾，解除了李烈鈞等人的職務。國民黨被迫組織討袁的「二次革命」。李烈鈞在孫中山的指示下，在湖口召集舊部成立討袁軍總司令部，宣佈江西獨立並通電討袁。隨後，黃興抵達南京，宣佈江蘇獨立；安徽柏文蔚、上海陳其美、湖南譚延闓、福建許崇智和孫道仁、四川熊克武、廣東陳炯明亦紛紛宣佈獨立。由於袁世凱準備充分，「二次革命」不到兩月即被平定，孫中山、黃興等被迫再渡日本。「二次革命」期間，袁世凱以武力強迫國會議員選舉其為正式大總統，然後以「叛亂」罪名下令

　　　（除陸軍、海軍兩部總長）加入國民黨後，國民黨人也就不再阻撓了。
〔註 84〕宋教仁（1882～1913 年），字遁初，號漁父，湖南桃源人。華興會的發起人之一，同盟會中部總會幹事。辛亥革命後，曾擔任南京臨時政府法制局局長、唐紹儀內閣的農林總長、國民黨的理事、代理理事長等職，是國民黨的主要籌建人。
〔註 85〕陳源泉：《清末民初政黨政治探析》，《江蘇省社會主義學院學報》，2006 年第 4 期。

解散國民黨，驅逐國會內國民黨籍議員。至此，國民黨的議會鬥爭徹底失敗。很快，袁世凱又相繼解散了各省議會和國會，借助籌安會登上洪憲皇帝的寶座，實行帝制，民初共和實踐結束。

民初政局變化迅速，以建設共和爲名義的政治變革接連「登場」，然而，一個統一、富強的現代國家始終未能建立，共和終究是一塊招牌。具體表現在：

（一）地方勢力活躍，省自治傾嚮明顯

民國初年，士紳階層異常活躍，呈現出上陞勢頭。他們的要求集中在：保持國家統一；實現地方自治。大多數省份在革命後獲得自治的較大空間，它們無意放棄擴展了的權力，包括指揮軍隊、控制稅收和挑選官吏等。與此同時，地方議會的影響力和自信心也大大增強。地方主義者認爲，自治和統一完全可以熔合在聯邦制的國家結構之中。這也就是梁啓超所謂當時國內的一部分人鼓吹聯邦制的思潮，「我國之大一統，逾二千年，單一國聯邦國之問題，本無從發生也。自一月來，各省相繼宣告獨立，識微之士，始思標此義以謀結合。」〔註86〕民國建立初期，中國更像是各省的聯盟。然而，來自國外的針對中國主權的持續壓力，使這種鬆散的國家結構面臨嚴峻考驗。

民國初年，大多數省的政治領導人主要有兩個來源：一是軍隊，尤其是清末各地建立的現代化新軍的領導人；二是各省的議會。當時儘管各省內政治勢力情況複雜，但多數省份具有相當凝聚力，能夠有效阻止北京政府安插權勢人物。以致僅僅是在北方三省——直隸、山東和河南，以及勉強算得的滿洲，袁世凱才能單方面地任命重要官員。多數省政府不僅不受來自北京的控制，而且還可以積聚相當的力量，防止下級行政單位的分裂。1912年年底，各省政府在轄區內擁有廣泛的財政權和人事任免權。〔註87〕革命後，參加了革命的省份大都保留了軍隊，而這些軍隊或是清朝遺留下來的，或是革命過程中招募的。這些軍隊的經費籌措和指揮由各省負責，故在與北京政府的對抗中，各省擁有了更大砝碼。各省軍隊的總數十分可觀，對於各省稅收乃至全國稅收來說成爲一個沉重「包袱」。再加上集權的主觀和客觀需求，裁減軍隊在民初全國範圍內逐漸開展起來。

〔註86〕 梁啓超：《新中國建設問題》，《飲冰室合集・文集之二十七》，北京：中華書局，1989年版，第27頁。

〔註87〕 【美】費正清編：《劍橋中華民國史（1912～1949年 上卷）》，北京：中國社會科學出版社，1994年版，第238～239頁。

　　與省自治同時存在的是，省級以下地方自治現象也很明顯。清朝末年，縣和縣以下的地方政府已經開始建立具有自治特徵的諮議局和議會。辛亥革命後，這些地方議會逐漸活躍開來，他們擅自挑選地方行政長官，包括縣知事。「作爲 1912 年和 1913 年的一個實際問題，這不僅違背了北京的中央集權主義分子在中國政治組織問題上所持的觀點，而且也是對省當局的蔑視。一般說來是省當局勝利了。但從這幾年各省的預算來判斷，他們的勝利常常只是部分的勝利，因爲同清朝統治下多數省的情況相比較，被縣裏截留的稅收似乎更加增多了。」〔註88〕

（二）選舉弊病繁多，議會政治實踐受限

　　民初第一屆國會，可以說是代議制度在中國歷史上的第一次正式嘗試。它仿照西方議會制度，尤其是美國國會制度設置，分設參眾兩院。參議院代表由各行省、地方議會及中央學會分別選出，共 274 名，任期 6 年，每兩年改選三分之一。眾議院議員由選民選舉產生，每人口 80 萬人選出議員 1 名，共 596 人，任期 3 年，期滿全部重選。

　　1912 年底的國會兩院議員選舉在多大程度上反映了人民意志，本身就值得懷疑。當時的《議院法》和《議員選舉法》對能夠參加眾議員選舉的選民有嚴格條件限制：年納直接稅二元以上，有值五百元以上的不動產（蒙、藏、青海以動產計算），接受有小學以上的教育或相當資格，性別爲男性，等等。由此，全國參加眾議員選舉的選民僅有 42933992 人，而當時全國的總人口約爲 4 億多，選民只占總人口的 10.5%。就是在如此低比例參選的選舉中，還伴隨著各種醜聞，如賄選、強迫投票等。「在投票選舉之前，候選人方面大肆進行遊說。他們所喜歡採取的手段是儘量購買發給每個合格選民的選票，散發給事前他們盛宴款待過的那些人。……選票似乎賣得高價，而且隨意賣掉；每張選票的價格普通是五元，隨州投票選舉日期的逼近，價格也就上漲。選舉的第一天，在許多地區的投票站周圍，互相競手的各派候選人之間發生毆打。投票箱和選票一起常被搗毀，在好幾個地方，投票站也遭到破壞。」〔註89〕據當時國內報刊登載，「美國領事說一票有高達千元者」，還有的利用特權事先將大批空白選

〔註88〕【美】費正清編：《劍橋中華民國史（1912～1949 年　上卷）》，北京：中國社會科學出版社，1994 年版，第 240 頁。

〔註89〕胡濱譯：《英國藍皮書有關辛亥革命資料選譯》，北京：中華書局，1984 年版，第 645 頁。

票「藏於衣袋及褲襠中」，交人集中填寫後投入票箱。不法行爲在各黨均能見到，第一大黨國民黨也不例外。直隸滄州第四區的選舉中，還發生國民黨強迫選民投本黨候選人票的現象，「硬將民主黨李寶書、趙熙兩人捉去，前呼後擁數十人，有三人持槍威嚇」。爲此，民主黨還專門提出訴訟。〔註90〕民初政黨的這般表現，完全與梁啓超倡導的成熟政黨應該具有的「公正之手段」、「優容之氣量」等格格不入。

對於政黨建設，梁啓超十分痛恨分黨現象。在他看來，一個政黨不能有效凝聚黨內力量，黨員不能對本黨黨義保持忠誠，那麼這個政黨是軟弱的，在政黨競爭中定會敗下陣來。不幸的是，梁啓超的擔憂成爲民初政黨分裂頻仍的寫照。在民初第一屆國會議員選舉中獲得巨大勝利的國民黨，面對袁世凱的分化，很快就發生分裂，第一大黨出現了生存危機。一時間，國民黨內分裂出多個小組織。景躍月、孫毓筠的政友會拉走國民黨議員近 30 人，劉揆一的相友會分走議員 10 餘人，此外還有超然社、癸丑同志會、集益社、潛社等，都不同程度地造成國民黨在國會中席位的流失。1913 年 4 月 28 日，眾議院議長選舉中，到會議員 543 人，國民黨人吳景濂獲 267 票，競爭對手民主黨人湯化龍得 269 票，兩人均未超過半數，不能當選。30 日的繼續選舉中，到會議員 541 人，湯化龍獲 279 票，吳景濂僅得 248 票，湯得票超過半數當選。5 月 1 日選舉眾議院副議長，到會議員 533 人，共和黨人陳國祥獲 269 票，吳景濂得 251 票，陳過半數當選。〔註91〕由此，國民黨在眾議院的正副議長選舉中均告失敗，黨勢受到巨大打擊。

民初參議院的力量組成較爲複雜。儘管內中沒有任何重要的立憲派集團，但同盟會的信徒也只擁有不到 1/3 的席位。這反映出，同盟會不能控制半數以上即使是參加了革命的各省政府。而其它的主要政黨，既不代表先前從同盟會分裂出來的派別，也不代表士紳和官吏的立憲改良勢力，他們只是在革命中（有的是革命後）才選定參加共和體制的。這一屆參議院的主要成就是制定了指導選舉的兩院制議會和新的省議會法規。〔註92〕

〔註90〕 參見《順天時報》，1913 年 1 月 18 日；《時報》，1912 年 12 月 10 日，1913
年 1 月 19 日，1913 年 1 月 27 日。轉自徐矛：《西方政制的引入與民國初年的
政局》，《復旦學報（社會科學版）》，1987 年第 5 期。

〔註91〕 《政府公報》，1913 年 5 月 9 日。

〔註92〕 【美】費正清編：《劍橋中華民國史（1912～1949 年 上卷）》，北京：中國社
會科學出版社，1994 年版，第 238 頁。

　　根據《臨時約法》和《國會組織法》對國家權力的劃分及其關係的規定，國會與總統形成相互制衡的態勢。一方面，總統對國務員、大使和公使的任命，宣戰、媾和、締結條約、宣佈大赦等須得國會同意，國會擁有選舉總統權和彈劾權；另一方面，國會議決事項須由總統公佈施行，而總統可表否決，咨院復議，對於受到國會彈劾的國務員，總統應免其職務。民初實行責任內閣制，但內閣沒有解散國會權。因此，民初政體中，國會在與總統、內閣的關係中的地位相對較高，體現了立法權制約行政權的初衷〔註 93〕。然而，這與梁啓超要建立強有力政府和推行保育政策的目標卻明顯相背。

　　這屆國會在存續期間，一定程度上發揮了立法監督作用。參眾兩院共議決 47 個提案，其中的 4 個總統提案被眾院否決。動用彈劾權監督政府，就奧國借款一事提出對國務總理趙秉鈞、財政總長周學熙的彈劾案，迫使二人宣告去職。二次革命發生後，國民黨議員還提出彈劾國務員及袁氏退位案。在修憲問題上，對於袁世凱意圖改責任內閣制為總統制而提出的增修約法案，以及派 8 委員列席會議的請求，均給予拒絕。於 1913 年 10 月 31 日三讀通過「天壇憲法草案」，基本維持了《臨時約法》的制度格局。但是，國會這種制約作用的效果不應被誇大。總體來看，國會在與袁世凱的對抗中處於弱勢地位。袁氏不僅可以對國會的決議不予理睬，尤其是彈劾案，多數並未奏效，而且還用強力解散了國會〔註 94〕。正如上文所說，民初國會的設計與梁啓超方案明顯相背，但是對於共和制度和法律尊嚴的維護，梁啓超卻是完全贊成的。袁世凱的行徑，儘管表現出某些趨向梁啓超制度方向的因子，其實客觀上已經正在偏離了梁的政治理想。

〔註 93〕　其實，這種制度設計的一個重要目的，是實現國民黨對袁世凱總統權力的制約。

〔註 94〕　憲法起草委員會完成天壇憲法草案三讀程序後，於 11 月 3 日由該委員會將全案咨送憲法會議。只要會議通過，天壇憲法草案即告走完所有法定程序，應付諸公佈施行。這時，袁世凱已知道從憲法草案本身上謀求擴張權力的補救已不可能，最後惟有破壞憲法會議阻止憲法草案通過。隨即，袁世凱兩次通電組織各省反對憲草。11 月 4 日，袁氏又宣佈國民黨為「亂黨」，下令自李烈鈞等湖口起義之日起，凡國民黨籍國會議員，一律追繳議員證書及徽章。下午 4 時許，軍警開始執行，至次晨 8 時始畢，被非法取消議員資格的國民黨人共計 350 餘人。這時，剩下的兩院議員仍足法定開會人數。袁世凱再次下令，凡湖口起義以前已退出國民黨的國會議員，亦應取消議員資格，於是又有 80 餘議員的資格喪失。至此，國會兩院共剩 411 名議員，不足半數，無法再舉行會議。次年 1 月 10 日，袁世凱下令給滯留在北京的非國民黨籍議員每人大洋 400 元，遣散回籍，民國第一屆國會消失。

（三）政黨合併分裂頻繁，政黨政治亂象叢生

政黨政治的興起和演變，成爲民初政局的一大特色。政黨在民初的興起，大致與以下幾個方面關係密切：一是人們對「黨」的認識的轉變。如梁啓超指出的，中國歷史上就存在「黨」這一事物，只是那時的黨是「朋黨」，非近代以來的「政黨」。由於「朋黨」的危害爲大眾所熟知，故無論飽學老宿還是年輕小子，皆對「朋黨」恨之惡之，認爲其是邪惡的。民國初建，新國家的締造者中不乏留學國外，尤其是日本的「先進分子」，他們具有政黨的知識和對外國政黨實踐的感官體驗，對於政黨大都是歌之頌之，希望能夠在中國實踐政黨政治。加上清末民初立憲改良者和革命者通過報刊輿論的宣傳引導，政黨觀念進入了越來越多國人的腦裏。故儘管民初不乏有人對政党進行辱罵和抵觸，也往往只是以朋黨之害來反對政黨。二是參與政治的需要。清末廢除科舉的措施，使知識分子失去了進入統治集團的最主要路徑。作爲社會的中堅階層和精英，他們需要謀求新的途徑。民初共和的建立，尤其是議會政治的實施，爲政黨政治的興起提供了一個契機。通過組織政黨，知識精英們重新找到了進入政治的渠道。三是民初政治鬥爭的推動。民國建立，革命黨人本以爲大展身手的時機到了，然而民初政治發展並不如其所願。「不論是密謀者的角色，或者是行政官員的角色，都沒有爲革命黨人提供持久的、顯要的地位。除少數幾個省他們還在管事或者還有強大影響外，民國元年時的趨勢是，在革命黨人手中的那部分行政權力越來越削弱。唐紹儀在 1912 年 6 月底由於與袁的衝突辭去內閣總理時，來自南京的內閣閣員也追隨唐退出政府。袁在北京對民政、軍政的控制，使辭職成爲唯一可行的道路。」〔註 95〕爲了與袁世凱勢力展開鬥爭，也爲了發展自身勢力，一些革命黨人提出，只有組建全國性政黨，利用民初的共和制度，才是取得政治鬥爭勝利的最好選擇。由此促成 1912 年 8 月同盟會向國民黨的過渡。

在以上原因的共同作用之下，民初黨禁一經解除，各種政黨和政治團體雨後春筍般紛紛建立，僅僅幾個月時間就達到幾十個。民初政黨林立的盛況，當時有文描述道：「集會結社，猶如瘋狂，而政黨之名，如春草怒生，爲數幾至近百」〔註 96〕。也有人認爲達到三百多個〔註 97〕。初時，新生政黨大多集

〔註95〕【美】費正清編：《劍橋中華民國史（1912～1949 年 上卷）》，北京：中國社會科學出版社，1994 年版，第 243 頁。

〔註96〕善哉（丁世嶧）：《民國一年來之政黨》，《國是》第 1 期，1913 年 5 月。

聚在武昌、上海、南京等革命軍佔領的地區，尤以「上海爲中心」。北京政府
成立後，隨著國家權力中心的北移，各黨本部也紛紛遷入北京。當時組黨之
盛，竟至「黨會既多，人人無不掛名一黨籍。遇不相識者，問尊姓大名而外，
往往有問及貴黨者」〔註98〕。民初政黨中，大多數沒有固定的政治綱領和組
織領導機構，也缺少具有威信和經驗的領導人物。多數黨員極度缺乏政黨經
驗和素養，將入黨視爲當官發財的門徑。

　　儘管組織政黨十分興盛，但亂象叢生。梁啓超所講的民初政黨吸收黨員
沒有限制、缺少分科研究政務之機關、以蹙滅他黨爲能事、地方色彩過重、
成爲人爭的工具、黨員具有責償之心和缺少服從多數習慣等問題確實存在，
而且已經對共和的發展造成損害和威脅。爲了擴大黨勢和聲望，各黨紛紛拉
攏社會名流和政壇紅人，一人橫跨數黨的現象很是常見，如孫洪伊跨3個黨，
劉揆一、李平書跨4個黨，汪兆銘、王賡、章炳麟、溫宗堯跨5個黨，梁士
詒、湯化龍、谷鍾秀、楊度、程德全、胡瑛跨6個黨，張謇、唐紹儀、孫毓
筠、陳其美、王人文、王寵惠、景耀月、于右任跨7個黨，熊希齡〔註99〕、
趙秉鈞跨8個黨，黎元洪、陸建章跨9個黨，伍廷芳、那彥圖、黃興甚至掛
名於11個黨。〔註100〕「星期之日，湖廣會館、織雲公所等處無不開會，有身
兼數會者匆匆畫到即去，謂尚有數會須赴也。」〔註101〕而被拉攏之人，並不
一定盡力於所跨之黨。趙秉鈞曾告訴記者說：「我本不曉得什麼叫做黨的，不
過有許多人勸我進黨，統一黨也送什麼黨證來，共和黨也送什麼黨證來，同
盟會也送得來。我也有拆開來看看的，也有摺開不理的，我何曾曉得什麼黨
來？」〔註102〕梁啓超期望的那種政黨如軍隊，黨員爲黨義矢志奮鬥的理想未

〔註97〕 謝彬認爲當時有「三百有餘」個。張玉法提出，自武昌起義到1913年底，新
　　　　立的具有政治屬性的公開黨會有312個。參見謝彬撰，章伯鋒整理：《民國政
　　　　黨史》，北京：中華書局，2011年版，第4頁；張玉法主編：《中國現代史論
　　　　集》（第四輯），臺北：聯經出版事業公司，1980年版，第35頁。
〔註98〕 《時事新報》，1913年1月3日。
〔註99〕 還有文認爲熊希齡橫跨9個黨。參見劉景全等：《宋教仁與民國初年的議會政
　　　　治》，石家莊：河北人民出版社，1998年版，第177頁。
〔註100〕 參見徐矛：《西方政制的引入與民國初年的政局》，《復旦學報（社會科學版）》，
　　　　1987年第5期；劉景全等：《宋教仁與民國初年的議會政治》，石家莊：河北
　　　　人民出版社，1998年版，第177頁；張玉法：《民國初年的政黨》，長沙：嶽
　　　　麓書社，2004年版，第35頁。
〔註101〕 《時事新報》，1913年1月3日。
〔註102〕 黃遠庸：《黃遠生遺著》（卷一），臺北：華文書局，1938年版，第248頁。

能在民初出現。

除了黨員有共通者外，政黨的政綱和主張也常出現雷同現象。這也是民初政黨受到詬病的地方之一。一個政黨要長期存在和發展，必須要有獨特的政綱，對國家大政方針有明確而具體的主張。這已成爲各國政治實踐的共同經驗，對此梁啓超也曾著文指出。然而，民初的狀況卻是「黨議不過是空洞的招牌」。民國之前，革命黨與立憲黨各有鮮明特異的旗幟和主張，民國建立後兩黨主張則不甚分明。隨著小黨的湧現和分立，政黨之間黨義的異同更難識別。「黨義自爲黨義，政爭自爲政爭，最初分黨的眞正原因，與所揭舉的黨義沒有十分的關係」。〔註103〕張玉法通過對民初 35 個重要政黨的黨義主張的統計分析發現，平均每 2.8 個黨就共用 1 種主張。在此需要指出的是，以上僅是統計意義上的結果，並非意味著每 2.8 個黨就共用 1 政綱。實際情形是，可能甲黨與乙、丙黨有 1 條共同政綱，而又與丁、戊黨有 1 條共同政綱。這就造成當時一些政黨或缺少具體政綱，或政綱不足以用於施政。〔註104〕

民初政黨眾多，下面就選取對當時政治產生較大作用的幾大政黨分別做一簡要介紹。

中國同盟會。初爲孫中山領導的秘密組織，在推翻清朝統治中曾發揮重要影響。1912 年 1 月 20 日，同盟會員在南京開會，與會者千餘人。〔註105〕3 月3 日，再次召開大會，會員暨來賓到者 500 餘人，決定改同盟會爲政黨，由此實現公開化。〔註106〕會後，同盟會黨勢大張，「不數月間，而會員增至十數萬人，支部遍於十八行省」〔註107〕，成爲名符其實的民國第一大黨，爲日後國會選舉勝利奠定基礎。同盟會改組爲公開政黨後，宋教仁充當了實際領導人。〔註108〕他認爲，集中參與議會政治應是同盟會今後鬥爭的主戰場，由此極力主張政黨內閣。唐紹儀辭職出走後，同盟會本部見政黨內閣無望，開會宣佈「此次既係超然內閣，凡本會會員皆不得加入」，隨即宋教仁等同盟會四閣員請辭，

〔註103〕李劍農：《中國近百年政治史：1840～1926 年》，上海：復旦大學出版社，2002年版，第 325～327 頁。

〔註104〕張玉法：《民國初年的政黨》，長沙：嶽麓書社，2004 年版，第 36～39 頁。

〔註105〕《民立報》，1912 年 1 月 22 日。

〔註106〕《順天時報》，1912 年 3 月 9 日。

〔註107〕《天南日報》，1912 年 8 月 19 日。

〔註108〕儘管宋教仁不是黨魁，但當時的孫中山正專注於民生主義建設，胡漢民任廣東都督，黃興留守南京，黎元洪不久辭去協理職務另組民社，汪精衛出國「留學」，張繼醉心於組織「社會黨」，由此宋教仁實負責同盟會的「一切事務」。

此後同盟會的處境日漸窘迫，大有江河日下之勢。爲此，宋教仁提出，以同盟會爲基礎，「對於他黨之讚助本會者極力聯絡之」，組成一「強大眞正之政黨」。經過準備和磋商，8 月 13 日發表組黨宣言，中國同盟會、統一共和黨、國民公黨、國民共進會、共和實進會等 5 黨合併組成國民黨。〔註 109〕

　　國民黨。民國初年的政黨，號稱爲「國民黨」的至少有 3 個。〔註 110〕但眞正在民初政壇發揮巨大作用並爲後人熟知的，是同盟會與其它小黨合併組成的國民黨。1912 年 8 月 25 日，國民黨在北京舉行大會，正式宣告成立。隨即發表《國民黨宣言》和《國民黨規約》，宣佈以「鞏固共和，實行平民政治」爲宗旨，以「保持政治統一、發展地方自治、勵行種族同化、採取民生政策、保持國際平和」爲黨綱，同時明確提出「政黨政治」和「責任內閣」的主張。同盟會改組國民黨，亦如同盟會由秘密轉爲公開，是宋教仁極力推動的結果，而孫中山、廖仲愷、胡漢民、汪兆銘、朱執信等人對此則較爲冷淡。改組國民黨，宋教仁達到了聯合抵制共和黨的目的，不僅在地方勢力大增，而且在參議院中佔據優勢。1913 年 4 月 8 日正式國會成立，國民、共和、統一、民主四黨鼎立，國民黨勢力最大。是年 11 月被政府強行解散。

　　共和黨。與當時的統一黨相似，爲反同盟會各黨派之結合，於 1912 年 5 月 9 日成立在上海。其成員來源包括民社、統一黨、國民協進會、國民公會、國民黨（潘鴻鼎組）和國民共進會（徐謙、陳錦濤等組織）。〔註 111〕共和黨以「防止小黨分裂，便利政務進行，實行共和政治」爲宗旨，政綱有三：保持全國統一，採取國家主義；以國家權力扶持國民進步；應世界大勢，以平和實利立國。〔註 112〕對於共和黨的成立，一般認爲「並不是集合各黨派的政綱而鍛鍊更健全的政綱，只是網羅更多的人，在政治上造成一派勢力，這派勢力的目的在對抗同盟會，轉而又促使同盟會聯合其它政團而組織國民黨；民國初年兩黨的演進，就是在這種形勢之下造成的」〔註 113〕。梁啓超於 1913 年 2 月 24 日加入共和黨。〔註 114〕共和黨與同盟會在民初的兩黨對立〔註 115〕，

〔註 109〕不久，全國聯合進行會加入，故又稱 6 黨合併。
〔註 110〕張玉法：《民國初年的政黨》，長沙：嶽麓書社，2004 年版，第 52 頁。
〔註 111〕張玉法：《民國初年的政黨》，長沙：嶽麓書社，2004 年版，第 89 頁。
〔註 112〕《天鐸報》，1912 年 4 月 29 日。
〔註 113〕張玉法：《民國初年的政黨》，長沙：嶽麓書社，2004 年版，第 97 頁。
〔註 114〕梁啓超在是日給長女梁令嫻的信裏記述了他加入共和黨的原因和當時情形：
　　「吾頃爲事勢所迫，今日已正式加入共和黨，此後眞躬臨前敵也。計議員以二百八十八人爲半數，吾黨頃得二百五十人，民主黨約三十人，統一黨約五

一直維持到國民黨成立以後、進步黨搏成之前。

民主黨。民主黨發起於 1912 年 8 月，時共和建設討論會的首領湯化龍、林長民等欲組建一新黨，在國內造成舉足輕重之勢。對於民主黨的緣起，是月 25 日的《申報》記載道：「國民協會與共和建設討論會以中國政黨萌芽伊始，國民政治觀念當形弱薄，如僅有二黨，恐黨爭日烈，國家異常危險，故決計發生第三黨，主張最公平之言論，不競爭政權，專注全力以普及政治智識，傳播政治信條，聞兩會在京代表已決議，將兩會消滅，即以兩會舊有分子並約多數健全分子發起一黨，定名民主黨，各省簽名發起者，亦有數萬人，現各團體尚有願加入共同發起者」。結合爲國民黨的政團，除國民協會和共和建設討論會外，尚有共和統一會、共和俱進會、共和促進會和國民新政社。民主黨於 1912 年 9 月 27 日正式成立於北京。政綱依共和建設討論會之舊，採穩健主義。民主黨的領導人中，大部爲舊立憲派人士，實際領導人爲湯化龍。作爲民主黨的幕後主持人，梁啓超給予了極大精神支持，但未在黨中列名。

進步黨。於 1913 年 5 月 29 日成立於北京，係由共和、統一、民主三大保守政黨聯合而成，主要策動人爲梁啓超。〔註 116〕進步黨的成立，幕後支助人是袁世凱。進步黨成立宣言書出自梁啓超之手，內中主張兩黨政治。在黨章中，規定黨義有三：一是取國家主義，建設強善政府；二是尊人民公意，擁護法賦自由；三是應世界大勢，增進和平實利。黨的本部組織最高者爲理事長，其次爲理事，理事長 1 人，理事 9 人，外設名譽理事和參議各若干人。其負實際職務責任者，有理事以下所設政務、黨務二部。政務部主調查政況、研究政策，下設法制、財政、外交、軍政、教育、實業、地方自治、庶政 8 科；黨務部專主執行黨中一切事務，下設文牘、會計、交際、地方、庶務等 6

十人，其餘則國民黨也。三黨提攜已決，總算多數，惟吾斷不欲組織第一次內閣，或推西林亦未定耳。借款各路俱絕，政局危險不可言狀，此時投身其中，自謀實拙，惟終不能袖手奈何？」參見丁文江，趙豐田：《梁啓超年譜長編》，上海：上海人民出版社，2009 年版，第 430 頁。

〔註 115〕當時國內政壇不僅此二黨，只是共和黨和同盟會（後爲國民黨）的勢力較大，儼然兩黨政治，故有此說。

〔註 116〕梁啓超在進步黨的地位和作用，張朋園曾評價道：「以理論指導全黨的大方針，與核心分子保持密切的聯繫，推動黨務，同時又舉辦黨員訓練，親近黨員，任公的領導地位相當鞏固，似無疑問」。參見張朋園：《梁啓超與民國政治》，長春：吉林出版集團有限責任公司，2007 年版，第 31 頁。

科。〔註117〕6 月 13 日，進步黨宣佈大政方針，係梁啓超綜合各方意見提出，共 6 項，主要主張有：推舉袁世凱爲正式總統候選人，先訂憲法後舉總統，趙秉鈞內閣已無存在理由必須重組，政黨內閣等。進步黨之成立，在於議會中抵制國民黨。後因洪憲帝制運動起而消散。

　　除以上所列各項，其它方面的政治建設也是弊病叢生。譬如司法建設。儘管諸多司法改革措施出臺，但「已經大爲退化變質。法官們大都是一些比較年輕的人，有一些較膚淺的法律知識，但他們很不熟悉法律的實踐，不具備舊制度下知縣們所有的各種經驗。事實上，法律的實施似乎是新政府的一個最壞的特點」。當時在國內，不僅中國的普通民眾的合法利益不能得到司法保障，就是「高人一等」的外國民眾，在司法訴訟中也是困難重重。據英王駐長沙領事的報告中記載，「在涉及英國臣民的案件中，需要幾個月的時間不斷施加壓力，以及對當局的拖延敷衍或不守信用多次提出抗議，才能使該案件得到審理。雖然在各個案件中，根據明白無誤的證據繼續施加壓力，終於爲原告強行索取到一個很勉強的判決，但領事爲了使某項判決得到執行所作的一切努力是沒有結果的」。〔註118〕司法弊病之大，以致當時「人言籍籍，謂營伍軍人自治紳董與彼法官通稱三害」〔註119〕。民初的共和實踐終究未能逃脫「招牌」的宿命。

二、對民初政治實踐的解釋

　　民初政治實踐樣態的形成，有著深刻的政治社會原因。具體來說，與以下幾個方面關係密切：

（一）缺少強有力且開明的中央權威

　　世界現代轉型歷程揭示了，一個強有力且開明的中央權威是國家順利實現轉型的基礎。一方面，要形成統一的國內市場和政治局面，需要強有力中央權威的推動和維護；另一方面，只有開明的中央權威才能有效地減少國家轉型過程中的陣痛，給人民帶來福利。在傳統政治體制向現代民主共和體制

〔註117〕丁文江，趙豐田：《梁啓超年譜長編》，上海：上海人民出版社，2009 年版，第 434 頁。
〔註118〕胡濱譯：《英國藍皮書有關辛亥革命資料選譯》，北京：中華書局，1984 年版，第 644～645 頁。
〔註119〕梁啓超：《呈總統文》，《飲冰室合集·文集之三十一》，北京：中華書局，1989 年版，第 22 頁。

的轉型中，民初中國政治面臨兩大危機：一是與世界其它國家，尤其是已經完成現代轉型的國家相比，中國國家力量處於衰敗時期，而且國內政治勢力處在分裂狀態，行省存在獨立傾向，中央權威嚴重削弱；二是經歷了辛亥革命洗禮的國民，尤其是士紳階層，對國家政治安排有著強烈的參與意識和要求，國家權力面臨合法性危機。而且，後發型現代化的特殊歷史條件和超大規模社會狀況，使得中國現代轉型的困難較其它國家更爲嚴重。民初中國的這種現實決定了，一個強有力且開明的中央權威的存在，是國家實現穩健轉型的關鍵。正如派伊所指出的：「中國在發展上的基本問題是：如何在社會及政治生活中獲得新的權威形式，一方面能滿足中國人對歷史自信心的再肯定，一方面能爲他們的社會提供重振的基礎，以符合現代化的需要」〔註120〕。然而，民初共和政治實踐的曲折歷程，再一次從反面驗證了這一規律的正確性。

　　辛亥革命後，雖然建立起了新的中央政府，但並沒有形成新的中央政治權威。〔註121〕國內政治勢力的分裂，使政府不僅無法有效組織力量應對亡國滅種的民族危機，改變中國在世界體系中的依附性地位，而且也無力推進國家的現代轉型進程。相反，辛亥革命「使無所不包的普遍王權的一元結構突然解體，但是從帝制的廢墟中卻不能自動產生出一個現代型國家，而是分裂出大大小小的傳統型權力中心，形成嚴重的政治權威危機」〔註122〕。官僚政治的、財政的、立法的乃至軍事的自治，被民初大多數省政府廣泛把持。當時具有國會第一大黨地位的同盟會在政治綱領中還明確提出要「促進地方自治」（後爲國民黨，仍然提倡地方自治，認爲通過發展地方自治，可以鍛鍊國民政治能力，夯實共和基礎，彌補中央之所未逮），革命派主要領導人宋教仁也認爲同省自治的捍衛者們結成同盟，讚助他們的某些要求，在策略上將是有利的。

〔註120〕【美】白魯恂：《中國現代化過程中的權威危機》。轉自馬潤凡：《試析民國初年共和政治的脆性》，《湖北社會科學》，2006年第2期。

〔註121〕張朋園提出，民國初年（1912～1918年）的中國具有三大特色：第一，既是新紀元的開始，也是舊傳統的延續；第二，中央權力逐漸式微，地方主義抬頭；第三，新思潮激蕩，中國加速蛻變。參見張朋園：《梁啓超與民國政治》，長春：吉林出版集團有限責任公司，2007年版，第1～3頁。

〔註122〕羅榮渠：《現代化新論——世界與中國的現代化進程》，北京：北京大學出版社，1993年版，第302頁。

在任總統的最初幾個月中，袁世凱不得已默許了存在的省自治政治格局。而後儘管時常表現出反對地方自治的情緒，但並不能有效地在全國實現中央集權。1912 年 7 月，他同意確認各省在職都督職位的提案。因為省都督們並不是靠他才當上的，所以他不得不儘量遷就以博得他們與政府的合作。〔註 123〕同年秋天，袁世凱試圖任命各省的文職官員，但沒有取得多少成功。他的任命行動，被認為是對省內部事務的干涉而遭到抵制，有時甚至是激烈的。11 月底，他要求各省任命縣知事須呈請中央批准，聲明這是《臨時約法》賦予他的任免官員權力。〔註 124〕但各省的反應同樣冷淡。當他提出確立北京在各省內作用的立法提案時，在臨時國會中沒有受到歡迎。1913 年初，國民黨在選舉中取得勝利，袁世凱又面臨權力進一步被限制，甚至是下臺的危險。總之，袁世凱「在擔任共和國職務的第一年中，為重新加強中央權力而採取的低調行動，大都受到阻撓」。〔註 125〕

袁世凱從加強全國一統、促進政策執行等考慮，施展政治手腕和軍事力量極力推動集權統治。1913 年以後，袁世凱對待反對勢力的策略逐漸轉向強硬和進攻。一方面，他與英法等五國銀行團洽談簽訂大借款合同，籌措行動必需的資金。袁世凱的行動邏輯是：籌措資金需要統一全國財政，而統一財政就意味著對各省財政獨立「紅利」的剝奪，面對即將到來的各省以及國民黨的反對，只有依靠武力才能應對；由於武力是要花錢的，唯一可以求助的就是外國銀行借款。4 月 26 日，「善後大借款」合同簽訂，總計 2500 萬鎊。〔註 126〕儘管程序不合法，但袁世凱獲得了戰勝反對者的資金。另一方面，他積極準備軍隊與革命黨人和南方省都督們展開軍事上的較量。到了 6 月，軍事準備工作差不多完成。隨即，他下令將江西都督李烈鈞等幾個最敵視的省首腦解職。儘管被解職省都督和黃興等革命黨人聯合發動了反袁的「二次革命」，但袁在不到兩個月的時間即以軍事上的勝利將他們的領導人大都趕出中國。得勝的軍隊並沒有停留，還將勢力延伸至許多沒有真正參加起義的省份。最後，所有內地省份都被佔領了，而剩下的 6 個大都在邊遠南方的省，也必須聽命袁的指示照辦。袁世凱並不就此止步，一面加強行政集權，一面解散所有選舉產生的各級議會，

〔註 123〕《政府公報》，1912 年 7 月 13 日。
〔註 124〕《政府公報》，1912 年 11 月 27 日。
〔註 125〕【美】費正清編：《劍橋中華民國史（1912～1949 年 上卷）》，北京：中國社會科學出版社，1994 年版，第 253～254 頁。
〔註 126〕合同規定，借款以鹽稅、關稅和直魯豫蘇四省中央稅抵押。

不久，「共和政體的獨裁統治，已經按照行政上中央集權和官僚政治秩序的原則建立起來了」〔註127〕。

　　1914年以後，袁世凱逐步建立的集權統治，對於發展共和也許是件好事。然而，袁的高壓手段和不久進行的帝制行動，使其最終失去了繼續掌握最高權力的社會資本。直到袁世凱去逝，一個強有力且開明的中央權威始終未能誕生，中國的現代國家建設之路前途渺茫。

（二）制度設計缺乏國民認同

　　民初建立的一整套民主共和制度，產生於自上而下的制度建構，是借助政府的強力在全國推行實施的。可以說，民初快速完成的制度近代化是一種強制性制度變遷，而變革的動力來源就是政府。因此，其實踐效果的好壞和成敗，與政治領導人對國家秩序的控制能力，以及他們推行共和制度願望的迫切程度密切相關。上文已經揭示，民初政府（主要指中央政府）缺少必要的政治實力和權威，共和政治的施行面臨巨大風險。更為嚴重的是，民初共和制度缺乏國民的普遍認同。政治產生於社會，同時又作用於社會，引領社會的發展。儘管民國初年實現了政治主導的制度變革，但穩定運行和良好社會效應需要廣大國民認同的支撐，也就是需要社會對政治變革有相應的積極回應。否則，制度的變革將是不穩定的，不能延續的。不幸的是，民初國家運行恰恰未能逃出這一怪圈。

　　革命黨人、舊官僚和士紳等推動下建立的中華民國，在很短時間內就完成了國家制度變革。但是，習慣了舊制度下生活的國人，對於共和制度的內容、程序和價值幾乎不能理解，在政治慣性下，他們常常以王朝更替來解讀民國的誕生。面對全新的政治選舉，國人的參與興味十分冷淡，對於選舉的組織工作也不能認真對待。據英國《黑德爵士對1912年第四季度中國各省一般情況所作的概述》記載：山東「大部分居民很不感興趣，參加投票的人數是很少的，因為人們大都對新制度抱著十分冷淡的態度」；「正如在關於其它各省的情況中所記載過的一樣，人們對待湖南的選舉處處都是很冷淡的。為準備和傳送選民登記名冊而出現的拖延或完全忽視的現象是很普遍的」；在廣西，「照例有人申訴發放選票過程中的不正當行為，以及暗示行賄受賄的事情，但對選舉的興趣不足以引起人們對這些指控進行任何公開的調查」；江西

〔註127〕【美】費正清編：《劍橋中華民國史（1912～1949年 上卷）》，北京：中國社會科學出版社，1994年版，第265頁。

的選舉「僅僅有助於證實這個普遍的意見，即中國人的教育程度不足以適應政體中如此激烈的一項變革。行賄受賄、貪污腐化、冒名頂替和其它不法行為，是江西選舉的主要特點，正如其它省份選舉的情況一樣。……大多數人未必瞭解政黨的意義或他們表示支持的某個特定黨派的目的」。〔註128〕

　　民主共和政治的建立，其初衷和旨歸是實現全民平等，以制度規避獨裁和特權的發生。在世界其它國家，民主共和帶來的是商人階層參政權力的擴大和市場經濟的快速發展。然而，民初的中國，新的國家建構並沒有為商人階層帶來實質利益，作為近代的先進階級，他們對新制度逐漸喪失了信心和幻想。或因選舉資格的限制不能參與政權建設，或因「在商言商」的陳舊政治觀念而遠離政治，民主共和缺失了來自近代商人的認同和支持。〔註129〕民初國會的選舉制度中規定，參加眾院議員選舉的選民，必須年納直接稅在二元以上，或有值五百元以上的不動產。所謂的直接稅，包括營業稅、所得稅和田賦等。由於當時國內沒有統一的稅法，根本就不存在營業稅和所得稅，故選舉法承認的直接稅只有田賦一項了。而根據立法解釋，不動產又僅指田產、房產和船舶。當時很多商人的房產是租來的，並沒有所有權。這樣，年納二元以上直接稅或有值五百元以上不動產的規定，將絕大多數工商人士排斥出了選舉過程。為此，工商界的代言人商會，為爭得商人的選舉權，專門召開了全國臨時工商大會，請求修改《選舉法》，但遭到臨時參議院的拒絕。有學者研究民初臨時參議院的辯論情況後指出，商人選舉權被忽視，「雖然與多數議員只知照搬外國選舉法、固執外國『學理』、拒不考慮中國國情的思想定勢有關，但最根本的原因還在於中國資產階級本身的經濟力量微弱，多數資產者的政治態度消極，他們還不足以引起臨時參議院的充分重視」〔註130〕。據張朋園統計，民國第一屆國會議員的組成中，議員〔註131〕、政府官吏和教育者居多，來自工商界的僅有 3 個人，占議員總數的 0.6%。〔註132〕國會缺少

〔註128〕 胡濱譯：《英國藍皮書有關辛亥革命資料選譯》，北京：中華書局，1984 年版，第 639～648 頁。

〔註129〕 路子靖：《社會轉型中的制度供給與需求──民初國會失敗原因再探討》，《史學月刊》，2006 年第 4 期。

〔註130〕 魏宏運：《民國史紀事本末》，瀋陽：遼寧人民出版社，1999 年版，第 186 頁。

〔註131〕 這裏的「議員」是指，曾任前清諮議局、資政院、縣議會及民國之臨時參政院、臨時省縣議會議員。

〔註132〕 張朋園：《知識分子與近代中國的現代化》，南昌：百花洲文藝出版社，2002年版，第 323～324 頁。

新興工商階級的支持。

與議會政治密切聯繫的政黨，在民初曾一度興盛。但也由於它們都不與民眾發生聯繫，在勢都沒有成功的希望。而且同盟會中的一些下層黨員驕縱失態，未免會引起一部分國人的惡感，引發民眾的消極反對。再加上大亂之後民眾厭惡動盪，頗希望北京的袁世凱政府能夠給他們一種「無爲而治」的安穩。由此，以對抗袁氏政府爲鵠的國民黨首先面臨巨大危險，國民黨亡，其它政黨亦將不能幸存。〔註 133〕總之，以國會選舉爲核心的民初共和政治制度，儘管具有民主政治的外觀，卻尚少民主政治的實質。絕大多數的民眾在這次空前的大選中是茫然的，對政治感興趣的只是極少數的所謂社會精英。然而，當時社會精英的半傳統半現代屬性，終究導致他們一方面表現出求變的願望，另一方面又處處以自身利益爲先。茫然的廣大民眾變得孤苦無依。〔註 134〕

（三）觀念系統呈現二分態勢

清末民初，士紳是中國公共空間中最活躍的社會力量之一。他們在認識和接受中西方政治及其觀念系統時，是出於中西二分二元論框架中的。在他們看來，個人權利和契約法律僅在家族以外的公共範圍發生作用，家族內部的組織原則和行爲規範仍應是儒家倫理主導。而在西方，公共空間作爲由「私」合「公」的場所，其前提是對個人自主性的尊重和保護，強調個人「私」權利的社會基礎地位。由於私人領域在西方觀念系統中是一種穩固的存在，只要公共空間存在，國家權力就要受到監督，公共領域不能非法侵犯和壓倒私人領域。公共空間本質上是一個既非屬於國家又非私人的領域，其存在的首要前提是對私人領域的保護，使其不因公共領域的形成和國家權力的擴張而消失。近代中國的絕大多數紳士知識分子不瞭解西方的公私間這種分明和聯繫，仍將「私」領域限定在傳統家族空間。而且，保護私人領域的觀念在中國向來十分淡薄。家族與國家作爲「私」與「公」的各自領域，其間的紐帶以倫理意識形態和規範爲主體，而不是具有剛性的法律和機制。〔註 135〕

〔註 133〕 李劍農：《中國近百年政治史：1840～1926 年》，上海：復旦大學出版社，2002年版，第 328 頁。

〔註 134〕 張朋園：《知識分子與近代中國的現代化》，南昌：百花洲文藝出版社，2002年版，第 329 頁。

〔註 135〕 金觀濤，劉青峰：《觀念史研究：中國現代重要政治術語的形成》，北京：法律出版社，2009 年版，第 212～216 頁。

　　如上所說，指導清末民初追求共和的意識形態是中西二分二元論。1911
年的辛亥革命，很大程度上就是國會的紳權與清廷的王權激烈衝突的結果，
省諮議局在各省宣佈獨立過程中發揮了關鍵作用。眾多立憲派政治精英為代
表的士紳群體的背叛，成為清王朝快速垮臺的主要原因。〔註136〕民國建立，
廣大士紳主張地方分權，要求地方自治，又成為建設共和及袁世凱集權的主
要障礙。在中西二分二元意識形態下，士紳們缺乏現代程序意識，很難理解
共和政治的優越性，反而以「有道伐無道」的名義破壞公共規範，使民國約
法（憲法）的權威缺失了道德合法性，其結果是政府無法建立良好的秩序，
共和制度也難以得到有效持久的維繫。〔註137〕

　　民初時期，國內存在這麼一種主張：僵硬的中央集權統治，就是落後的
清朝政治體制的延續，各省惟有堅持自治才最符合中國的利益。這種主張發
生著作用，成為民初行省自治出現的原因之一。〔註138〕其影響之廣，以致還
是上海年輕記者的戴季陶在 1912 年留下了高倡自治的文字：「省之地位，對
於地方則為最高之行政區域，對於中央則為最大之自治範圍。蓋欲達共和之
目的，非求民權之發達不可，而求民權之發達，則非擴充自治之範圍不可也」，
「中國之所以不發達者，正以中央集權思想過深，地方自治觀念甚微」。他認
為，中國地域範圍太大，人口太多，不適合以中央集權機構來統治。只有實
行省自治和民選省長，才是國家進步和安定的關鍵。〔註139〕而且，一種認為
各省自治較之中央集權更加有利於中國的民族主義的觀點，於清朝末年已經
在中國的相當範圍內得到傳播。〔註140〕民初時期的地方自治思潮，有著複雜
的思想源流和歷史成因，對共和政治的發展構成現實的阻礙。

　　總之，民初政治實踐的狀況，是當時政治、社會、觀念等多種因素共同
作用的結果，無論是取得的建設成就，還是產生的各種亂象，其成因都是複
雜的，任何單一因素的解釋都將變得不合理和不能通暢。正如有學者對當時

〔註136〕金觀濤，劉青峰：《開放中的變遷》，香港：香港中文大學出版社，1993 年版，
　　　　第 140～146 頁。
〔註137〕金觀濤，劉青峰：《觀念史研究：中國現代重要政治術語的形成》，北京：法
　　　　律出版社，2009 年版，第 275 頁。
〔註138〕【美】費正清編：《劍橋中華民國史（1912～1949 年　上卷)》，北京：中國社
　　　　會科學出版社，1994 年版，第 239 頁。
〔註139〕戴季陶：《戴天仇文集》，臺北：文星書店，1962 年版，第 187～195 頁。
〔註140〕【美】費正清編：《劍橋中華民國史（1912～1949 年　上卷)》，北京：中國社
　　　　會科學出版社，1994 年版，第 237 頁。

政黨亂象的分析：「此種現象，乃是社會分歧與不統一的表徵。宗教、種族、語言、教育程度、社會階層、生活習慣等均足以影響政黨的結構」〔註141〕。

三、梁啓超建國方案未能施行的原因

民國前後，儘管梁啓超對如何建設一個現代新國家提出了一系列制度政策主張，且曾對民國政治演變產生一定程度的影響。但基本可以肯定的是，作為一個政論家，梁啓超的貢獻和作用可謂舉足輕重，對民國「居功至偉」；但若以政治施行家而言，至少在 1915 年之前，其作用還很有限。儘管民國之後他曾兩度出任閣員，分掌司法和財政，且積極參與到政治之中，但其終未能將政治理想進行實踐。〔註142〕梁啓超的建國方案未能得到施行，本文認為主要有以下幾個原因。

（一）過度信任和倚賴袁世凱

為了能夠實現立憲政治理想，梁啓超認為惟有借助一有相當勢力之人物方能推行。民國前後，梁啓超最終選擇袁世凱為這一重要人物。民國前，梁啓超組織政聞社，即以袁世凱為「重要人物」，對其有聯絡之意。1912 年春間，二人直接間接往來信電頻仍，梁還遣同窗湯覺頓親謁袁氏。在 2 月 23 日致袁的書信中，梁為袁謀劃財政和政黨兩事，更是「推心置腹，不避交淺言深」〔註143〕。他給袁進言道：「既以共和為政體，則非有多數輿論之擁護，不能成為有力之政治家，……善為政者，必暗中為輿論之主，而表面自居輿論之僕，夫是以能有成。今後之中國，非參用開明專制之意，不足以奏整齊嚴肅之治。」〔註144〕梁的「橄欖枝」，得到袁的積極響應，在四五月間袁致梁的書信中，盡顯「倚重」之意。〔註145〕

〔註141〕張玉法：《民國初年的政黨》，長沙：嶽麓書社，2004 年版，第 39 頁。

〔註142〕對於梁啓超在民初政治中的影響，張朋園曾評論道：「任公從政，雖然有甚大的抱負，但為時短暫，實效不彰。他對民國政治的最大貢獻，猶如其在清季，依然是他的言論思想。」參見張朋園：《梁啓超與民國政治》，長春：吉林出版集團有限責任公司，2007 年版，第 4 頁。

〔註143〕張朋園：《維護共和——梁啓超之聯袁與討袁》。見張玉法主編：《中國現代史論集》（第四輯），臺北：聯經出版事業公司，1980 年版，第 273 頁。

〔註144〕丁文江，趙豐田：《梁啓超年譜長編》，上海：上海人民出版社，2009 年版，第 401 頁。

〔註145〕丁文江，趙豐田：《梁啓超年譜長編》，上海：上海人民出版社，2009 年版，第 403 頁。

　　梁啓超自 1912 年 11 月 8 日離開日本歸國，即受袁世凱莫大經費支持。
〔註 146〕回國後，梁啓超得到袁世凱的極殷招待，周備隆盛之況使梁不禁感
歎「此公之聯絡人，眞無所不用其極也」。袁還「月餽三千元」供其用度，
梁躊躇之後終以「費用亦實浩繁，非此不給」等原因接受。〔註 147〕歸國後
的梁啓超積極投身政黨建設，以促成一個完全的現代共和國家。梁組織政黨
需要大量活動經費，而袁世凱對其助力尤多。梁謂辦報，袁也給予 20 萬元
以資辦報；梁要聯合民主、共和二黨，袁亦許助 20 萬元經費。此外，爲促
成進步黨的成立，袁還撥款 160 萬元給統一黨，助該黨參事王賡等人聯絡之
用；而共和黨員李國珍、郭同等，亦得袁巨金以促三黨合併。對於當日袁世
凱拉攏梁啓超以及梁思想轉變的情形，張朋園評述道：「袁氏善於籠絡人，
鋪設賢良寺，月餽家用，大張延席，不在話下。同時又約任公密談，表現誠
誠懇懇，使人對此十餘年前的政敵，印象爲之大爲改觀，任公認爲袁氏確實
可以引爲知己政友，及後談到出處問題，任公表示一時決不出山，願仍以言
論爲依歸，袁即附和其說，給二十萬爲資辦報。任公又說要組政黨，袁謂經
費由其支持。聯絡之意之厚，殊非始料所及。至是，任公以爲中國捨袁氏而
無可爲，有進一步支持而與之合作的決定。」〔註 148〕袁世凱的盛情和一系
列支持動作，以及其麾下北洋集團的強大軍政實力，使民初的梁啓超對袁的
提防逐漸降低，並將袁視爲可以引來施行保育政策鞏固共和的不二人選。

　　對於當日支持袁世凱的情形，梁啓超在《在軍中敬告國人》中記述道：「當

〔註 146〕對於梁啓超載譽歸國前的條件準備及與袁世凱的關係，董方奎先生曾有精闢
　　　　　的論述。他指出，武昌起義後不久，梁啓超發動駐紮在石家莊至灤州一帶的
　　　　　新軍將領吳祿貞、張紹曾等人「灤州兵諫」，試圖控制北京，掌握大局。然而，
　　　　　袁世凱搶先入都，平息兵諫，梁啓超由此還大罵袁世凱爲「魔障」。但此後的
　　　　　近一年中，梁啓超從思想到實踐發生較大轉變，放棄君主立憲，轉爲擁護民
　　　　　主共和，順應歷史發展。同時，將對袁政策，由「仇袁」變爲「和袁」，且推
　　　　　行「慰革」方針。他還通過國內的擁護者張謇、湯化龍和蔡鍔等多方疏通。
　　　　　而國內各種勢力也基於種種考慮拉攏梁啓超。袁世凱當上民國總統後，希望
　　　　　政治理論家梁啓超能幫他實現政治野心；孫中山、汪精衛、黃興等革命黨人
　　　　　也做出一些積極姿態和行動，歡迎梁啓超歸國參與共和建設。參見董方奎：《迎
　　　　　歸任公如拱北斗》。郭長久主編：《梁啓超與飲冰室》，天津：天津古籍出版社，
　　　　　2002 年版，第 12～13 頁。
〔註 147〕丁文江，趙豐田：《梁啓超年譜長編》，上海：上海人民出版社，2009 年版，
　　　　　第 427 頁。
〔註 148〕張朋園：《維護共和——梁啓超之聯袁與討袁》。張玉法主編：《中國現代史論
　　　　　集》（第四輯），臺北：聯經出版事業公司，1980 年版，第 274 頁。

元二年之交，國論紛拿，啓超懼邦本之屢搖，憂民力之徒耗，頗思竭其駑駘，冀贊前大總統袁公，亟圖建設。以爲以袁公之才而居其位，風行草偃，勢最順而效最捷。但使能開誠布公，正權納軌，順應世界大勢，調節社會新潮，則致國安榮，功可操券。故當正式內閣之建，勉列閣員，力圖共濟」〔註149〕。多年後，梁啓超回憶民初對袁世凱寄予的厚望，還不禁後悔慨歎：「當時很有點癡心妄想，想帶著袁世凱上政治軌道，替國家做些建設事業」〔註150〕。梁啓超曾傾注了很大心血的進步黨，黨人劉以芬在回憶中講到：「進步黨自創黨以來，其所取政策，即係與現實勢力相結合，意欲乘機而指導之，使成爲我國之中堅力量，以求安定一時之社會，並徐圖發展。」〔註151〕通過組建進步黨，梁啓超有計劃地與袁氏政府進行合作。足見，民初時期的梁啓超對袁世凱的支持是真心實意的，儘管仍然不乏提防之心，但對袁的信任和倚賴是主要的。

然而，袁世凱自有打算。梁啓超組黨，本是爲了依附袁做改革工作。但袁世凱爲了實現獨裁統治，絕不允許任何一黨勢力在國會中佔據絕對優勢，故利用各種手腕促成政黨勢力的均衡，對於梁啓超組織的政黨也不例外。由於同盟會（後爲國民黨）長期在國會中勢力較優，袁世凱就極力扶持梁啓超爲代表的穩健派勢力組黨對抗之。進步黨成立後，在眾院議席達至 300 個，勢在國民黨之上。只是此時國民黨在參院勢力尚強，故袁仍採削弱國民黨的策略。嗣政友會、相友會、超然社、政學社等團體從國民黨分出，部分議員又南下參加二次革命，國民黨在兩院議席急劇減少，已不能佔據優勢。相反，進步黨勢力上陞，雖經新共和黨分出，但已足以在兩院佔據優勢。在國民黨穩健派的支持下，熊希齡得以組織進步黨內閣。這種局面客觀上與袁世凱的獨裁策略相矛盾。袁遂命楊度、易宗夔等聯合相友會、潛社、憲政公會、超然社、政學社等謀組新黨，只是因各方利害不能協調方止。後梁士詒利用其財力和勢力，吸收部分進步黨員，合潛社、集益社、超然社、國會同志會和鐵道協會等 5 個政團成員組成公民黨，對進步黨內閣形成威脅。〔註152〕公民

〔註149〕 梁啓超：《盾鼻集》，《飲冰室合集・專集之三十三》，北京：中華書局，1989年版，第 115 頁。

〔註150〕 梁啓超：《護國之役回顧談》，《飲冰室合集・文集之三十九》，北京：中華書局，1989 年版，第 88 頁。

〔註151〕 劉以芬：《民國政史拾遺》，臺北：文海出版社，1954 年版，第 24 頁。

〔註152〕 張玉法：《民國初年的政黨》，長沙：嶽麓書社，2004 年版，第 128～129 頁。

黨為擁護袁世凱選舉總統而發生，對國民、進步兩黨均持攻擊態度，對於袁世凱當選總統助力不少。

　　對於袁世凱的獨裁專權行徑，梁啓超不是沒有察覺，只是一忍再忍，以為可以通過委曲求全，逐步引導袁氏脫離專制和帝制之路，最終完成共和建設。〔註153〕可是，「就整個發展觀之，袁氏既不受引導，更不受監督。相反地，他要引導別人，強從己意。我們看不出梁任公對袁氏有所影響。自司法總長而幣制局總裁而政治顧問，自以為是委曲求全，何嘗不是中了袁氏羈縻之計。任公認為進步黨無力約束袁氏，國會必可發生作用。豈知袁氏之破壞國會，如摧枯拉朽」〔註154〕。其實，梁啓超對袁世凱的倚賴也有幾分的無奈。一方面，作為一位學者型政治家，其政治理想和智謀多於實力武裝。在民初既無社會基礎又無政治權威的政治格局下追逐國家進步，他不得不依靠強力，擇優而從之。〔註155〕另一方面，以其為代表的立憲派，無論從一貫的政治立場和鬥爭方式出發，還是從自身的政治地位考慮，都不得不與袁世凱進行合作，以對抗革命派。〔註156〕

（二）國人缺乏現代政治素養和經驗

　　民國初期，大多數中國人對於議會、政黨等現代政治尚無明確認識。儘管國民黨和進步黨中不乏熟悉現代政治的通識分子，但兩黨的表現顯示出，他們尚未具備妥協的心智和習慣，彼此不能容忍，勢難實現共和政治。至於其它黨員和一般民眾，更是極度缺乏基本的現代政治素養。他們「既無政治經驗，又無政治節操，隨聲附和，各擁聲望素著之人，以增進個人利益或地

〔註153〕當時對袁世凱存在幻想的，不只梁啓超一人，黃興、宋教仁、孫中山等革命派領導人也不同程度地存在同樣問題。如1912年3月，袁世凱在北京宣誓就職臨時大總統後，孫中山就向報界表示：「讚助袁氏，使為正式總統」。可以說，當時的思想開明人士，普遍寄望袁世凱做中國的華盛頓貢獻於民主政治。只是，相較於孫中山和黃興，梁啓超對袁世凱的幻想程度更重，醒悟的也更遲罷了。參見鍾珍維，萬發雲：《梁啓超思想研究》，海口：海南人民出版社，1986年版，第258～259頁；張朋園：《梁啓超與民國政治》，長春：吉林出版集團有限責任公司，2007年版，第2頁；寶成關：《論梁啓超民國初年的政治思想》，《史學集刊》，1983年第4期。

〔註154〕張朋園：《維護共和——梁啓超之聯袁與討袁》。張玉法主編：《中國現代史論集》（第四輯），臺北：聯經出版事業公司，1980年版，第276頁。

〔註155〕董方奎：《新論梁啓超》，武漢：華中師範大學出版社，2007年版，第312頁。

〔註156〕李喜所，元青：《梁啓超傳》，北京：人民出版社，2010年版，第245頁。

方利益而已」〔註157〕。政黨政治作爲民初議會的核心因素，本應成爲政治精英的聚集地，推動共和持續發展，但由於國人現代素養的缺乏，政治家們的制度設計未能發揮出應有作用。當時從事政治活動的人，經意或不經意地將組織和參與政黨變成爭奪權力的工具。辛亥革命後，同盟會出而組織政府，重要職位多留給本黨黨員，一時慕勢爭權者紛至沓來，請求加入同盟會。爲此，同盟會還不得不出臺規定，只有 1911 年 10 月 10 日之前的入會者才被允許登記。

由於絕大多數人缺乏現代政治素養和經驗，他們的組黨、分黨行爲常常顯得理性不足，受感情（或意氣）支配較重。組黨和分黨本是嚴肅的事情，應是理性思考後慎重進行。但民初政黨的分合卻時常表現得過於隨意。據 1912 年 11 月的《獨立周報》記載：「甲黨與乙黨本無可以合併之理由，而欲利用以抵制丙黨也，則姑牽率而與之合，故有不崇朝而集三數黨爲一黨者，而甲黨之聲勢，乃立超乎丙黨之上矣！丙黨之其然也，即還用其術以制之，而丁戊以下之各黨，亦不崇朝而被吸於丙黨，丙黨之聲勢，又突跨甲黨而過之矣……既合併矣，而或一黨之中有一部分之意未愜，而反對並黨者有之，或一二黨魁，以欲綜攬黨中之全權而不得，而宣告脫黨者有之，故方集合三數黨爲一黨，曾不數日而分離之局已成，忽又化一黨爲兩黨矣……即使合併以後而無分裂之事矣，而一黨之中內訌百出……遂浸浸分爲數派矣！」〔註158〕只是因爲部分意見的爭執或者領導權的爭奪，政黨分合就得以發生，顯然過於盲目和隨意，從側面反映了國人缺乏現代政治素養和經驗的狀況。

清末民初的中國處於迅速變遷的時代，政治參與在萌芽中演進，精英分子和普通大眾亦在蛻變當中。雖然傳統政治已在消退，但對共和政治的艱難探索顯示出現代國家建設的方向還未確定。人民在這一變革時代中是茫然的，而甚爲熱心政治的傳統士紳、革命者和新知識分子們，又表現出濃重的保守特徵。〔註159〕他們追求變革，但對於自身利益則百般維護，不惜損害他

〔註157〕張玉法：《民國初年的政黨》，長沙：嶽麓書社，2004 年版，第 40 頁。

〔註158〕超然：《中國興亡論》，《獨立周報》，1912 年 11 月 24 日。

〔註159〕當時北京的官僚群體，儘管現代性的新思潮令他們感到震撼，但由於其中大多數爲遜清遺老，仍受舊思想、舊傳統影響，他們一部分惟袁世凱馬首是瞻，一部分則別有打算。以舊官僚爲代表的舊勢力，在民國初年的政治格局中佔據了上風。參見張朋園：《梁啓超與民國政治》，長春：吉林出版集團有限責任公司，2007 年版，第 1～2 頁。

人和國家利益。國人缺乏現代政治素養和經驗，成爲民初共和曲折發展的深層原因之一。

（三）共和政治實踐空間有限

辛亥革命後，儘管政治體制實現了由傳統政體向現代政體的轉型，但社會並沒有隨著發生實質變革。可以說，民國初期，國家呈現出一種「政治上的激進主義」和「社會方面的保守主義」共存狀態。儘管臨時約法規定了主權在民的原則，並確立了三權分立的政治設計，但由於法律上、施行上和國民程度等方面的原因，普通民眾的政治權利並沒有得到切實的保護和實現。正如學者對民初政局的觀察：「不久以後就變得很明顯，新的政治制度不會把佔優勢的社會名流從他們的支配地位上撤換下來。相反，舊的統治階級又完整無損而有生氣地出現了。秘密社團及其下層支持者雖然活躍，特別是在四川和陝西，但他們尚不足以向軍官、民國的革命政治家和自治團體的領導人提出嚴重的挑戰。所有這三個最有勢力的集團，在社會上都是有名人物，且大都是士紳。」〔註160〕民初的權力精英們，剛從舊時代過渡而來，儘管其中相當比例之人接受了近代教育，甚至是在國外接受的教育，但由於受教育年限相對較短，以及傳統政治文化思想的影響，大多數人的行爲表現出濃重保守色彩，與共和政治格格不入，給民初政治發展造成巨大阻礙。正如學者對民初國會的分析：「民國元年議員多數來自富有之家庭，屬於上層社會。（賄選亦可以看出財富的關係，沒有財力甚難當選。）個人爲維護自身的利益，往往形成保守的態度，民國議員之保守，與此有絕對關係。」〔註161〕而絕對多數的普通大眾，由於被排除在政治體制之外，他們對共和政治漠不關心，甚至起而反對。得不到廣大民眾的支持，民初共和政治的實踐空間大大縮小了。

清末民初，士紳具有較強的行動能力，成爲政治局勢緊張的重要原因之一。士紳參與的新政、立憲等現代化事業，如近代商業、教育、組織政黨參政等活動，主要是在城市進行。由此，隨著士紳的活動重心逐漸離開鄉村轉到城市，資金和人才也向城市流動，鄉村日益陷於無序的凋敝狀態，中國城

〔註160〕【美】費正清編：《劍橋中華民國史（1912～1949年 上卷）》，北京：中國社會科學出版社，1994年版，第236頁。

〔註161〕張朋園：《知識分子與近代中國的現代化》，南昌：百花洲文藝出版社，2002年版，第322頁。

鄉面臨斷裂的風險，整個社會產生了整合危機。這一危機在辛亥革命後更加明顯。〔註162〕然而，中國的統一，既是歷史遺留的珍貴遺產，面對外國的圖謀和威脅，又是國家獨立的緊迫現實需求。儘管有一些重要政治領袖和集團敦促建立中央集權制政府，譬如北京的袁世凱、梁啓超和邊遠的雲南省都督蔡鍔，甚至形成了若干黨派的政綱，但「在革命後的最初幾個月裏，這種呼聲被地方自治鼓吹者的聲音所淹沒（並在國會中被否決），這些鼓吹者往往擁護省自治的極端形式」〔註163〕。士紳的公共空間無法實現中國社會的整合，更無法促進民主統一的現代國家的誕生。士紳階級自身的局限性，導致中國現代轉型的空間十分有限。

梁啓超建國方案未能施行的原因，在當時具有普遍意義。一定程度上可以說，這些原因或早或晚、或多或少地影響了當時國內各種建國方案的實踐。不同的是，作為一名試圖調和新舊政治，實現社會有序變革的「保守」人士，梁啓超的主張受到了傳統消極因素的更多羈絆，在社會演變中烙上了更多的歷史印記。

〔註162〕金觀濤，劉青峰：《觀念史研究：中國現代重要政治術語的形成》，北京：法律出版社，2009年版，第275頁。

〔註163〕【美】費正清編：《劍橋中華民國史（1912～1949年 上卷）》，北京：中國社會科學出版社，1994年版，第237頁。

結語：梁啓超現代國家建設思想的啓示

　　民國建立前後的中國，處於從千百年來的君主專制社會向近代民主共和社會轉型的初期，中國急需能夠指導轉型的理論和思想。此時，不僅盧梭的民權學說、孟德斯鳩的三權分立思想、伯倫知理的國家理論等已經輸入到中國，就是社會主義學說、無政府主義理論也在發生著影響。各種學說相互激蕩，思想環境異常複雜。如何由一個傳統專制大國轉變爲現代民主強國，用什麼方式實現轉型，當時國內形成幾種方案。有主張急進的，有主張漸進的，有主張革命共和的，有主張君主立憲的，各持一論。梁啓超就是在這種環境中摸索前進的。在不談國體只爭政體的觀念主導下，梁啓超提出的民初建國方案，主張在已經變更爲共和國體之下，進行政治體製革新，即實行國家主導下的保育政策。由於歷史演進的自身邏輯和某些偶然因素等原因，梁啓超的現代國家建設思想未能得到眞正實踐，但其蘊含的思想價值不容忽視。其內在的某些理論的合理性和思想光輝，以及與民初政治實踐之間的複雜互動關係，對於今天仍然處於轉型時期的中國具有重要啓示意義。一定程度上說，民初時期與今天在歷史主題上具有某些共同要素，梁啓超建國方案對今天的啓示意義具有實踐價值。

一、政治改革當堅持走中國道路

　　在對中國建設現代國家的設計中，梁啓超時刻注意與中國國情的協調，由此產生了許多具有「中國特色」的獨特想法。對於責任內閣的建設，梁啓超提出，總理本爲「統一內閣之樞軸，不親庶務義」，但考慮到「我國今日若欲樹立一有力之內閣，則以總理管一要部，其事較順」。所要管的具體有二部：

度支部和民政部。由於當時各省對於財政「紛紛攘奪，紊亂殆不可收拾」和「督撫之權，久已積重難返」，只有總理對度支部和民政部進行直接管轄，才有可能建成強有力的中央政府，從而實現領導中國步入現代的目標。〔註1〕而建設強有力政府的路徑，中國必須與美國不同。梁啓超認為，中國與美國的政治發展理路根本不同。美國的強有力政府是在州權尚大的聯邦體制和具有相當自治傳統國民的基礎上構建的，而近代中國則是要借助一個強有力政府推動國家政治發展和國民自治能力的提升。美國作為當時世界上的最大共和國，在政治設計上獨具特色，引起了國人的熱捧乃至意欲模仿。對此，梁啓超明確指出，傚仿美國從聯邦基礎上建設現代國家的路徑是行不通的。強要效美，按諸事實存在諸多不能克服的障礙。

　　進行政治改革，應該吸收各國經驗，總結它們的得失，為我國所用。在闡釋如何建設一個強有力政府時，梁啓超提出要處理好行政與立法的關係。他分析到，儘管世界各國立憲制度的形成，與行政部門的專權被裁抑有直接關係，但如果不能合理劃分行政權與立法權，甚至將行政權隸屬於立法權，必將產生職權劃分不清、責任承擔主體混亂的弊病，最終影響政治發展大局。為此，一方面，行政部門與立法部門的職權範圍應該明確劃分，使它們在法定權限範圍內有充分的行動自由；另一方面，又要做好立法權與行政權的銜接，杜絕權力分割後產生相互掣肘問題。梁啓超詳細考察美、英、法、瑞士等國的政制得失後，提出了政府建設的一般規律：「國家之置政府，非以為美觀也，將以治事焉。故人民之對於政府也，宜委任制，不宜掣肘之；宜責成之，不宜猜忌之。必號令能行於全國，然後可責以統籌大局；必政策能自由選擇，然後可以評其得失焉；必用人有全權，內部組織成一系統，然後可以觀後效也。此無論在何國，莫不有然」〔註2〕。他的建設經驗教訓和一般規律，應該成為中國發展的借鑒。堅持走中國道路，不是要排斥其它國家的政治經驗，而是在吸收人類一切文明成果的基礎上實現更加穩健的發展。

二、協調推進政治建設與社會建設

　　為了最終實現民主共和，梁啓超認為首先需要提高國人的文明程度，為

〔註1〕梁啓超：《責任內閣釋義》，《飲冰室合集·文集之二十七》，北京：中華書局，1989 年版，第 9 頁。

〔註2〕梁啓超：《中國立國大方針》，《飲冰室合集·文集之二十八》，北京：中華書局，1989 年版，第 62 頁。

此提出具有過渡性質的「開明專制」主張。他期望通過「十年二十年」完成國人的現代轉型，在此基礎上建成完善的現代民主制度。直到民國初年，梁啓超在根本上沒有改變這一觀點。只不過，這時他使用了一個全新概念——「保育政策」。他的設想是：在強有力中央政府爲核心的國家權力推動下，培育現代國民，發展民主共和政治，以現代國家建設促成中國的現代轉型。梁啓超的這一政治發展策略，具有極大的合理性。清末民初之際，中國人的識字率不過 20%〔註3〕，而且這些識字能力有多少能夠轉化爲現代民主政治觀念，本身就值得懷疑。當時所謂的社會精英又具有現代與傳統雙重屬性，過於關注自身利益，帶有濃重的保守性。在此國民程度基礎上，發展現代民主共和政治，困難程度可想而知。經歷了民初政壇起落的梁啓超，不禁感歎：「吾至今乃確信吾國現在之政治社會，決無容政治團體活動之餘地。以今日之中國人而組織政治團體，其於爲團體分子之資格，所缺實多」〔註4〕。民初政治運作中的一系列弊病和挫折，正是政治建設與社會建設不相協調的反映。

民初時期，具有現代屬性的黨會紛紛成立，很短時間內就達到數百之多。其中，政治類的佔據將近半壁。這與清末黨會以商業類、教育類居多的現象明顯相異。〔註5〕由此說明，民初時期，國人的注意力多集中於政治方面，希望在建國的方向和實踐中發揮更大作用。這種局面的出現，對於中國的現代國家建設是好是壞，顯然不能簡單下一結論。但梁啓超在冷靜觀察和親身參與民初政治建設後指出，「以舉國聰明才智之士，悉輳集於政治，故社會事業一方面，虛無人焉。既未嘗從社會方面，培養適於今世政務之人才，則政治雖歷十年百年，終無根本改良之望。其間接惡影響之及於政治一部分者，既若彼矣，而政治以外之凡百國民事業，悉頹廢摧壞，而無復根株之可資長養」〔註6〕。國人對政治的盲目過度關注和參與，導致民初國家建設出現曲折和損失，其教訓還是值得今人總結和重視的。

〔註3〕 Evelyn S. Rawski. Education and Popular Literacy in Ch'ing China (Ann Arbor, Michigan: The University of Michigan Press, 1979), P241.

〔註4〕 梁啓超：《吾今後所以報國者》，《飲冰室合集·文集之三十三》，北京：中華書局，1989 年版，第 52 頁。

〔註5〕 張玉法：《民國初年的政黨》，長沙：嶽麓書社，2004 年版，第 32 頁。

〔註6〕 梁啓超：《大中華髮刊辭》，《飲冰室合集·文集之三十三》，北京：中華書局，1989 年版，第 90 頁。

作爲政治建設的主要內容，制度建設具有重要作用，這已爲一般政治學理論所揭示。然而，政治制度建設也不能離開社會建設獨立發展。「制度者，社會之產物也。制度之爲用，雖時或可以匡正社會狀態之一部分，然萬不能離社會以創制度，更不能責制度以造社會」〔註7〕。制度的產生和發展，必定有著深厚的社會基礎。民初約法規定實行議會制、總統制和政黨政治，在實行中由於缺乏國民的認同和其它事業的支持，弊病百出。儘管約法幾易內容、政黨分合頻繁，政府體制由最初的總統制變爲內閣制，終究不能逃脫共和只是一塊兒「招牌」的宿命。正所謂「無論何種制度，皆不能植深基於社會，而功用無自發生」〔註8〕。

梁啓超的現代國家建設方略和民初政治實踐狀況啓示我們，恰當處理國民文明程度與政治發展速度的關係，對於減少現代國家建設中的陣痛，具有重要意義。「政治者，社會之產物也，社會凡百現象，皆凝滯窳敗，而獨欲求政治之充實而有光輝，此又大惑也」〔註9〕。協調推進政治建設與社會建設，理應成爲我國建設現代國家過程中，必須長期堅持的發展戰略。

三、發揮精英和大衆二者的合力

民國初年，梁啓超對建設現代國家持樂觀主義，在國家有機體觀念主導下，他堅信具有現代政治素養的國民是建成一個完善現代國家的最堅實基礎。爲此，他明確提出：「夫爲政在人，無論何種政體，皆以國民意力構造之而已。我國果適於共和與否，此非天之所能限我，而惟在我之自求。」〔註10〕建設現代國家的基礎力量就是全體國民。然而，受到各種主客觀因素的影響，任何國家的國民內部都存在分層現象，一般來說，大致可以劃分爲精英和大衆兩個層級。該兩大群體在知識儲量、道德素養、政治行爲能力和社會資源佔有量等方面存在差異。儘管職位高的人不一定就是精英，但總體來說精英多存在地位高、職位高、威望高的人群之中。爲此，推動現代國家建設，儘

〔註7〕 梁啓超：《述歸國後一年來所感》，《飲冰室合集·文集之三十一》，北京：中華書局，1989年版，第25頁。

〔註8〕 梁啓超：《述歸國後一年來所感》，《飲冰室合集·文集之三十一》，北京：中華書局，1989年版，第25頁。

〔註9〕 梁啓超：《大中華髮刊辭》，《飲冰室合集·文集之三十三》，北京：中華書局，1989年版，第89頁。

〔註10〕 梁啓超：《中國立國大方針》，《飲冰室合集·文集之二十八》，北京：中華書局，1989年版，第78頁。

管精英與大眾都肩負責任，但由於精英對社會資源的佔有和使用具有優勢地位，他們當承擔更大的責任。

在梁啓超看來，占人口少數的精英是國家進步的「中堅」，為各國政治生態的一般現象。在現代國家，儘管國家的法理設計和制度運行上，民眾權利和利益是得到承認的，並應當得到更好的維護。然而，直接掌握和運用國家權力的卻仍然只是少數精英人士。何況，從理論上看，施行多數統治或者全民統治，具有諸多不可逾越的困難。每個人的智識能力各不相同，要一國所有人或多數人按照統一的規則進行直接統治，就不得不解決地域大小、協作困境等諸多問題。以少數的精英掌握一國樞機，引領國家政治改革，才是可行的選擇。

對於少數精英作用的強調，並不否定大眾的價值。現代國家的統治合法性要求國家必須建立在充分民意的基礎上，國家權力的取得和施行要體現廣大民眾的意志。受盧梭學說影響的梁啓超，對公意的作用十分贊成，視國民為國家權力的根本來源，要求國家目的體現國民意志。大眾如何對國家發生作用，一個重要途徑就是廣泛的國民參與，這也是大眾對政治產生影響的主要渠道。在政治參與中，大眾對國家公共建設表達利益主張，對政治改革獻言獻策，對政治改革的方向、廣度和深度發生影響。而且，也只有大眾的積極參與，一個體現正義、平等、自由的現代國家才能真正建成。

推進政治改革，建設現代國家，需要發揮精英和大眾兩方面的力量。精英在引領政治改革的過程中，如何與不斷擴大的民眾參與實現協調和共同發展，是各國政治改革中都要面臨的難題。中國的政治改革涉及範圍之廣，影響之深，在人類文明進步史中具有重大意義。合理協調精英與大眾在政治改革中的關係，不僅需要借鑒已經發展的先進國家的經驗，更要充分運用本國智慧，包括古人經驗，進行創造性地工作。這一改革過程，必將充滿艱辛，面臨的問題也將極為複雜。但是，有兩點應該注意的是：一是要堅持制度建設的基礎性地位，以制度規範精英與大眾的關係，尤其要預防精英對大眾權利的侵犯和損害，給大眾恢復自身合法權益以有力保障；二是要掌握好發展的速度，既要控制大眾參政的「步伐」，避免「暴民政治」和「多數暴政」的發生，又要杜絕精英治理的停滯不前，使精英治國變味成為精英專政，甚至倒退為寡頭專政。

四、改革者要努力具備大智慧和強毅力

　　民國前後的梁啓超對領導國家建設的精英應當具備的品行十分重視。他認爲，既然一國樞機握於少數精英之手，那麼他們的品行狀況將直接關乎國家建設的大局。一切設施和規劃，最終都要落實到具體每個人的行爲之中，不具備相應品行的人掌握國家樞機，其危害必將至遠且深。爲此，政治改革家們不僅需要具有優秀的品質，還要有出眾的學識。具體來說：改革者要有相當的器量，能夠容納極多的人、極大的事，不因小事小利而損害政治改革的大局；改革者要有堅強的毅力，面對來自各方的壓力和阻力，要愈挫愈勇，不輕言放棄；改革者要有濃摯的興味，以興味激發做事的動力，以興味使自身在遭遇挫折時保持不頹喪和樂觀有爲的心態；改革者要有極強的責任心，對自己、他人、家庭、社會和國家勇於承擔責任，以極強的情感和信念自覺履行領導政治改革的義務；改革者還要具有出眾的學識，以相當的知識素養和豐富的經驗規劃、指導和引領政治改革，減少改革的動蕩，打造一個「廉價」的轉型。簡而言之，改革者要努力具備大智慧和強毅力。

　　教育爲一國發展之基，培養改革精英尤其要重視教育的作用。建設現代國家是一項複雜的事業，領導政治改革的人必須具有相當的政治學識，也就是說，需要接受專業的系統的現代教育。而這一重任將主要落在發展高等教育之上了。儘管 20 世紀以來，高等教育的發展方向不再僅僅局限於培養少數的社會精英，但這並不妨礙精英主要產生於高等教育的事實。發展高等教育，培養具備現代政治知識、適合政治改革需要的精英，當成爲改革者的主要來源。我們知道，民初的梁啓超儘管強調學校教育（高等教育）和社會教育對於培養精英的共同作用，但其卻將社會教育放在了第一位。其實，這完全是梁啓超適應民初國情的一種選擇。在高等教育發展還很有限，政治改革又亟待開展的民初時期，梁啓超希望具有更多靈活性和便利性的社會教育能夠承擔起培育精英的主要責任，這完全是一種無奈的選擇。今天，我國的高等教育發展絕非民初可以相比，加快高等教育改革，提高高等教育質量，發揮高等教育培養改革精英的巨大作用，具有重要的意義。

參考文獻

一、中文資料

1、史料彙編

1. 梁啓超：《飲冰室合集》（影印本），北京：中華書局，1989 年。

2. 丁文江，趙豐田：《梁啓超年譜長編》，上海：上海人民出版社，2009 年。

3. 梁啓超著，夏曉紅輯：《〈飲冰室合集〉集外文》，北京：北京大學出版社，2005 年。

4. 崔志海：《梁啓超自述》，鄭州：河南人民出版社，2004 年。

5. 康有爲：《康有爲全集》（一），北京：中國人民大學出版社，2007 年。

6. 康有爲著，湯志鈞編：《康有爲政論集》，北京：中華書局，1981 年。

7. 蔣貴麟主編：《康南海先生遺著彙刊》（十一），臺北：宏業書局，1986 年。

8. 蔣貴麟主編：《康南海先生遺著彙刊》（二十二），臺北：宏業書局，1986 年。

9. 孫中山著，中國社會科學院近代史研究所中華民國史研究室等編：《孫中山全集》，北京：中華書局，1981 年。

10. 上海圖書館編：《汪康年師友書箚》（一），上海：上海古籍出版社，1986 年。

11. 上海圖書館編：《汪康年師友書箚》（二），上海：上海古籍出版社，1986 年。

12. 黃遠庸：《黃遠生遺著》（一），臺北：華文書局，1938 年。

13. 戴季陶：《戴天仇文集》，臺北：文星書店，1962 年。

14. 張之洞：《勸學篇》，鄭州：中州古籍出版社，1998 年。

15. 李爲，齊思：《民國名報擷珍 社會聚焦》，天津：天津人民出版社，1998年。

16. 胡濱譯：《英國藍皮書有關辛亥革命資料選譯》，北京：中華書局，1984年。

17. 張丹等：《辛亥革命前十年間時論選集》（一），北京：三聯書店，1960年。

18. 馮自由：《革命逸史》（二），北京：中華書局，1981年。

19. 榮孟源：《中國近代史資料選輯》，北京：三聯書店，1954年。

20. 郭松義等：《中國政治制度通史‧第十卷 清代》，北京：人民出版社，1996年。

21. 中央黨校文史教研室中國近代史組：《中國近代政治思想論著選輯》，北京：中華書局，1986年。

2、研究專著

1. 王浦劬等：《政治學基礎》，北京：北京大學出版社，2006年。

2. 鄭匡民：《梁啟超啟蒙思想的東學背景》，上海：上海書店出版社，2009年。

3. 鄭匡民：《西學的中介：清末民初的中日文化交流》，成都：四川人民出版社，2008年。

4. 李喜所，元青：《梁啟超傳》，北京：人民出版社，2010年。

5. 李喜所：《梁啟超與近代中國社會文化》，天津：天津古籍出版社，2005年。

6. 蔣廣學：《梁啟超評傳》，南京：南京大學出版社，2005年。

7. 黃克武：《一個被放棄的選擇：梁啟超調適思想之研究》，北京：新星出版社，2006年。

8. 張朋園：《梁啟超與清季革命》，長春：吉林出版集團有限責任公司，2007年。

9. 張朋園：《梁啟超與民國政治》，長春：吉林出版集團有限責任公司，2007年。

10. 張朋園：《知識分子與近代中國的現代化》，南昌：百花洲文藝出版社，2002年。

11. 夏曉虹：《覺世與傳世：梁啟超的文學道路》，上海：上海人民出版社，1991年。

12. 夏曉虹：《追憶梁啟超》，北京：生活‧讀書‧新知三聯書店，2009年。

13. 夏曉虹：《閱讀梁啟超》，北京：生活‧讀書‧新知三聯書店，2006年。

14. 寶成關：《西方文化與中國社會——西學東漸史論》，長春：吉林教育出版社，1994 年。

15. 寶成關：《西潮與回應：近四百年思想嬗替研究》，長春：吉林人民出版社，2004 年。

16. 顏德如：《梁啓超、嚴復與盧梭社會契約思想》，長春：吉林人民出版社，2003 年。

17. 黎澍：《辛亥革命前後的中國政治》，北京：人民出版社，1961 年。

18. 胡繩武：《清末民初歷史與社會》，上海：上海人民出版社，2002 年。

19. 張玉法：《民國初年的政黨》，長沙：嶽麓書社，2004 年。

20. 張玉法主編：《中國現代史論集》（第四輯），臺北：聯經出版事業公司，1980 年。

21. 金觀濤，劉青峰：《觀念史研究：中國現代重要政治術語的形成》，北京：法律出版社，2009 年。

22. 金觀濤，劉青峰：《開放中的變遷》，香港：香港中文大學出版社，1993 年。

23. 董方奎：《新論梁啓超》，武漢：華中師範大學出版社，2007 年。

24. 董方奎：《梁啓超與立憲政治》，武漢：華中師範大學出版社，2011 年。

25. 董方奎：《梁啓超與護國戰爭》，武漢：華中師範大學出版社，2012 年。

26. 謝彬撰，章伯鋒整理：《民國政黨史》，北京：中華書局，2011 年。

27. 陳鵬鳴：《梁啓超學術思想評傳》，北京：北京圖書館出版社，1999 年。

28. 宋仁主編：《梁啓超教育思想研究》，瀋陽：遼寧教育出版社，1993 年。

29. 鍾珍維，萬發雲：《梁啓超思想研究》海口：海南人民出版社，1986 年。

30. 焦潤明：《梁啓超法律思想綜論》，北京：中華書局，2006 年。

31. 郭長久主編：《梁啓超與飲冰室》，天津：天津古籍出版社，2002 年。

32. 石雲艷：《梁啓超與日本》天津：天津人民出版社，2005 年。

33. 袁詠紅：《梁啓超對日本的認識與態度》，北京：中國社會科學出版社，2011 年。

34. 段江波：《危機·革命·重建：梁啓超論「過渡時代」的中國道德》，桂林：廣西師範大學出版社，2008 年。

35. 李金和：《平民化自由人格：梁啓超新民人格研究》，北京：知識產權出版社，2010 年。

36. 馬宗榮：《社會教育綱要》，上海：商務印書館，1947 年。

37. 程漢大：《文化傳統與政治變革——英國議會制度》，瀋陽：遼寧大學出版社，1996 年。

38. 劉建飛等：《英國議會》，北京：華夏出版社，2002 年。

39. 劉春：《發達國家議會制度》，北京：時事出版社，2001 年。

40. 安小蘭譯注：《荀子》，北京：中華書局，2007 年。

41. 邑井操：《做個出色人物——培養超人一等的器量》，臺灣：上硯出版社，1991 年。

42. 劉景全等：《宋教仁與民國初年的議會政治》，石家莊：河北人民出版社，1998 年。

43. 徐鼎新，錢小明：《上海總商會史（1902～1929）》，上海：上海社會科學院出版社，1991 年。

44. 魏宏運：《民國史紀事本末》，瀋陽：遼寧人民出版社，1999 年。

45. 劉以芬：《民國政史拾遺》，臺北：文海出版社，1954 年。

46. 王心裁：《梁啟超讀書生涯》，武漢：長江文藝出版社，1998 年。

47. 張曉川等：《政學之間：梁啟超的多面人生》，北京：東方出版社，2011 年。

48. 李茂民：《在激進與保守之間：梁啟超五四時期的新文化研究》，北京：社會科學文獻出版社，2006 年。

49. 楊曉明：《梁啟超文論的現代性闡釋》，成都：四川民族出版社，2002 年。

50. 蕭公權：《中國政治思想史》，北京：商務印書館，2011 年。

51. 李澤厚：《中國近代思想史論》，北京：生活・讀書・新知三聯書店，2008 年。

52. 侯外廬：《近代中國思想學說史》，上海：生活書店，1947 年。

53. 胡建：《現代性價值的近代追索：中國近代的現代化思想史》，上海：上海人民出版社，2008 年。

54. 何兆武：《中西文化交流史論》，北京：中國青年出版社，2001 年。

55. 王曉秋：《近代中日文化交流史》，北京：中華書局，1992 年。

56. 張海林：《近代中外文化交流史》，南京：南京大學出版社，2003 年。

57. 馮友蘭：《中國哲學簡史》，北京：北京大學出版社，1985 年。

58. 錢穆：《國史大綱》，北京：商務印書館，1996 年。

59. 龔書鐸：《中國近代文化概論》，北京：中華書局，1997 年。

60. 陳旭麓：《近代中國社會的新陳代謝》，上海：上海人民出版社，1992 年。

61. 胡繩：《從鴉片戰爭到五四運動》，北京：人民出版社，2010 年。

62. 殷燕軍：《近代日本政治體制》，北京：社會科學文獻出版社，2006 年。

63. 汪向榮：《中國近代化與日本》，長沙：湖南人民出版社，1987 年。

64. 鄭大華等主編：《傳統思想的近代轉換》，北京：社會科學文獻出版社，

2007 年。

65. 鄭大華等主編：《戊戌變法與晚清思想文化轉型》，北京：社會科學文獻出版社，2010 年。

66. 鄭大華等主編：《中國近代史上的激進與保守》，北京：社會科學文獻出版社，2011 年。

67. 鄭大華：《民國思想史論》，北京：社會科學文獻出版社，2006 年。

68. 鄭大華等主編：《思想家與近代中國思想》，北京：社會科學文獻出版社，2005 年。

69. 桑兵：《晚清學堂學生與社會變遷》，北京：學林出版社，1995 年。

70. 桑兵：《晚清新知識界的社團與活動》，北京：三聯書店，1995 年。

71. 熊月之：《西學東漸與晚清社會》，北京：中國人民大學出版社，2011 年。

72. 熊月之：《中國近代民主思想史》，上海：上海人民出版社，1986 年。

73. 耿雲志：《西方民主在近代中國》，北京：中國青年出版社，2003 年。

74. 朱仁顯：《傳承與變革：從君主民本到民主憲政》，北京：中國社會科學出版社，2012 年。

75. 桂宏誠：《中國立憲主義的思想根基：道德、民主與法治》，北京：社會科學文獻出版社，2009 年。

76. 佟德志：《憲政與民主》，南京：江蘇人民出版社，2007 年。

77. 李劍農：《戊戌以後三十年中國政治史》，北京：中華書局，1965 年。

78. 李劍農：《中國近百年政治史：1840～1926 年》，上海：復旦大學出版社，2002 年。

79. 楊幼炯：《中國政黨史》，上海：上海書店，1984 年。

80. 陳國慶主編：《中國近代社會轉型研究》，北京：社會科學文獻出版社，2005 年。

81. 郭漢民：《晚清社會思潮研究》，北京：中國社會科學出版社，2003 年。

82. 鄧正來：《國家與社會：中國市民社會研究》，北京：北京大學出版社，2008 年。

83. 謝俊美：《政治制度與近代中國》，上海：上海人民出版社，1995 年。

84. 金耀基：《從傳統到現代》，臺北：臺灣商務印書館，1966 年。

85. 鄧正來主編：《布萊克維爾政治思想百科全書》，北京：中國政法大學出版社，2011 年。

86. 鄧正來主編：《布萊克維爾政治制度百科全書》，北京：中國政法大學出版社，2011 年。

87. 錢乘旦等：《走向現代國家之路》，成都：四川人民出版社，1987 年。

88. 許紀霖等主編：《中國現代化史（1800～1949）》，上海：三聯書店，1995年。

89. 羅榮渠：《現代化新論——世界與中國的現代化進程》，北京：北京大學出版社，1993年。

90. 唐賢興：《民主與現代國家的成長》，上海：復旦大學出版社，2008年。

91. 郭紹敏：《清末立憲與國家建設的困境》，開封：河南大學出版社，2010年。

92. 馬戎：《族群、民族與國家構建》，北京：社會科學文獻出版社，2012年。

93. 胡適：《容忍比自由更重要》，北京：九州出版社，2013年。

3、外文譯著

1. 〔日〕狹間直樹編：《梁啓超・明治日本・西方：日本京都大學人文科學研究所共同研究報告》，北京：社會科學文獻出版社，2012年。

2. 〔日〕福澤諭吉：《文明論概略》，北京：商務印書館，1959年。

3. 〔日〕福澤諭吉著，群力譯：《勸學篇》，北京：商務印書館，1984年。

4. 〔日〕近代日本思想史研究會著，馬采譯：《近代日本思想史》（一），北京：商務印書館，1983年。

5. 〔日〕實藤惠秀著，譚汝謙等譯：《中國人留學日本史》，北京：三聯書店，1983年。

6. 〔日〕佐藤慎一著，劉岳兵譯：《近代中國的知識分子與文明》，南京：江蘇人民出版社，2011年。

7. 〔日〕增田涉著，由其民，周啓乾譯：《西學東漸與中國事情》，南京：江蘇人民出版社，2010年。

8. 〔美〕張灝著，崔志海，葛夫平譯：《梁啓超與中國思想的過渡（1890～1907）》，南京：江蘇人民出版社，1995年。

9. 〔美〕約瑟夫・阿・勒文森：《梁啓超與中國近代思想》，成都：四川人民出版社，1986年。

10. 〔美〕費正清編：《劍橋中華民國史（1912～1949年 上卷）》，北京：中國社會科學出版社，1994年。

11. 〔美〕費正清等：《中國：傳統與變革》，南京：江蘇人民出版社，1992年。

12. 〔美〕漢密爾頓等著，程逢如等譯：《聯邦黨人文集》，北京：商務印書館，1980年。

13. 〔美〕布魯貝克著，鄭繼偉等選譯：《高等教育哲學》，杭州：浙江教育出版社，2001年。

14. 〔美〕道格拉斯・C・諾斯著，劉守英譯：《制度、制度變遷與經濟績效》，

上海：三聯書店，1994 年。

15. 〔美〕米爾斯著，王崑，許榮譯：《權力精英》，南京：南京大學出版社，2004 年。

16. 〔美〕亨廷頓著，王冠華等譯：《變化社會中的政治秩序》，上海：上海人民出版社，2008 年。

17. 〔美〕浦嘉珉著，鍾永強譯：《中國與達爾文》，南京：江蘇人民出版社，2009 年。

18. 〔美〕湯普森著，張誌銘譯：《憲法的政治理論》，北京：三聯書店，1997 年。

19. 〔美〕任達：《新政革命與日本——中國，1898～1912》，南京：江蘇人民出版社，1998 年。

20. 〔美〕羅茲曼主編：《中國的現代化》，南京：江蘇人民出版社，2010 年。

21. 〔美〕斯特雷耶著，華佳等譯：《現代國家的起源》，上海：格致出版社；上海人民出版社，2011 年。

22. 〔美〕阿普特著，陳堯譯：《現代化的政治》，上海：上海人民出版社，2011 年。

23. 〔美〕杜贊奇著，王憲明等譯：《從民族國家拯救歷史：民族主義話語與中國現代史研究》，南京：江蘇人民出版社，2009 年。

24. 〔美〕羅伯特·諾齊克：《無政府、國家和烏托邦》，北京：中國社會科學出版社，2008 年。

25. 〔英〕李提摩太：《親歷晚清四十五年：李提摩太在華回憶錄》，天津：天津人民出版社，2005 年。

26. 〔英〕詹寧斯著，蓬勃譯：《英國議會》，北京：商務印書館，1959 年。

27. 〔英〕安東尼·吉登斯著，李惠斌，楊雪冬譯：《超越左與右：激進政治的未來》，北京：社會科學文獻出版社，2000 年。

28. 〔英〕安東尼·吉登斯：《民族——國家與暴力》，北京：三聯書店，1998 年。

29. 〔英〕洛克著，瞿菊農，葉啟芳譯：《政府論》，北京：商務印書館，1982 年。

30. 〔英〕霍布斯著，黎思復，黎廷弼譯：《利維坦》，北京：商務印書館，1985 年。

31. 〔英〕鮑桑葵著，汪淑鈞譯：《關於國家的哲學理論》，北京：商務印書館，1995 年。

32. 〔法〕盧梭著，何兆武譯：《社會契約論》，北京：商務印書館，1980 年。

33. 〔德〕尤爾根·哈貝馬斯著，郭官義，李黎譯：《認識與興趣》，上海：

學林出版社，1999年。

34. 〔德〕黑格爾著，范揚，張企泰譯：《法哲學原理》，北京：商務印書館，1961年。

35. 〔意〕薩托利著，王明進譯：《政黨與政黨體制》，北京：商務印書館，2006年。

36. 〔奧〕凱爾森著，沈宗靈譯：《法與國家的一般理論》，北京：中國大百科全書出版社，1996年。

4、學術論文

1. 〔法〕巴斯蒂：《中國近代國家觀念溯源——關於伯倫知理〈國家論〉的翻譯》，《近代史研究》，1997年第4期。

2. 〔美〕沙培德：《辛亥革命後梁啓超之共和思想：國家與社會的制衡》，《學術研究》，1996年第6期。

3. 桑兵：《日本在中國接受西方近代思想中的作用——梁啓超個案國際研討會述評》，《歷史研究》，1999年第1期。

4. 孫宏雲：《汪精衛、梁啓超「革命」論戰的政治學背景》，《歷史研究》，2004年第5期。

5. 孫宏雲：《1905～1907年汪精衛梁啓超關於種族革命的論戰與伯倫知理〈國家學〉的關係》，《學術研究》，2002年第6期。

6. 李喜所：《1903：梁啓超的國家學說和經濟構想》，《學術研究》，1996年第1期。

7. 李喜所：《現代化視野下的梁啓超研究》，《文史哲》，2004年第3期。

8. 李喜所：《移植與流變：近代中國的民族主義》，《天津師範大學學報（社會科學版）》，2007年第2期。

9. 董方奎：《梁啓超對近代中國過渡時代初期的構想》，《湖北行政學院學報》，2005年第2期。

10. 董方奎：《簡論梁啓超民主進程漸進論的科學性》，《華中師範大學學報（哲社版）》，1994年第2期。

11. 董方奎：《梁啓超為什麼放棄美式共和方案》，《華中師範大學學報（哲社版）》，1991年第3期。

12. 寶成關：《戊戌前後西方社會政治學說的系統輸入》，《遼寧大學學報》，1995年第1期。

13. 寶成關：《論新教傳教士對戊戌維新思潮的引發、推進與制約》，《社會科學戰線》，1995年第1期。

14. 寶成關：《論梁啓超民國初年的政治思想》，《史學集刊》，1983年第4期。

15. 寶成關：《梁啓超的民權觀與盧梭主權在民說》，《歷史研究》，1994年第

3 期。

16. 顏德如：《梁啓超對盧梭思想的理解：以〈盧梭學案〉爲中心》，《政治思想史》，2011 年第 3 期。

17. 顏德如：《嚴復對盧梭社會契約思想之批判的分析》，《哈爾濱工業大學學報（社會科學版）》，2012 年第 4 期。

18. 顏德如：《共和觀念的中國歷程》，《中共長春市委黨校學報》，2007 年第 1 期。

19. 蔣廣學：《梁啓超：以「政體進化」爲特色的中國憲政主義活動家》，《江蘇行政學院學報》，2005 年第 2 期。

20. 閭小波：《柏克與梁啓超：革命年代的智者》，《江海學刊》，2006 年第 4 期。

21. 高力克：《中國現代國家主義思潮的德國譜系》，《華東師範大學學報（哲學社會科學版）》，2010 年第 5 期。

22. 郭世祐：《梁啓超：「激進——保守」模式的盲區》，《文史哲》，2004 年第 3 期。

23. 謝俊美：《略論梁啓超對中國近代政治制度的探索》，《華東師範大學學報（哲學社會科學版）》，2003 年第 4 期。

24. 徐勇：《「回歸國家」與現代國家的建構》，《東南學術》，2006 年第 4 期。

25. 常士誾：《現代性與現代國家建構——比較視野中的中國現代性與現代國家建構》，《河北師範大學學報（哲學社會科學版）》，2009 年第 1 期。

26. 柳颯：《論民初議會的宗派鬥爭》，《求索》，2008 年第 3 期。

27. 曲蓉：《論公德——歷史框架與現代價值》，《江西師範大學學報（哲學社會科學版）》，2011 年第 1 期。

28. 王雷：《「社會教育」傳入中國考略》，《河北師範大學學報（教育科學版）》，2000 年第 4 期。

29. 蘇雲峰：《民初之商人，1912～1928》，《近代史研究所集刊（11）》，第 47～82 頁。

30. 〔日〕西村成雄：《走上國民國家道路的中國》，《探索與爭鳴》，1993 年第 6 期。

31. 趙宇峰：《現代國家與公民社會的辯證關係》，《深圳大學學報（人文社會科學版）》，2006 年第 6 期。

32. 徐矛：《西方政制的引入與民國初年的政局》，《復旦學報（社會科學版）》，1987 年第 5 期。

33. 路子靖：《社會轉型中的制度供給與需求——民初國會失敗原因再探討》，《史學月刊》，2006 年第 4 期。

34. 陳源泉：《清末民初政黨政治探析》，《江蘇省社會主義學院學報》，2006年第4期。

35. 馬潤凡：《試析民國初年共和政治的脆性》，《湖北社會科學》，2006年第2期。

36. 張道義：《徐國慶．國家生命與社會生活——梁啓超的國家理論》，《中山人文社會科學期刊》，2007年第2期。

37. 張佛泉：《梁啓超國家觀念之形成》，《政治學報》，1971年第1期。

38. 謝放：《憲政之路：梁啓超的「政體進化論」思想》，《河南大學學報（社會科學版）》，2012年第6期。

39. 元青：《也談〈異哉所謂國體問題者〉之眞義》，《貴州文史叢刊》，1992年第2期。

40. 許小青：《梁啓超民族國家思想研究》，《華中師範大學學報（人文社會科學版）》，2000年第2期。

41. 許小青：《雙重政治文化認同的困境——解讀梁啓超民族國家思想》，《安徽史學》，2001年第1期。

42. 許小青：《1903年前後新式知識分子的主權意識與民族國家認同》，《天津社會科學》，2002年第4期。

43. 方平：《論清末梁啓超的國家思想》，《華東師範大學學報（哲學社會科學版）》，1999年第1期。

44. 方平：《地方自治與清末知識界的民族國家想像》，《史林》，2012年第2期。

45. 方平：《盧梭民約論的一份中國遺產——略論梁啓超的國民國家思想及其歷史價值》，《學術研究》，2002年第8期。

46. 〔韓〕李春馥：《論梁啓超國家主義觀點及其轉變過程》，《清史研究》，2004年第2期。

47. 喻中：《辛亥革命與梁啓超單一制國家結構思想的形成》，《中國法學》，2011年第4期。

48. 雷勇：《國家比喻的意義轉換與現代國家形象——梁啓超國家有機體理論的西方背景及思想淵源》，《政法論壇》，2010年第6期。

49. 徐劍梅：《福澤諭吉和梁啓超的政治革新觀比較》，《北京大學學報（哲學社會科學版）》，1993年第2期。

50. 姚傳德：《清末中國政體模式與現代化進程——梁啓超「開明專制論」評析〔》，《社會科學輯刊》，1999年第22期。

51. 班瑋：《梁啓超與福澤諭吉》，《文史哲》，2004年第3期。

52. 陳慧：《近50年來梁啓超思想研究之檢討》，《哲學動態》，2001年第10

期。

53. 丁潔琳：《梁啓超與中國近代憲政》,《中國政法大學學報》,2013 年第 1 期。

54. 趙書剛：《從近代化視角看梁啓超的民權思想》,《中共中央黨校學報》,1999 年第 4 期。

55. 李宜霞：《論梁啓超的憲政思想》,《廣西師範大學學報（哲學社會科學版）》,2004 年第 3 期。

56. 焦潤明：《論梁啓超的法治政府思想》,《國家行政學院學報》,2004 年第 6 期。

57. 劉雲波：《試析梁啓超的「政治革命」論》,《學術研究》,1994 年第 3 期。

58. 蔡永飛：《梁啓超「開明專制」思想述評》,《政治學研究》,1988 年第 4 期。

59. 杜先菊：《梁啓超政治思想的發展變化》,《北京大學學報（哲學社會科學版）》,1988 年第 5 期。

60. 劉珊珊：《清末梁啓超「國家」概念的演變》,《歷史檔案》,2012 年第 3 期。

61. 張興成：《民族國家、民主國家與文明國家——梁啓超對現代中國國家形象的構想》,《華文文學》,2012 年第 1 期。

62. 石培玲：《梁啓超視野中的民族國家與公民意識》,《社科縱橫》,2004 年第 5 期。

63. 張翔：《報業與現代民族國家的建構——梁啓超報業觀略論》,《開放時代》,2001 年第 10 期。

64. 施軍：《梁啓超國家主義思想論析》,《南京政治學院學報》,2004 年第 6 期。

65. 李軍科：《梁啓超國家主義的雙重維度》,《南陽師範學院學報（社會科學版）》,2012 年第 5 期。

66. 張繼才：《1903 年美國之行與梁啓超國家結構觀的轉變》,《學習與實踐》,2012 年第 3 期。

67. 劉暢：《創造觀念的興起與中國民族國家的建構——對梁啓超的考察》,《天府新論》2011 年第 6 期。

68. 王曉範：《中日攝取伯倫知理國家有機體論之比較——以加藤弘之與梁啓超爲例》,《華東師範大學學報（哲學社會科學版）》,2011 年第 4 期。

69. 于寧志：《試析梁啓超的國家理念》,《理論月刊》,2011 年第 5 期。

70. 劉新華,孫曉飛：《論 19 世紀末 20 世紀初梁啓超的國家主權觀念》,《貴州文史叢刊》,2000 年第 3 期。

71. 楊亮軍：《秩序的整合與國家的重塑：梁啓超憲政思想初探》，《中南民族大學學報（人文社會科學版）》，2011 年第 1 期。

72. 陳敏榮：《個人自由與國家自由的張力——梁啓超自由主義思想探析》，《武漢大學學報（人文科學版）》，2009 年第 3 期。

73. 陳敏榮，徐龍：《梁啓超自由主義思想形成的脈絡》，《中南民族大學學報（人文社會科學版）》，2012 年第 3 期。

74. 崔新京：《福澤諭吉「文明史觀」的雙重透析》，《日本研究》，1990 年第 3 期。

75. 卞崇道：《福澤諭吉與中國現代化》，《延邊大學學報（社會科學版）》，1983（S1）。

76. 譚建川：《福澤諭吉文明觀批判》，《鄭州大學學報（哲學社會科學版）》，2005 年第 4 期。

77. 高力克：《福澤諭吉與梁啓超近代化思想比較》，《歷史研究》，1992 年第 2 期。

78. 劉文明：《歐洲「文明」觀念向日本、中國的傳播及其本土化述評——以基佐、福澤諭吉和梁啓超爲中心》，《歷史研究》，2011 年第 3 期。

79. 王家驊：《中江兆民的自由民權思想和儒學》，《世界歷史》，1994 年第 1 期。

80. 錢昕怡：《簡論浮田和民的「倫理的帝國主義」》，《日本研究》，2012 年第 2 期。

81. 傅義強，郭力秋：《回歸還是超越——戊戌變法後梁啓超思想演變軌跡探析》，《學術界》，2005 年第 4 期。

82. 朱仁顯：《探求民主與富強之路的兩種模式——晚清君主立憲和民主共和論》，《福建論壇（文史哲版）》，1988 年第 1 期。

83. 喻大華：《試探立憲運動的失敗及其理論誤區》，《天津社會科學》，1997 年第 6 期。

84. 俞祖華：《從帝國到民國嬗替之際國家觀念的變遷》，《煙臺大學學報（哲學社會科學版）》，2013 年第 1 期。

85. 俞祖華：《晚清知識分子現代國家觀念的生成》，《河北學刊》，2013 年第 1 期。

86. 張守常，邢克斌：《民國初年梁啓超反對帝制復辟的鬥爭》，《近代史研究》，1983 年第 4 期。

87. 閆潤魚：《民主、獨裁抑或「修正的民主政治」——關於近代中國宜於採取何種政體的爭論研究》，《中國人民大學學報》，2002 年第 5 期。

88. 徐小明：《晚清君主立憲思想的歷史考察》，《浙江大學學報（人文社會科學版）》，2008 年第 5 期。

89. 林來梵，凌維慈：《中國立憲主義的起點——對清末君主立憲主義的一個省察》，《社會科學戰線》，2004 年第 4 期。

90. 朱仁顯：《探求民主與富強之路的兩種模式——晚清君主立憲和民主共和論》，《福建論壇（文史哲版）》，1988 年第 1 期。

91. 楊志民：《傳統宗法文化與近代中國立憲》，《法學評論》，2011 年第 2 期。

92. 周興樑：《近代中國報界之巨子梁啓超》，《中山大學學報（社會科學版）》，2004 年第 1 期。

93. 劉曄：《知識分子與國家建設：中國早期現代化的政治邏輯》，《江蘇行政學院學報》，2004 年第 4 期。

94. 郭紹敏：《清末政府建構主權國家的努力及其困境》，《貴州社會科學》，2009 年第 8 期。

95. 郭紹敏：《論近代中國國家建設的三大困境》，《江蘇社會科學》，2009 年第 4 期。

96. 許章潤：《論現代民族國家是一個法律共同體》，《政法論壇》，2008 年第 3 期。

97. 周平：《對民族國家的再認識》，《政治學研究》，2009 年第 4 期。

98. 周平：《民族國家與國族建設》，《政治學研究》，2010 年第 3 期。

99. 黃傑：《國家建設模式的類型和中國的選擇》，《社會科學》，2011 年第 10 期。

100. 林尚立：《中國政黨制度與國家建設》，《毛澤東鄧小平理論研究》，2009 年第 9 期。

101. 林尚立：《協商政治與和諧社會：中國的國家建設之路》，《天津社會科學》，2008 年第 3 期。

102. 鄭永年：《政治改革與中國國家建設》，《戰略與管理》，2001 年第 2 期。

103. 弓聯兵：《現代國家與權威危機——近代中國國家建設的政治邏輯及受挫原由》，《人文雜誌》，2011 年第 1 期。

104. 葉麒麟：《現代國家建構：近代以來中國政治發展的主軸》，《理論與改革》，2006 年第 5 期。

105. 陳毅：《現代國家的理論變遷與國家建設》，《中共杭州市委黨校學報》，2011 年第 5 期。

106. 陳毅：《現代國家建構的制度保障：程序正義》，《雲南社會科學》，2010 年第 5 期。

107. 易承志：《試論現代國家與公民權的內涵及兩者之關係》，《太平洋學報》，2010 年第 3 期。

108. 李華：《多維審視下的現代國家：理念、制度與權力》，《理論探討》，2012

年第 11 期。

109. 郁建興，徐越倩：《全球化進程中的國家新角色》，《中國社會科學》，2004 年第 5 期。

110. 楊光斌等：《現代國家成長中的國家形態問題》，《天津社會科學》，2009 年第 4 期。

111. 方紅梅：《梁啓超趣味論研究》，武漢：武漢大學哲學學院，2008 年。

112. 郭剛：《梁啓超與清末的西學東漸——從 1898 年至 1911 年》，武漢：武漢大學哲學學院，2006 年。

113. 王明偉：《近代日本國民主義與梁啓超國民國家思想的形成與發展》，長春：吉林大學文學院，2009 年。

114. 何力群：《中江兆民的政治活動與政治思想研究》，長春：吉林大學行政學院，2011 年。

115. 楊亮軍：《梁啓超憲政思想研究》，長春；吉林大學行政學院，2012 年。

116. 敖福軍：《梁啓超民族國家思想研究》，北京：中央民族大學管理學院，2011 年。

二、外文資料

1. 〔日〕中江兆民：《中江兆民全集（一）》，東京：岩波書店，1983 年。

2. 〔日〕浮田和民：《帝國主義と教育》，東京：民友社，1901 年。

3. 〔日〕浮田和民：《國民教育論》，東京：民友社，1903 年。

4. 〔日〕加藤弘之：《強者の權利の競爭》，東京：哲學書院，1893 年。

5. Philip C. Huang. Liang Ch'i-Ch'ao and Modern Chinese Liberalism. Seattle and London: University of Washington Press, 1972.

6. Suisheng Zhao. A nation-state by construction: dynamics of modern Chinese nationalism. Stanford, Calif. : Stanford University Press, 2004.

7. Lisa Pollard. Nurturing the nation: the family politics of modernizing, colonizing and liberating Egypt (1805/1923). Berkeley: University of California Press, 2005.

8. Kenneth J. Arrow. Social Choice and Individual Values. John Wiley & Sons, Inc. 1963.

9. Evelyn S. Rawski. Education and Popular Literacy in Ch'ing China (Ann Arbor, Michigan: The University of Michigan Press, 1979).

10. Jeffrey C. Isaac. Republicanism Vs. Liberalism? A Reconsideration. History of Political Thought 9, 1988 (2): 349～377.

11. Cass R. Sunstein. Beyond the Republican Revival. Yale Law Journal, 1988(97): 1539～1590.

12. P'eng-yuan Chang. Political Participation and Political Elites in Early

Republican China, Journal of Asian Studies 37: 2 (February 1978), PP.293〜313.

13. Joan Judge. Talent, Virtue, and the Nation: Chinese Nationalisms and Female Subjectivities in the Early Twentieth Century. The American Historical Review, Vol. 106, No. 3 (Jun., 2001), pp. 765〜803.

14. Peter Zarrow. Anti-Despotism and "Rights Talk": The Intellectual Origins of Modern Human Rights Thinking in the Late Qing. Modern China, Vol. 34, No. 2 (Apr., 2008), pp. 179〜209.

15. Stephen C. Angle. Should We All Be More English? Liang Qichao, Rudolf von Jhering, and Rights. Journal of the History of Ideas, Vol. 61, No. 2 (Apr., 2000), pp. 241〜261.

16. Edmund S. K. Fung. State Building, Capitalist Development, and Social Justice: Social Democracy in China's Modern Transformation, 1921〜1949. Modern China, Vol. 31, No. 3 (Jul., 2005), pp. 318〜352.

17. Wang Hui. The Liberation of the Object and the Interrogation of Modernity: Rethinking "The Rise of Modern Chinese Thought". Modern China, Vol. 34, No. 1, The Nature of the Chinese State: Dialogues among Western and Chinese Scholars, I (Jan., 2008), pp. 114〜140.

18. Henrietta Harrison. Newspapers and Nationalism in Rural China 1890〜1929. Past & Present, No. 166 (Feb., 2000), pp. 181〜204.

19. Suisheng Zhao. Chinese Nationalism and Its International Orientations. Political Science Quarterly, Vol. 115, No. 1 (Spring, 2000), pp. 1〜33.

20. Elizabeth J. Perry. Chinese Conceptions of "Rights": From Mencius to Mao- and Now. Perspectives on Politics, Vol. 6, No. 1 (Mar., 2008), pp. 37〜50.

21. Mary Backus Rankin. Nationalistic Contestation and Mobilization Politics: Practice and Rhetoric of Railway-Rights Recovery at the End of the Qing. Modern China, Vol. 28, No. 3 (Jul., 2002), pp. 315〜361.

22. Ya-pei Kuo. "The Emperor and the People in One Body": The Worship of Confucius and Ritual Planning in the Xinzheng Reforms, 1902〜1911. Modern China, Vol. 35, No. 2 (Mar., 2009), pp. 123〜154.

23. Rana Mitter. Modernity, Internationalization, and War in the History of Modern China. The Historical Journal, Vol. 48, No. 2 (Jun., 2005), pp. 523〜543.

後　記

　　對於梁啓超政治思想的關注，從碩士期間即已開始。只是，那時的我，更多地基於研究興趣，希望能夠對這一近代的百科全書式人物有一較爲深入的瞭解，體味其傳奇經歷和思想的發生演變。進入博士階段，我的學習研究帶有了更多的理性和嚴肅，我相信，對梁啓超爲代表的近代政治思想的研究，具有極大的必要性和合理性，研究成爲自己實現人生價值、承擔社會責任的重要方式，研究過程帶有了更多的自覺意識。

　　後知的我，不知能否後覺。但寶成關、顏德如兩位著名中國近代政治思想研究專家的悉心指導，成爲本文最終得以順利誕生的重要保障。兩位教授不僅學養深厚、人品極佳，而且熱心鼓勵後學進取，不知疲倦地給予指導。從本文的選題、設計到寫作，傾注了兩位老師的大量心血。已經年逾七十的寶師，不避酷暑寒冬；背負沉重教研任務的顏師，躬親面授機理。常言道，作文先做人，兩位恩師的有言教導和無言之行，成爲我不斷前進的巨大財富，激勵著我勇往直前。

　　感謝父母多年的關愛供養，感謝愛人許豔萍女士的默默支持，你們的付出是無償的，但對我來說卻是無價的！

岳　強
山西師範大學　博士生公寓